Martin Nicol

Mehr Gott wagen

Predigten und Reden zur Dramaturgischen Homiletik

Vandenhoeck & Ruprecht

Bibliografische Information der Deutschen Nationalbibliothek: Die Deutsche Nationalbibliothek verzeichnet diese Publikation in der Deutschen Nationalbibliografie; detaillierte bibliografische Daten sind im Internet über https://dnb.de abrufbar.

Umschlagabbildung: Tau aus Himmelshöhn (nach Kyrie-Litanei GL 158)
von Christa Schüssel, Nürnberg.

Satz: textformart, Daniela Weiland, Göttingen
Druck und Bindung: ⊕ Hubert & Co BuchPartner, Göttingen
Printed in the EU

Vandenhoeck & Ruprecht Verlage | www.vandenhoeck-ruprecht-verlage.com

ISBN 978-3-525-57316-7

Vorwort

Es wurde Zeit. Mit diesem Buch melde ich mich nach längerer Pause wieder homiletisch zu Wort. Um zu verdeutlichen. Um zu korrigieren. Um Missverständliches zu klären. Um das Programm fortzuschreiben. Und um mit eigenen Werkstücken zu zeigen, wie Predigt im Rahmen der Dramaturgischen Homiletik gehen kann. Dazu ein Hinweis gleich zu Beginn: Wer mit dem Begriff der „Dramaturgischen Homiletik" nichts oder nicht viel anfangen kann, möge zunächst einen Blick in die beiden Texte im Anhang werfen, mit denen Grundbegriffe erläutert und die Umrisse des Programms gezeichnet werden.

Dass auch dieses Buch als Absender wieder die Göttinger Verlagsadresse von V&R trägt, freut mich. Mein Dank geht an alle, die im Verlag selbst und in seinem Umfeld mit dem Buch befasst waren.

Wieder gab es Menschen, die mir von ihrer Zeit schenkten und halfen, dass dieses Buch nun in den Druck gehen kann. Christa Schüssel lockt mit ihrem Cover-Bild den Blick ins Buch und die Phantasie ins Blaue; so können sich Bücher sehen lassen. Markus Zuckermeier las die noch unfertigen Kapitel und entdeckte das werdende Buch als Hilfe zum genaueren Hören von Predigten. Veronika Bibelriether las engagiert Korrektur. Und Susanne Galsterer organisierte das stressige Finale auf dem Erlanger Lehrstuhl so, dass das Buch nicht in der Fülle dessen, was auch noch zu tun war, steckenblieb.

Dieses Buch wäre ohne eine ausgebreitete Tätigkeit in der Aus- und Fortbildung nicht entstanden. Ungezählte Pfarrerinnen und Pfarrer haben bei solchen Gelegenheiten Predigten erstellt und in die kollegiale Beratung eingebracht. Das Buch versteht sich auch als Reflexion auf das, was über die Jahre bei Seminaren im In- und Ausland homiletisch versucht, erreicht oder auch verfehlt wurde. Das Braunschweiger Atelier Sprache e.V., inspiriert und profiliert vor allem durch Ingrid Drost von Bernewitz und Dieter Rammler, hatte dafür den Auftakt gesetzt.

Von Anfang an habe ich solche Fortbildungen nicht alleine durchgeführt. Im Lauf der Jahre formierte sich ein ganzes Team von Leuten, die in der homiletischen Didaktik bewandert sind. Am häufigsten waren dabei: Katharina Bach-Fischer, Romina Englert-Rieder, Franziska Grießer-Birnmeyer und Alexander Proksch. Sie haben Seminare mit mir vorgeplant, durchgeführt und nachbesprochen. Zusammen mit Kerstin Baderschneider und Peter Seidel wirkten sie im Oberseminar an der Auswahl der Predigten mit und versahen eine frühe Fassung der Kapitel in diesem Buch mit Rückmeldungen.

Die Reihe derer, die sich mit mir in homiletisch-didaktische Abenteuer stürzten, wäre unvollständig, würde ich Alexander Deeg nicht eigens nennen. Damals, noch vergleichsweise zaghaft, wagte er mit mir erste Schritte aus der akademischen Welt in die pastorale Fortbildung. Er hat in all den Jahren mehr zur Homiletik beigetragen, als das Buch explizit erkennen lässt.

Zum Wintersemester 2015/16 habe ich, nach langem Zögern und gleichsam in der Stretta meines beruflichen Finales, das Amt des Universitätspredigers übernommen. Ich habe erlebt, wie verlässlich unsere gottesdienstliche Tradition in die Zukunft trägt und wie gut es der Predigt tut, wenn sie zwischen Lesungen und Liedern unaufdringlich ihren Platz einnimmt. Das Gotteswagnis beginnt da, wo man gemeinsam dem fremden Wort der Bibel traut. Ich danke Lektorinnen und Lektoren, die bei der Vorbereitung weder Zeit noch Mühe scheuten, um dann am Sonntag den Worten, Bildern und Geschichten der Bibel ihre Stimme zu geben. Mein Dank geht auch an Konrad Klek, der mit seinen ersten Orgeltönen den Gottesdienst aus der Stille hob und die Gemeinde ermunterte, sich leichten Herzens und nicht selten beschwingt in die Gotteszeit einzusingen. Wo das fremde Wort der Bibel so hoch im Kurs stand und wo der Gemeinde auf so erhebende Weise das erste Wort zukam, fiel es mir beinahe leicht, das Wort der Predigt zu wagen.

Erlangen, am 1. August 2019
Martin Nicol

Inhalt

III
Kunst unter Künsten
Predigt im Zeichen der Ästhetik

IV
Im Anfang war das Wort
Die Autorität der Predigt

V
Einander ins Bild setzen
Kommunikation im Evangelium

VI
Predigtmachen
Lust auf Handwerk

VII
Zweisprachigkeit
Glaube und Theologie

VIII
Der erwartbare Gott
Wie Sprache Theologie macht

IX
Zum Lachen fremd
Predigt und Humor

X
Ins Ungesagte springen
Für eine Theologie mit Zukunft

Einführung

Gott wagen

Einander ins Bild setzen: Mit dem Leitbild als Titel präsentierte sich einst die Dramaturgische Homiletik. Damit verlockte sie zum Probieren und Experimentieren. Fast zwei Jahrzehnte später präsentiere ich ein neues Buch zur Dramaturgischen Homiletik mit einer syntaktisch analogen Formulierung: *Mehr Gott wagen.* Nun aber signalisiert der Titel ein Problem. Zwar war das Predigen schon immer ein Wagnis, das Wagnis nämlich, eine Wirklichkeit anzusagen, die nicht einfach identisch ist mit unseren Realitäten. Aber das Wagnis ist anders geworden. Zwei Gegebenheiten vor allem sind es, die derzeit das Predigen zum Wagnis machen.

Einerseits hat sich der Glaube an den dreieinigen Gott im Miteinander mit anderen Religionen zu behaupten. Die euphorische und auch ein wenig hochmütige Behauptung, wir Christen seien ganz anders und unser Gottesglaube stelle eigentlich eine Gegen-Religion dar, hatte ihre Zeit. An ihre Stelle tritt die verhalten neugierige Beobachtung anderer Religionen, die in Hörweite der Kirchenglocken ihren Gottesglauben leben. Andererseits ist unsere Lebenswelt gerade im Blick auf Gottesdienst und Predigt in massivem Wandel begriffen. Eine zunehmend säkulare Gesellschaft begegnet dem christlichen Reden von Gott mit Unverständnis und wachsender Indifferenz. Die selbstverständliche Säkularität der Welt, in der wir leben, nährt längst auch in Kerngemeinden den Zweifel, ob es sich denn mit Gott wirklich so verhält, wie es Sonntagspredigten gerne hätten. Eine massive Wiederkehr der Religion trifft in eine Zeit, die sich längst von Gott verabschiedet hat.

In dieser schwierigen Lage sollte die universitäre Theologie eigentlich zur Orientierung beitragen. Die aber scheint vielerorts mehr damit beschäftigt, sich als Kulturwissenschaft in einer durchmodularisierten Universität zu positionieren, als sich öffentlich dem Gotteswagnis zu stellen. Andere Disziplinen der Theologie können, etwa durch strikt historische Ausrichtung, das Gotteswagnis auch umgehen. Der Homiletik aber bereitet es auf Schritt und Tritt prinzipielle und predigtpraktische Probleme. Denn ich beschreibe die Predigt gerade deswegen als Wagnis, weil sie es mit Gott zu tun hat. Predigen heißt: Gott wagen. Heißt: mit Sprache an die Gotteswirklichkeit rühren, in der wir „leben, weben und sind“[1]. Heißt: im Medium der Worte, Bilder und Geschichten der Bibel nach Gott suchen. Heißt: Gott wagen, wo die Sehnsucht nach Glück gelebt und

---

1 Apg 17,28.

die Frage nach Gott nicht mehr gestellt wird. Von solchen Entwicklungen kann eine Homiletik, die sich der realen Predigt als ihrem Gegenstand verpflichtet weiß, nicht absehen.

Predigten und Reden

In einer Situation, wie ich sie soeben mit wenigen Strichen umrissen habe, präsentiere ich ein Buch, das neben theologisch reflektierenden Texten auch Predigten enthält. Verlage reagieren mit Zurückhaltung auf das Stichwort „Predigt". Gänzlich neu ist solche Skepsis gegenüber Büchern mit Predigten nicht: „Wie kann man glauben, heutzutage noch durch Predigtbücher auf die Menschen wirken zu können?", fragte einst skeptisch ein Theologieprofessor und prophezeite den Nürnberger Predigern Christian Geyer und Friedrich Rittelmeyer, ihr gemeinsamer Predigtband „Gott und die Seele" (1906) werde wirkungslos bleiben. Er habe aber, erinnert sich Rittelmeyer, mit allen anderen Büchern und Schriften zusammen allenfalls halb so viele Menschen erreicht wie mit gedruckten Predigten.[2]

Das waren andere Zeiten. „Wenn ich", so Rittelmeyer, „über die Spitalbrücke in meine Heilig-Geist-Kirche ging, habe ich mir oft gesagt: Was kannst du dir vom Schicksal Schöneres wünschen, als Sonntag für Sonntag zu so vielen hundert Menschen von dem Höchsten zu sprechen, was es unter den Menschen gibt?"[3] Ähnlich viele Menschen freilich füllen heute weder in Nürnberg noch anderswo die Kirchen, Predigt-Ereignisse wie die um Geyer und Rittelmeyer sind Geschichte, und Predigtbände werden nur noch gelegentlich publiziert. Gleichwohl veröffentliche ich dieses Buch. Erst waren die Predigten. Dann kamen die Reden und Kommentare. Schließlich ist ein Buch entstanden, das über eine Sammlung von Predigten weit hinausgeht.

Was ich in zehn Kapiteln biete, sind, so der Untertitel, „Predigten und Reden". Faktisch handelt es sich um den schriftlichen Niederschlag von Predigten, die gehalten wurden, und um die schriftliche Fixierung von Reden, die so nie gehalten werden. Indem ich die thematisch ausgerichteten Texte „Reden" nenne, signalisiere ich, dass ich Menschen anreden, anregen und gelegentlich aufregen will. Eine Rede liefert nicht nur Fakten und Ergebnisse, sondern sie nimmt das Auditorium mit in eine Denkbewegung, die Vertrautes hinterfragt, Bekanntes anders beleuchtet und Neues entdeckt.

Es wäre unsachgemäß, über das Predigen nur zu reflektieren. Es liegt in der Natur der Sache, dass auch die Predigt selbst zu Wort kommt. Denn das Bemühen, öffentlich Sprache zu finden für das, was sich der alltäglichen Wahr-

---

2 Rittelmeyer, Aus meinem Leben, 238.
3 Ebd., 239.

nehmung entzieht, ist entweder konkret oder gar nicht. Und nur wer Predigtsprache vor Augen hat und ihren Klang im Ohr, kann begründet über Predigt nachdenken. Darum muss ein Buch zur Homiletik auf konkrete Predigten Bezug nehmen. In diesem Fall sind es eigene Predigten des Autors, um die herum dieses Buch entstanden ist.

Mündlichkeit und Manuskript

Lange habe ich mich gegen die Veröffentlichung von Predigten gesträubt. In meiner Programmschrift „Einander ins Bild setzen“ legte ich so großen Wert auf die Mündlichkeit des Predigtgeschehens, dass an eine Publikation von Predigten im Buchformat nicht zu denken war. Inzwischen propagiere ich einen manuskriptfreien Vortrag der Predigt nicht mehr in gleicher Weise. Wichtiger ist mir die handwerkliche Solidität einer schriftlich ausgearbeiteten Predigt.[4] Freilich sollte das Manuskript in jedem Fall die Sprache erkennen lassen, die dann tatsächlich von der Kanzel zu hören sein wird. Bei den Predigten, die sich in diesem Buch finden, deuten vor allem zwei Eigenheiten des Manuskripts auf die Mündlichkeit der Rede.[5] So erscheinen Bibelzitate und biblische Anspielungen im Kursivdruck; das lässt schon mit dem bloßen Auge etwas von der Machart der Predigt erkennen und eröffnet darüber hinaus die Chance, im Vortrag das Zitat als solches hörbar zu machen. Sodann finden sich Zwischentitel, die nicht gelesen werden, aber Zäsuren zur Gliederung des Hörvorgangs anzeigen. Denn das Kanzelgeschehen ist mündliche Kommunikation. Dort ist eine andere Sprache erforderlich als in einem geschriebenen und für das lesende Auge bestimmten Text. Manuskript und Mündlichkeit schließen einander nicht aus, sondern bedingen und beeinflussen sich wechselseitig.

Meine Predigten und die Predigt der Anderen

Auch abseits von Mündlichkeit und Manuskript bleibt die Veröffentlichung von eigenen Predigten eine sensible Sache. Friedrich Niebergall (1866–1932), der große Homiletiker der liberalen Theologie, scheint da zunächst kein Vorbild abzugeben. Gefragt, welche Predigtsammlungen er als Muster empfehlen könne, verwies er, scheinbar bedenkenlos, auf seine eigenen Predigten: „Darum gebe ich selbst eine größere Anzahl von Predigten heraus, wie ich sie zu verschiedenen Zeiten und in verschiedenen Gemeinden gehalten habe.“ Um dann freilich sofort dem Verdacht entgegenzutreten, er halte seine eigenen Predigten für die

---

4 Vgl. Deeg u. a., Präsent predigen [2011]. Dieser Streitschrift stimme ich heute eher zu als zum Zeitpunkt ihres Erscheinens.

5 Zu den Details von Sprache und Layout: s. u. S. 129 ff.

denkbar besten: Die Predigten seien „für den didaktischen Zweck" bestimmt; es handle sich um „Predigten zum Studium, nicht zur Erbauung und nicht zur Nachahmung".[6]

Predigerinnen und Prediger haben über fast zwei Jahrzehnte im Braunschweiger *Atelier Sprache* und anderswo meine homiletischen Fortbildungen besucht und dort ihre Predigten in die kollegiale Beratung eingebracht. Nun werden sie meine Predigten lesen. Wer das in der Erwartung tut, hier Musterpredigten vorzufinden, den oder die muss ich enttäuschen. Denn nicht, wie es gehen soll, will ich zeigen, sondern wie es auch gehen kann. Ich biete mit den zehn Predigten in diesem Buch keine Musterpredigten, sondern Werkstücke. Darauf deuten auch meine Kommentare, mit denen ich zuweilen recht kritisch auf Predigten zurückblicke, die ihre Zeit hatten.

Es fügt sich gut, dass erst im vergangenen Jahr ein Band mit 21 Predigten erschienen ist, die von den Autorinnen und Autoren selbst und von den Herausgeberinnen nicht immer mit gleicher Entschiedenheit, aber letztlich dann doch dem dramaturgisch-homiletischen Spektrum zugeordnet wurden. Die Predigten belegen die Vielfalt dessen, was im weiten Umfeld des Konzepts möglich ist.[7] Auch das sind keine Musterpredigten, sodass ich meine eigenen Predigten mit gutem Gewissen dazulegen kann.

Orte der Predigtarbeit

Im Herbst 2002 erschien erstmals meine Programmschrift zur Dramaturgischen Homiletik. Sie entwirft die Vision einer erneuerten Kultur des Predigens, des Predigtlehrens und Predigtlernens. Dem waren fast zehn Jahre homiletischer Erkundungen zwischen Europa und Nordamerika vorausgegangen. Inspiriert und ermutigt hatten mich vor allem die Erfahrungen im Fortbildungsprogramm *Doctor of Ministry in Preaching* in Chicago.[8] Meine Erlanger Antrittsvorlesung am 14. Februar 1996 bündelte diese Einsichten. Für den deutschsprachigen Raum erhoffte ich mir einen Ort, an dem in vergleichbarer Weise das Predigen im geschützten Bereich einer homiletischen Werkstatt ausprobiert werden könnte.

Noch bevor die Programmschrift als Buch erschien, hatte in Braunschweig das Team des Predigerseminars die Chance erkannt und kurzentschlossen das *Atelier Sprache e.V.* gegründet. Die kleine Braunschweigische Landeskirche hat, indem sie diese Pioniertat kräftig unterstützte, Großes für die deutschsprachige Predigtkultur geleistet. So bewährte sich das Braunschweiger *Atelier Sprache* von Anfang an als ein Gemeinschaftsprojekt zwischen akademischer

---

6 Niebergall, Wie predigen wir dem modernen Menschen, Dritter Teil, V.

7 Bach-Fischer u.a. (Hg.). Einander ins Bild gesetzt.

8 Vgl. Nicol, Preaching from Within [1997]; ders., Preaching as Performing Art [2000].

Homiletik und kirchlicher Predigtarbeit.[9] Der akademische Impuls wäre verpufft, hätte Braunschweig nicht Nägel mit Köpfen gemacht und zunächst über die Predigerseminare in Deutschland sowie in Ost- und Nord-Europa für die Idee einer Fortbildung im Predigen geworben. Dass das *Zentrum für evangelische Predigtkultur* in Wittenberg seine Arbeit aufnahm, dass sich der *Bonner Predigtpreis* mit erfreulichem Echo etablieren konnte und dass in kirchlichen Programmen zur Fortbildung das Predigen inzwischen einen festen Platz einnimmt, darf man als Signale homiletischen Aufbruchs werten. Dass die Dramaturgische Homiletik daran Anteil hat, erfüllt mich mit Freude.

Zum Gebrauch des Buchs

Viele Leserinnen und Leser werden das Konzept der Dramaturgischen Homiletik kennen, vielleicht sogar die Programmschrift gelesen haben. Leider aber ist sie wie auch das zugehörige Praxisbuch derzeit nur in elektronischer Form auf dem Markt. Da das vorliegende Buch das Programm voraussetzt, habe ich im Anhang einen Text von 2006 beigegeben. Er präsentiert klar und knapp Anliegen und Vorgehen der Dramaturgischen Homiletik, atmet noch immer den Schwung und die Entschlossenheit des Anfangs und intoniert bereits das Gotteswagnis, dem sich nun dieses neue Buch widmet. Ich bin erstaunt, wie wenig Staub sich in all den Jahren auf den Text gelegt hat, und präsentiere ihn erneut, diesmal als eine Art „Dramaturgische Homiletik für Einsteiger". Was der Text von 2006 voraussetzt, was man aber für die Lektüre auch dieses neuen Buches wissen sollte, sind die Grundbegriffe Dramaturgischer Homiletik, die ich aus unserem Praxisbuch genommen habe.

Das Buch ist, so jedenfalls meine Intention, leserfreundlich angelegt. Die Texte der „Reden" sind kurz oder doch überschaubar. Sie bauen nicht aufeinander auf, sondern beleuchten jeweils einen Aspekt der für das Kapitel zentralen Problematik. Die vom Internet her bewährte Menüstruktur erlaubt eine Lektüre nach Lust, Laune und aktuellem Interesse.

Dieses Buch bezieht sich durchgehend auf das Konzept der Dramaturgischen Homiletik. Es bietet eine positionsstarke, diskussionsfreudige, gelegentlich auch polemisch zugespitzte Äußerung des Autors zu seinem Programm. Oder besser gesagt: zu dem Programm, das in der Zusammenarbeit mit Alexander Deeg theologisch und didaktisch zu einem Konzept wurde, nach dem Fortbildungen gestaltet, Diskussionen geführt und Predigten gemacht werden. Dass wir anfangs gemeinsam die „Göttinger Predigtmeditationen" mit kräftigen Impulsen

---

9 Vgl. auch die Veröffentlichungen des Ateliers Sprache e. V. auf der Basis der Bugenhagen-Symposien von 2009 bis 2018. Leider geben sich die Bücher, allesamt bei der Evangelischen Verlagsanstalt in Leipzig erschienen, nicht als Reihe mit nummerierten Bänden zu erkennen.

versahen und dass nun von Leipzig aus diese Arbeit weiter geleistet wird, trägt auf eine eher stille, aber solide und kontinuierliche Weise zur Qualität der Predigt im Lande bei.

Ihr kirchlicher Erfolg hat die Dramaturgische Homiletik nicht der akademischen Debatte enthoben. Das zeigen die zahlreichen Rückmeldungen in Rezensionen, Aufsätzen und Buchkapiteln. Dass sich darin neben Zustimmung auch Fragen, Einwände und Skepsis artikulieren, ist selbstverständlich. Mit diesem Buch melde ich mich in den laufenden Diskussionen zu Wort. Ich tue das mit Blick auf Kolleginnen und Kollegen, die sich mit der Dramaturgischen Homiletik auseinandergesetzt und Bedenkenswertes angemerkt haben. Aber zugleich möchte ich nicht im akademischen Diskurs verharren, sondern auch sehr direkt Predigerinnen und Predigern Mut machen für das Wagnis, das sie Sonntag für Sonntag auf der Kanzel eingehen. Ob das ein riskanter Spagat ist oder eine für die Predigtkultur förderliche Weise des Nachdenkens, werden Leserinnen und Leser entscheiden.

I
Mehr Gott wagen
Predigen in Zeiten der Indifferenz

Mehr Gott wagen
Glaube und Sprache

Die Kanzlerschaft von Willy Brandt verbindet sich noch Jahrzehnte später mit der programmatischen Formel „Mehr Demokratie wagen".[1] Erstmalig geäußert in der Regierungserklärung vom 28. Oktober 1969, erinnert sie an den Aufbruch, den der Machtwechsel in der damaligen Bundesrepublik bedeutete, und an die Begeisterung, die Willy Brandt für eine Erneuerung der Gesellschaft wecken konnte.

Das Aufbruchspotenzial von „Mehr Demokratie wagen" evozierte Jan Ross, als er 2003 ein kritisches Resümee zum ökumenischen Kirchentag in Berlin abgab. Der Journalist plädierte für mehr Selbstbewusstsein der Kirchen, für Mut zu harten, widerständigen Worten und für eine Konzentration auf den Gottesglauben, das „Kerngeschäft" der Kirche. Auch die „beflissenste Nettigkeit" werde der Kirche nicht mehr die gesellschaftliche Akzeptanz von einst verschaffen. Gleichwohl erwarte auch eine pluralistische Gesellschaft von ihr nicht wenig. Sie sehne sich geradezu „nach erkennbaren Haltungen und Figuren, nach Felsbrocken im Meinungsbrei". In dieser Situation empfehle sich die Devise „Mehr Gott wagen".[2]

Als ich die Formel erstmals im Kontext von Homiletik verwendete, wollte ich den ästhetischen Konnex zwischen Form und Inhalt markieren: „Wer sich

---

1 Brandt, Regierungserklärung, 252.

2 Jan Ross, Mehr Gott wagen, in: DIE ZEIT Nr. 23 vom 28.05.2003.

aufmacht, Gott zu wagen, wird die Sprache verändern. Und umgekehrt: Experimente mit Sprache können ein Weg sein ins Gotteswagnis."[3] Damals verglich ich zwei Texte, die man eigentlich nicht vergleichen kann, weil sie völlig verschiedenen Gattungen angehören: eine Predigt von Kardinal Lehmann[4] und ein Gedicht von Christine Lavant[5], das aufgrund seiner Anspielungen und Bezugnahmen auf die Bibel versuchsweise mit einer Predigt verglichen werden kann. Beide Texte waren auf ihre Weise gut. Aber, so befand ich, wie Lehmann predigen viele, wie Lavant predigt niemand. Die Predigt des Kardinals war theologisch klar, dabei keineswegs abgehoben und lebensfern, folgte aber Mustern, die man kennt. Man wusste sozusagen vor jeder Biegung, wie es danach aussehen würde. Der Text der Dichterin ist schon als lyrisches Sprachgebilde nicht wirklich für die Öffentlichkeit geeignet, geschweige denn für eine Predigt. Aber die Dichterin setzte sich und die Leserschaft sprachlich und theologisch einem Wagnis aus. Da war Überraschung nach jeder Biegung, Spannung war mit der Sache gegeben, die Bibel war dem Zugriff einer unbequemen, eigenwilligen und hartnäckig katholischen Frau ausgesetzt.[6] Eine solide Predigt also vom Kardinal und von der Dichterin ein fast schon ketzerisches Gedicht. Mein Fazit: „Irgendwo zwischen Lehmann und Lavant muss sie liegen: die Predigt, die sich aufmacht, mehr Gott zu wagen."

Das war 2005. Seitdem hat der ästhetische Konnex von Gotteswagnis und Sprachgestalt in den akademisch-homiletischen Debatten an Akzeptanz gewonnen. Auch in der pastoralen Praxis begegnet die Bereitschaft, sich auf Kanzelwagnisse einzulassen, die zwischen dem Wagnis des Glaubens und dem Wagnis der Sprache oszillieren. An diesem Punkt ist die Predigt-Szene erfreulich in Bewegung gekommen.

War da was?

Religiöse Indifferenz

Geradezu dramatisch verändert hat sich innerhalb weniger Jahre der gesellschaftliche und kulturelle Kontext der Predigt. Dieser Kontext muss bedacht werden. Sonst wird die Kanzelrede zum Kitsch und das Wagnis zum Witz.

---

3 Nicol, Mehr Gott wagen [2005], 263.

4 Lehmann, Predigt zu Lk 10,1–9, Fernsehgottesdienst am 04.07.2004.

5 Lavant, Dreifach so groß wie sonst an Erdentagen, in: dies., Die Bettlerschale [1956], 80.

6 Vgl. die eingehende Interpretation des Gedichts: Nicol, Living with the Hidden God, 450 ff. Christine Lavant (1915–1973) wehrte sich gegen eine Sprache von Gott, die sie zu ersticken drohte. Religiöse Sprachkonvention konfrontierte sie mit Sprachtraditionen einer subversiv gelesenen Bibel. Den Großworten des Glaubens, die wie von einer kosmischen Kanzel aufs Menschenherz prasseln, hielt sie poetisch stand. In späteren Jahrzehnten hätte das wohl zum Auszug aus der Gottesvorstellung selbst geführt.

Heute wird vielerorts nicht einmal mehr bestritten, der früher allgegenwärtig war: Gott. Die hohe Zahl von Menschen, die noch nie nach Gott gefragt, sich nie an ihn gewandt, ihn noch nie gesucht oder vermisst haben, ist neu. Kämpferischer Affekt gegen die Religion begegnet seltener. Indifferenz tritt an die Stelle religiöser Affirmation oder antireligiöser Agitation. So selbstverständlich, wie man früher nach Gott mindestens fragte, so selbstverständlich kommt man heute oft nicht einmal auf die Idee, dass es diese Frage geben könnte.

Die Indifferenz wächst.[7] Und sie wächst rasant. Darüber können Kirchensteuer, Religionsunterricht und Universitätstheologie nicht hinwegtäuschen. Selbst die spezifische Deutekraft der Religion für das Unfassbare liegt weit außerhalb dessen, was die Indifferenz der Gegenwart wenigstens in Interesse wandeln könnte.

Wirklich neu ist solche Indifferenz nicht. Der portugiesische Literat Fernando Pessoa verzeichnete unter dem Datum vom 29. März 1930: „Ich bin zu einer Zeit geboren worden, in der die Mehrheit der jungen Leute den Glauben an Gott verloren hatte, aus dem gleichen Grund, aus welchem ihre Vorfahren an Gott geglaubt hatten – ohne zu wissen warum." Er schaut den Jüngeren zu. Die Menschheitsideale, die für sie an die Stelle Gottes getreten seien, kann er nicht in gleicher Weise teilen: „Deshalb habe ich Gott nie so weitgehend aufgegeben wie sie und niemals die Menschheit als Ersatz akzeptiert. Ich war der Ansicht, dass Gott, auch wenn er unwahrscheinlich war, dennoch vorhanden sein und also auch angebetet werden konnte […]."[8]

Das ist, wenn auch sehr verhalten, noch immer ein Gottesbezug. Aber er markiert eine Schwelle. Von der Haltung, die einstmals Religiosität ausmachte, ist dieser Gottesbezug bereits weit entfernt. Schon die nächste Zukunft gehörte für Fernando Pessoa einer Jugend, die Gott nicht mehr verlieren kann, weil sie ihn niemals hatte. In den ursprünglich christlichen Gesellschaften des Westens ist Gott abhanden gekommen wie bei Erich Kästner die Liebe. War da was? In seinem Gedicht „Sachliche Romanze" beschreibt er ein Paar; den beiden „kam", so die erschütternde Banalität, „ihre Liebe plötzlich abhanden / Wie andern Leuten ein Stock oder Hut."[9]

Man kann die Phänomene auch anders deuten. Noch 2013 hat Wilhelm Gräb die Predigt als religiöse Rede konzipiert.[10] Für ihn heißt Predigen, so seine Leitformel, „Leben deuten".[11] Auf die vielfältige Frage des Menschen nach einem

---

7 Vgl. Hörsch / Pompe (Hg.), Indifferent? Ich bin normal [2017].

8 Pessoa, Das Buch der Unruhe, 16. Vgl. dazu Hake, Ohne Gott leben, 1 f.

9 Kästner, Sachliche Romanze [1929], in: ders., Ges. Schriften für Erwachsene, Bd. 1, 111.

10 Gräb, Predigtlehre; vgl. den Untertitel „Über religiöse Rede".

11 Vgl. ders., Leben deuten.

„letzten Sinnfundament“[12] wird in der Predigt „der religiöse Sinnstiftungsgehalt der christlichen Botschaft“[13] zur Geltung gebracht.

Gräb denkt den Menschen konsequent in den Koordinaten moderner Subjektivität. Der einzelne Mensch entscheidet, welcher Sinndeutung er sich zuwendet und was er davon für sich in Anspruch nimmt; er fragt, ob er es weiß oder nicht, nach Religion. Woher Gräb diese Einsicht gewinnt, lässt sich nicht klar erkennen. Aber die Behauptung steht: „Es ist nicht so, dass die Individuen in der modernen Kultur nicht mehr nach dem Sinn ihres Lebens fragen, keine Symbole und Rituale zu dessen kommunikativer Vergegenwärtigung mehr bräuchten. Sie suchen nach dem allem und damit nach Religion.“[14]

In der *Süddeutschen Zeitung* kommt Matthias Drobinski zu einer anderen Einschätzung der Lage. Auf dem Hintergrund einer religionssoziologischen Studie, in der Menschen nach ihrem Kirchenaustritt befragt wurden, resümiert er:

> „Die meisten [scil. Ausgetretenen] sind keine Kirchenfeinde, sie werden auch selten zu engagierten Atheisten, Humanisten, Buddhisten oder Esoterikern. Ihnen ist der Glaube einfach weniger wichtig geworden, verglichen mit den innerweltlichen Sinn- und Erfüllungsangeboten wie Familie, Partnerschaft, Beruf, Freizeit, Sport oder Hobbys. […] Das bisschen Glauben, das ich brauche, mache ich mir selber. Die sozialen Kosten für den Austritt sind meist niedrig, vor allem dort, wo eine Mehrheit sagt: Ich glaube nichts – und mir fehlt nichts.“[15]

Subjektivität bestimmt auch hier das menschliche Handeln. „Selbst ist der Sinn“, so signalisiert es bereits der Titel. Diese Einsicht resultiert nicht aus einer Ontologie des Subjekts, sondern verdankt sich nüchterner Beobachtung. Der Mensch sorgt selbst für seinen Mindestbedarf an Religion. Das war’s dann auch. Darüber hinaus sei lediglich Indifferenz zu konstatieren, gespiegelt in der banalen Wendung: „Ich glaube nichts – und mir fehlt nichts.“ Dass Religion gleichwohl die Gemüter beschäftige, habe, so Drobinski, den simplen Grund, dass „die zunehmend indifferente Mehrheitsgesellschaft mit einer hochgradig religiösen muslimischen Minderheit konfrontiert ist.“

Die Beobachtung wachsender Indifferenz bei Drobinski, bei Gräb die These einer habituellen Religionsbedürftigkeit: Ich gestehe, dass mir die nüchternen Zahlen, Fakten und Einschätzungen des Journalisten geeigneter scheinen, die faktische Predigtsituation in den Blick zu bekommen.

---

12 Gräb, Predigtlehre, 19.

13 Ebd., 36.

14 Ebd., 166.

15 Matthias Drobinski, Selbst ist der Sinn, in: SZ vom 20./21.08.2016, mit Bezug auf eine Studie des Religionssoziologen Detlef Pollack.

Warten auf Resonanz

Eine Fremddiagnose

Begriff und Phänomen der „Resonanz" werden derzeit breit diskutiert. Der Soziologe Hartmut Rosa hat mit seinem ebenso materialreichen wie lesbaren Buch „Resonanz" (2016) die Vorlage geliefert. Er erklärt die Kultur aus dem Bedürfnis des Menschen nach Beziehung zu der Welt, die ihn umgibt und deren Teil er ist. In allen Bezügen seines Lebens ist der Mensch auf Resonanz ausgerichtet, auf einen Widerhall außerhalb seiner selbst, auf ein Echo aus dem Stück Welt, das sein Leben ausmacht. Wer die „äußere" Welt als „äußerlich" abtut, muss sich korrigieren lassen. Das Buch kann als Ermutigung gelesen werden, aus einem einseitig verinnerlichten Weltbezug noch einmal und mit allen Sinnen in die Welt aufzubrechen. Der Körper ist der ureigene Resonanzraum des Menschen; er präfiguriert die Welt als den großen, universalen Resonanzraum. An der Weltbeziehung aber entscheidet sich, ob das Leben gelingt.

Alexander Deeg würdigte den neuartigen soziologischen Entwurf als hilfreich für die pastorale Aufgabe.[16] Die Religion zählt zu den elementaren Räumen, in denen Resonanz eingeübt und praktiziert wird. Insofern kann Deeg Pfarrerinnen und Pfarrer geradezu als „Resonanzexperten" apostrophieren. „Resonanz" kennzeichnet die Handlungen in der Kirche als Beziehungsgeschehen. Das gilt für die Beziehung unter den Menschen wie für die Beziehung des Menschen zu Gott. Es tut gut, solche grundlegenden Einsichten sozusagen von außen, vom Soziologen, bestätigt zu bekommen.

Dennoch lese ich den Text von Hartmut Rosa anders. Ich lese ihn als melancholischen Rückblick auf Zeiten, in denen Worte noch gen Himmel[17] geschickt wurden in der selbstverständlichen Erwartung, sie würden nicht leer zurückkommen.[18] Schleiermacher steht bei Rosa hoch im Kurs. Der Theologe der Romantik habe ein Subjekt gezeichnet, das beim „Universum" Resonanz erwartete und im Sinne einer „veritablen wechselseitigen Berührung" auch fand. In solchem Begegnungsgeschehen verortet Rosa die religiöse Erfahrung, wie Schleiermacher sie versteht.[19] Aber das ist lange vorbei. Unsere Gegenwart sieht auf die Religion zurück. Der Soziologe diagnostiziert ein „existentielles Resonanzverlangen" auch nach dem Ende der Religion. Die Moderne habe „glücklicherweise […] andere Wege gefunden und institutionalisiert, die dieses Verlangen gleichsam als resonanzfunktionale Äquivalente zur Religion erfüllen können,

16 Vgl. Deeg, Von Pfarrern und Priestern in der evangelischen Kirche [2016].

17 Jesus fuhr „gen Himmel" (Apg 1,11 u.ö.), Menschen schreien ihre Not (1Sam 5,12 u.ö.) oder senden ihr Lob (2Chr 20,19) „gen Himmel".

18 Vgl. Jes 55,11 (zur Formulierung) und Gen 8,11 (zur Vorstellung).

19 Vgl. Rosa, Resonanz, 417.

ohne auf ein metaphysisches Glaubenssystem angewiesen zu sein."[20] Nachdem er verhalten, fast trauernd, aber diagnostisch unumgänglich das Ende der Religion ausgerufen hat, präsentiert Hartmut Rosa Kunst, Natur und Geschichte als Funktionsäquivalente der vergangenen Religion.

Doch selbst diese Äquivalente der Religion scheinen in mancher Hinsicht bereits der Vergangenheit anzugehören. Was bei Rosa nur am Rande thematisiert wird, ist vielleicht das größte Resonanzproblem, vor dem die Menschheit je gestanden hat: die mediale Resonanz. Da sie dem Bedürfnis nach Kommunikation entsprechen, haben „digitale Medien ohne Zweifel den Charakter von Resonanzachsen".[21] Das Problem besteht darin, dass quer durch Milieus und Kulturen der Bildschirm zum „Leitmedium nahezu aller Weltbeziehungen" wird[22] und dass sich durch den Bildschirm die Weltbeziehungen „auf einen einzigen Resonanzkanal reduzieren".[23] Fast schon rhetorisch mutet die Frage an, ob Bildschirme „nicht per se eine Leibresonanzen verhindernde Wirkung haben".[24]

Gott war dem Menschen immer und ganz selbstverständlich eine Instanz, aus deren Richtung Resonanz erwartet werden konnte. Die Frage, ob von Gott heute noch Resonanz zu erwarten sei, begleitet, wenn ein Theologe den Entwurf von Rosa studiert, die Lektüre. Dass der Soziologe darauf keine Antwort geben kann, versteht sich. Aber er verschärft mit seinen Überlegungen die Frage nach der Gottesresonanz. Als die Religion noch in Geltung stand, gab es zwar auch Verzerrungen und Reduktionen. Aber prinzipiell war in ihr die Beziehung zu Gott und der Welt gut aufgehoben und hatte, christlich gedacht, in der Kirche einen Ort. Durch die hohe gesellschaftliche Geltung der Kirche konnte die Resonanzexpertise der Kirche kulturprägend wirken.

Mehr oder weniger Gott

Lob des Komparativs

Mehr Gott wagen – das klingt, als gäbe es ein Mehr oder Weniger an Gott. In diesem Fall steht ein Mehr in Rede, also ein Komparativ. Mehr Gott wagen – das könnte heißen: Überzeugter und überzeugender als bisher von Gott reden. Könnte heißen: Mehr von Gott reden und weniger vom Menschen. Könnte heißen: Mehr Theologie predigen und weniger Ethik. Der Komparativ könnte gehört werden, als gelte es, aus sicherem Glauben heraus Gott missionarischer bei denen zur Sprache zu bringen, die mit einer minderen Kräftigkeit ihres

20 Ebd., 452.
21 Ebd., 159.
22 Ebd., 155.
23 Ebd., 158.
24 Ebd.

Gottesbewusstseins nicht nur Schleiermachers Bedauern erregt hätten.[25] All das waren und sind mögliche Konsequenzen aus dem Komparativ.

Mehr Gott wagen? In den Zeiten der Indifferenz greift der Komparativ so, wie ich ihn eben expliziert habe, zu kurz. Er müsste korrigiert werden. Es geht nicht darum, mehr Gott, sondern überhaupt Gott zu wagen. Kirchliches Reden erweckt noch immer den Eindruck, als stehe in der Kirche Gottes Existenz außer Frage und als gelte es nur, diese Wahrheit mit Nachdruck nach außen plausibel zu machen.

Wer heute von Gott redet, lässt sich auf eine Größe ein, deren Existenz definitiv nicht beweisbar ist. Zwar war Gott, strenggenommen, noch nie beweisbar. Dank unserer Kultur aber und der prägenden Rolle, die darin der Kirche zukam, hatte die Größe „Gott" eine gewisse Plausibilität. Es bedeutete ein Wagnis, auf diese Größe zu verzichten. Heute ist es ein Wagnis, Gottes Existenz zu behaupten oder sie, aller Indifferenz zum Trotz, sogar zu bekennen.

Das Wagemutige daran ist nicht allein die Tatsache, dass ein Reden von Gott immer wieder auch Widerstand, Spott oder Achselzucken provoziert. Wagemutig ist auch die Direktheit, mit der Gott zum Objekt menschlichen Wagemuts wird: Ich wage Gott. Der Prediger, der Gott wagt, kann sich selbst nicht gleichbleibend sicher sein, dass er eine Wirklichkeit evoziert, wenn er „Gott" sagt. „Gott wagen" bedeutet für die Kanzelrede, sich laut und öffentlich einem Versuch mit ungewissem Ausgang auszusetzen. Wer predigt, schickt Worte aus in der Hoffnung, dass sie nicht leer zurückkommen. Wie Noah die Taube ausfliegen ließ in der Hoffnung auf Land, so schicken wir Worte aus in der Hoffnung auf Gehör.[26] Die Rede ist nicht, wie man bei „Gehör" erwarten könnte, vom „Hörer". Die Rede ist von Gott. Aus unterschiedlichen Richtungen hofft die Predigt auf Resonanz: Aufmerksamkeit unter Menschen und Gehör bei Gott.

Dennoch habe ich über diese Predigten und Reden kein absolutes „Gott wagen" gesetzt, sondern das komparative „Mehr Gott wagen". In der menschlichen Erfahrung sind Glaube und Gott aufeinander bezogen. Insofern entspräche der Existenz Gottes auf der Menschenseite der Glaube, während seine Nichtexistenz nur mit Unglauben quittiert werden könnte. Gottes Existenz oder Nichtexistenz und, komplementär, Glaube und Unglaube lassen, genau genommen, dem Menschen nur die Wahl zwischen Alles oder Nichts. Das Leben aber spielt sich, Gott sei Dank, irgendwo dazwischen ab. Ein absolutes „Gott wagen" wäre für die Person auf der Kanzel wie für die versammelte Gemeinde auf Dauer nicht durchzustehen. Komparativ ist angesagt. Denn der ist schlicht menschlicher. Der Komparativ entspannt die Lage.

---

25 Vgl. Schleiermacher, Der christliche Glaube, etwa § 89,1 (Bd. 2, 24): „Unkräftigkeit des Gottesbewußtseins".

26 Vgl. Gen 8,8–12.

Deutlich anders ist es beim Reden über den Tod. Man könne den Tod wagen, schrieb Franz Kafka seiner Freundin Milena Jesenská. Und wusste, dass nichts, aber auch gar nichts an diesem Wagnis vorbeiführen würde: „Dir wird ängstlich beim Gedanken an den Tod? Ich habe nur entsetzliche Angst vor Schmerzen. Das ist ein schlechtes Zeichen. Den Tod wollen, die Schmerzen aber nicht, das ist ein schlechtes Zeichen. Sonst aber kann man den Tod wagen."[27] Der Tod erlaubt kein Mehr oder Weniger, keine Indifferenz, kein Augenzwinkern und keinen Humor. „Mehr Tod wagen" oder „Weniger Tod wagen" – beides wäre purer Zynismus.

Sollte es bei Gott kompromisslos zugehen wie beim Tod? Existenz oder Nichtexistenz, Glaube oder Unglaube – das Entweder-Oder bringt in Bedrängnis. Die kompromisslose Alternative zwingt die Person mit dem Glaubensberuf, geradezu autosuggestiv die Existenz Gottes zu behaupten. Entweder ich glaube. Oder es droht biographisch die Katastrophe.

Das Entweder-Oder bedrängt, ein Mehr-oder-Weniger aber entlastet. Darum propagiere ich den Komparativ. Was weiß ich schon, ob ich selbst im Moment glaube? Oder nicht glaube? Oder ob ich zweifelnd hin und her gerissen werde zwischen Glauben und Unglauben? Und was weiß ich wirklich über Glauben, Zweifel und Unglauben bei denen, die mir in der Gemeinde zuhören? Es kann sein, dass ich im besten Glauben eine Predigt halte, die Zweifel weckt, und im radikalen Zweifel eine Predigt, die den Glauben stärkt.

---

[27] Kafka, Briefe an Milena, 277.

Zu ihrem Gedächtnis

Mk 14,3–9

Palmsonntag
20. März 2016
Hagenbüchach und Kirchfembach

> 3 Und als er in Betanien war im Hause Simons des Aussätzigen und saß zu Tisch, da kam eine Frau, die hatte ein Glas mit unverfälschtem und kostbarem Nardenöl, und sie zerbrach das Glas und goss es auf sein Haupt. 4 Da wurden einige unwillig und sprachen untereinander: Was soll diese Vergeudung des Salböls? 5 Man hätte dieses Öl für mehr als dreihundert Silbergroschen verkaufen können und das Geld den Armen geben. Und sie fuhren sie an.
> 6 Jesus aber sprach: Lasst sie in Frieden! Was betrübt ihr sie? Sie hat ein gutes Werk an mir getan. 7 Denn ihr habt allezeit Arme bei euch, und wenn ihr wollt, könnt ihr ihnen Gutes tun; mich aber habt ihr nicht allezeit. 8 Sie hat getan, was sie konnte; sie hat meinen Leib im Voraus gesalbt für mein Begräbnis. 9 Wahrlich, ich sage euch: Wo das Evangelium gepredigt wird in aller Welt, da wird man auch das sagen zu ihrem Gedächtnis, was sie jetzt getan hat.
>
> Mk 14,3–9 (Lutherbibel 1984)

1 Augenblick und Dauer

Es gibt Paare, die passen einfach nicht zusammen. Nein, nicht Charles und Diana: Es war einmal. Nicht John und Jane: Es ist immer und überall. Nicht Schauspieler XY: Beim wievielten Mal war es eigentlich? Nein, ich meine ein Paar, das noch nie zusammengepasst hat. Ich meine ein Paar, das ungleicher nicht sein könnte. Ich meine das Paar, ihn und sie: „Augenblick“ heißt er, und sie heißt „Dauer“.

Eigentlich gibt es nichts, was unverträglicher wäre als Augenblick und Dauer. Eine Sekunde dauert nun mal keine Ewigkeit. Mit dem Siegeszug des Smartphones freilich scheint das Problem überraschend gelöst. Da ist er: der Augenblick. Und: Klick. Früher machte sich der Augenblick aus dem Staub, sobald er die Dauer auch nur von ferne erblickte. Jetzt kommen sie, klick, zusammen. Wunderbare Zeiten. Nichts verfliegt, nichts ist vorbei. Er, der Augenblick. Klick. Sie, die Dauer. Das Foto steht im Netz. Für immer. Niemand kann es verlässlich löschen. Der Augenblick und die Dauer, sie sind doch noch ein Paar geworden.

Damals, als die Welt noch schlappe zwei Jahrtausende auf das Smartphone warten musste … Damals waren Augenblick und Dauer, diese beiden, schon einmal eine Verbindung eingegangen. Nicht mit Elektronik. Sondern durch … (kaum wage ich es zu sagen) … durch etwas so Altmodisches wie … die Predigt in der Kirche: *Wo das Evangelium gepredigt wird in aller Welt, da wird man auch das sagen zu ihrem Gedächtnis, was sie jetzt getan hat.*

2 Beiläufig in Betanien

Zu ihrem Gedächtnis versuchen wir den Augenblick und die Dauer zusammenzubringen. Wenigstens für ein paar Predigtminuten. *Zu ihrem Gedächtnis* schauen wir auf jene Frau, auf den Herrn Christus und auf eine Begegnung, die auch nach dieser Predigt in Geheimnis gehüllt bleiben wird.

Und als er in Betanien war im Hause Simons des Aussätzigen und saß zu Tisch …

Solches geschah … nicht im Herzenskämmerlein, tief drinnen in der Menschenbrust, nicht in einer Kirche, nicht in Mausdorf, Kirchfembach oder Hagenbüchach, sondern in einem kleinen Vorort von Jerusalem, *in Betanien.*

Solches geschah … nicht im Haus von Martin Nicol, dem Redseligen. Nicht im Pfarrhaus von Kerstin Baderschneider, der Freundlichen. Aber *im Hause* eines Mannes, der auch einen Namen hat und eine Geschichte, *im Hause* nämlich *Simons des Aussätzigen.*

Solches geschah. Und was da geschah, war … Ja, wie war es eigentlich? Er, Christus, predigte nicht, er heilte nicht, widerstand nicht dem Satan. Er ging nicht auf dem Wasser, verwandelte nicht Wasser in Wein, sondern … *saß zu Tisch.*

Saß einfach *zu Tisch. Im Hause Simons des Aussätzigen. In Betanien.*

So beiläufig beginnt, was damals geschah. Wir nehmen uns die Geschichte wieder und wieder vor, Jahr um Jahr, über die Jahrhunderte, und sehen auf jene Frau. Sie wird nicht vergessen. Nein. Wir sind doch da. Jetzt. *Zu ihrem Gedächtnis.*

3 Salbe vom Feinsten

Und als er in Betanien war im Hause Simons des Aussätzigen und saß zu Tisch …

… da kam eine Frau. Sie hatte sich durch Schaulustige gekämpft. Und durch Jünger, die sich aufbauten wie Bodyguards, um ihren Herrn und Meister abzuschirmen. Wie sie es geschafft hat, weiß man nicht. Plötzlich steht sie vor ihm: die fremde Frau. Und er *sitzt zu Tisch.* Er, Jesus Christus, Gottes Sohn …

Da kam eine Frau, die hatte ein Glas mit unverfälschtem und kostbarem Nardenöl …

Eine Salbung vor dem Essen oder gar bei Tisch – das ist nichts, was ich mir wünsche. Damals hat man das wohl gemacht. Manchmal. Nicht immer. In jedem Fall war es ein teurer Spaß: *ein Glas mit unverfälschtem und kostbarem Nardenöl,* im Wert von mehr als 300 Denar. Eine gigantische Summe. Dafür musste ein Mann ein ganzes Jahr arbeiten. Zwölf harte Monate. Ohne Wochenende, Urlaub oder Brückentage.

… und sie zerbrach das Glas und goss es auf sein Haupt.

Kostbar das Öl. Kostbar das Gefäß: aus Alabaster gefertigt, mit einem schmalen, hohen Hals. Den musste sie zerbrechen, wenn sie das Öl verwenden wollte.

Was für eine Frau! Zielstrebig und, wenn es darauf ankam, verschwenderisch. Zielstrebig. Verschwenderisch. Und unbekannt. Wir bleiben dran. *Zu ihrem Gedächtnis.*

4 Zu ihrem Gedächtnis

Zu ihrem Gedächtnis waren vor allem Männer am Werk. Männer waren es, die jene Begebenheit durch die Jahrhunderte trugen. Unvermeidlich, dass in die Vermutungen, Spekulationen und Legenden auch Männerfantasien Eingang gefunden haben.

Zu ihrem Gedächtnis. Einfach die große Unbekannte? Eine Frau, deren Namen und Lebensumstände wir nicht kennen?

Zu ihrem Gedächtnis. Oder war sie, wie es das Lukas-Evangelium vermutet, „eine Sünderin"? Heute würde man es direkter sagen: eine Sexarbeiterin. Mit all der Verachtung, die man ihr entgegenbrachte. Öffentlich wenigstens.

Zu ihrem Gedächtnis. Wer ist diese Frau? Wir wissen, dass eine ganze Reihe von Frauen Jesus nachfolgte. Wie die Jünger auch. Nur dass man die Zwölf mit Namen kennt. Ist sie eine von jenen Frauen, die damals genauso dabei waren wie Petrus oder Andreas? Sollte es sich gar um Maria Magdalena gehandelt haben?

Zu ihrem Gedächtnis. Wer ist diese Frau? Die durch die Jahrhunderte schreitet und nicht altert. Gewinnend natürlich, selbstbewusst, attraktiv. Den Herrn selbst habe es nicht völlig kalt gelassen, als sie, zielstrebig und mit Würde, sich ihm näherte. Vermuten Filmemacher. Vermuten, die mit „Jesus Christ Superstar", dem Musical, einen Welterfolg landeten.

Eine bemerkenswerte Frau in jedem Fall. *Zu ihrem Gedächtnis* sind wir zusammen an diesem Sonntagmorgen.

5 Zweifellose Verschwendung

Wer diese Frau ist, bleibt im Dunkel. Was aber auf allen Seiten, quer durch die kirchlichen Lager wie auch bei Kirchenkritikern, die von außen kommen, Missfallen erregt, ist die finanzielle Seite jener seltsamen Salbung: *Da wurden einige unwillig und sprachen untereinander: Was soll diese Vergeudung des Salböls?*

Die Kirche solle endlich sparen. Vor allem bei dem, was schön sein mag, aber niemandem hilft. Kirchenmusik. Die neue Orgel. Blumenschmuck. Gute Mikrofone. Und warum eigentlich soll die Sakristei renoviert werden? Da zieht sich doch nur der Pfarrer um. Sonst schaut niemand rein. Nur die Mesnerin. Und das auch nur, um am Schaltkasten die Knöpfe zu bedienen. Die Gemeinde lässt es kalt, wenn die Sakristei schäbig ist. Und wie wäre es mit einer neuen Altarbibel? Stattlich, würdig, ein Buch, das sich sehen lassen kann? Nein, das muss nun wirklich nicht sein! Texte holt man heutzutage, Flatrate, aus dem Internet. Schon eine Altarbibel würde unverschämte 250 Euro kosten. Und nun das! Ungeheuerlich. Ein Jahresverdienst geht dafür drauf: *Salböl*! Was für eine *Vergeudung*! *Man hätte dieses Öl für mehr als dreihundert Silbergroschen verkaufen können und das Geld den Armen geben.*

Nein, die Kirche soll nicht mit Schönheit glänzen. Schönheit kostet nur Geld. Auch *die schönsten Gottesdienste des Herrn*[28] lohnen diesen Aufwand nicht. Not, Not, überall Not in der Welt. Sie verschwendet Geld und Salböl. Und nebenan bräuchten Menschen Hilfe fürs nackte Überleben.

Und sie fuhren sie an.

6 Schönheit vor Schrecken

Liebe Gemeinde, er, der Augenblick, und sie, die Dauer. Ein Paar mit erheblichen Schwierigkeiten. Sie passen nicht zusammen. Aber heute, am Vorabend der Passion, sind wir in dieser Kirche auch dazu zusammen: *zu ihrem Gedächtnis*. Am Gründonnerstag wird sein Gedächtnis das sein, was zählt: Solches tut, sagt der Herr, *zu meinem Gedächtnis*. Aber vor das *Gedächtnis* seines Sohnes hat Gott ein anderes *Gedächtnis* gesetzt. Das Gedächtnis an einen kleinen, flüchtigen Augenblick. Bevor die Passion erbarmungslos ihren Lauf nimmt, knapp vor dem Karfreitag … da blitzt er auf, ein winziger Moment, ein Moment voller Anmut und Schönheit.

Das, liebe Gemeinde, lässt mich nicht los: Vor die Passion hat Gott die Schönheit gesetzt. Die Verschwendung. Und die Liebe. *Zu ihrem Gedächtnis* lese ich noch einmal die wenigen Worte, die aus jenem kurzen Moment zu uns herüberklingen:[29]

Und er wandte sich zu der Frau und sprach zu Simon: Siehst du diese Frau? […] Ihre vielen Sünden sind vergeben, denn sie hat viel geliebt […]. Und er sprach zu ihr: […] Dein Glaube hat dir geholfen; geh hin in Frieden!

---

28 Vgl. Ps 27,4: „die schönen Gottesdienste des Herrn".

29 Vgl. Lk 7,36–50, hier: VV. 44 u. 50.

Kommentar

Ungewohnt: Homiletische Situation

Kerstin Baderschneider, Pfarrerin und seit vielen Jahren Mitarbeiterin am Lyrik-Projekt meines Lehrstuhls, hatte mich zum Predigen eingeladen. Zuerst war Gottesdienst in Hagenbüchach, dann in Kirchfembach. Ich hatte jeweils die Predigt zu halten, die Liturgie war Sache der Pfarrerin. Zwei Dorfkirchen im Dekanat Neustadt / Aisch, Mittelfranken, etwa 25 km von Erlangen entfernt.

Die Autofahrt zwischen den Gottesdiensten erinnerte mich lebhaft an eine zur Lyrik gewordene Autofahrt von Sarah Kirsch.[30] Zwar konnte in diesem Fall kein Herr Pastor dem Rübezahl ähnlich sehen, aber ein wenig „wie der Teufel" fuhr die Pfarrerin schon auch. „Weißen Haares" wie im Gedicht glaubte ich das Dorf zu erreichen, da begann die Fahrt auf einmal lieblich zu werden. Die Kirche, hoch auf dem Hügel über dem Dorf, war zu sehen, die Glocken läuteten und auf vielen Stufen stiegen bedächtig Menschen bergan. Lieber stiegen sie langsam und mit Verschnaufpausen, als dass sie den längeren und bequemeren Weg über die stufenlose Rampe auf der Rückseite des Hügels genommen hätten. Die Traditionsverbundenheit der Gemeinde war sichtbar. Da schien, wenigstens an einem solchen Morgen, die Zeit still zu stehen.

Das hatte ich nicht erwartet. Kurz meldete sich die bange Frage: Hätte ich meine Predigt deutlicher milieuspezifisch konzipieren müssen? Wenn ja, dann war es jetzt zu spät. Aber ich gestehe, dass mir auch im Rückblick zu diesem Text keine andere Predigt eingefallen wäre, nicht für die beiden Dörfer, nicht für die Erlanger Universitätsgemeinde, nicht für Gemeinden rund um Erlangen, die ich als Prediger kenne. Eine Predigt ausdrücklich milieuspezifisch zu konzipieren, halte ich für schwierig bis unmöglich. Die Predigt zeitspezifisch auszurichten, sollte dagegen eine Selbstverständlichkeit sein. „Zeitspezifisch" heißt, dass ich mich mit meiner Kanzelrede in das Spannungsfeld zwischen Weltzeit und Gotteszeit begebe.[31] Ob mir das mit meiner Predigt zur Salbung in Betanien gelungen ist, müssen andere beurteilen. Ich jedenfalls habe diesem Kapitel mit Bedacht genau diese Predigt beigegeben. So oder so ähnlich kann, meine ich, von Gott geredet werden. Öffentlich. Und auch in Zeiten der Indifferenz.

Umgangen: Historienfilm

Die Begebenheit von der Salbung in Betanien ist als Erzählung überliefert. Eine narrative Vorgabe dieser Art birgt die Versuchung, die Geschichte von damals nachzuempfinden und sie, gleichsam in historischen Kostümen und Kulissen,

---

30 Kirsch, Im Juni [1977], in: dies., Ich Crusoe, 38.

31 Vgl. zu den beiden Zeiten u. S. 35 ff.

wieder als Geschichte zu inszenieren. Beispielsweise könnte man sich in eine der umstehenden Personen versetzen. Die nimmt Jesus dann natürlich nicht als den Herrn und Heiland, als den Herrn Christus oder sonst irgendwie nachösterlich wahr, sondern als „diesen Jesus", als „den fremden Rabbi" oder den „Wanderprediger" mit seinen „Freunden". Der Sinn solcher Inszenierungen ist vermutlich der, dass man sich, analog zu damals, im Gegenüber zu der Person Jesu mit ähnlicher Verwunderung und Verwirrung erleben soll. Im Medium von Kanzelworten wird eine Begegnung mit dem Menschen Jesus arrangiert, damit sich ähnliche Konstellationen und Konversionen ergeben wie in biblischer Zeit.

An jenem Sonntagmorgen aber befanden wir uns definitiv nicht zu Betanien im Hause Simons des Aussätzigen. Wir befanden uns in einer fränkischen Dorfkirche, man schrieb das Jahr 2016 und wir feierten Gottesdienst in der Gegenwart des auferstandenen Herrn. Die historisierende Inszenierung wäre auch ohne die üblichen Naivitäten der Narration ein theologisches Problem. Denn der Jesus der Geschichte ist als der auferstandene Herr „bei uns alle Tage"[32]. Nirgends wird diese Gegenwart deutlicher und expliziter als im Gottesdienst.

Abgeschaut: Doku-Drama

Wenn jemand Verwunderung und Verwirrung bewirkt, dann ist es der Christus, dessen gottesdienstlich symbolisierte und erlebte Gegenwart durch eine biblische Geschichte historisierend verfremdet wird. Dass der Herr der Kirche einer nicht unumstrittenen Frau in dieser Weise begegnet, das ist anstößig, anziehend, das ist witzig, humorvoll, für manche wohl auch lächerlich. So soll es und so darf es sein. Von einem historisierend nacherzählten Jesus dagegen führt gar kein Weg oder doch ein überlanger Umweg zu dem längst anwesenden und angerufenen Christus. Eine historisierende Nacherzählung ist schlechter Kindergottesdienst, belanglose Klamotte oder Unterhaltung in Originalkostümen nach dem Muster „Frau Dürer führt durchs alte Nürnberg" oder „Mit dem Nachtwächter unterwegs in Rothenburg".

Meine Predigt geht am biblischen Text entlang. Sie hat deswegen narrative Elemente. Aber was ich wollte, war eine Art „Doku-Drama". Als Beispiel steht mir das dreiteilige Filmwerk über die Familie Mann vor Augen.[33] Heinrich Breloer, der Regisseur, montierte Spielfilm-Szenen mit dokumentarischem Filmmaterial aus der Vergangenheit der Familie Mann und aus der Gegenwart der Filmarbeiten. Nach meiner Einsicht ist im Kino oder Fernsehen die Mischform des Doku-Dramas meist das glaubwürdigere Format, vergangene Situationen

---

32 Mt 28,20.

33 Die Manns. Ein Jahrhundertroman, Regie: Heinrich Breloer, D 2001.

zu vergegenwärtigen, als der Spielfilm. Das Doku-Drama lässt an keiner Stelle zweifeln, dass die Produktionszeit die Referenzzeit für all die anderen Zeiten ist, die der Film in seine Darstellung einbezieht.

Ähnlich gehe ich als Prediger von der gottesdienstlichen Jetztzeit aus. Deshalb rede ich von vornherein von dem „Herrn Christus" oder sogar, mit dem Apostolicum, von „Gottes Sohn" (Move 3): „Plötzlich steht sie vor ihm: die fremde Frau. Und er sitzt zu Tisch. Er, Jesus Christus, Gottes Sohn ..." Referenz ist durchgängig die Erzählzeit der Predigt, in welche einzelne kleine Sequenzen aus der erzählten Zeit der Bibel montiert wurden.

Übrigens gab es schon in der Bibel selbst das Problem, dass der, von dem die Geschichten erzählten, längst als der Auferstandene präsent war. Das „Messiasgeheimnis" ist das narrative Mittel, um eine Jesusbegebenheit als Christusgeschichte zu erzählen: Ein Schweigegebot an die Jünger soll verhindern, dass Jesu wahre Herkunft vorzeitig bekannt und damit die narrative Logik der Evangelien gestört wird. Daran, wie die Evangelien selbst die Geschichte Jesu und die Geschichten mit Jesus erzählend gestalten, kann sich auch eine Predigt orientieren.

Vermieden: Moral

Auch wer das Gedächtnis an jene Frau hochhält, weiß nicht wirklich, wer sie war. Die Kommentare dürfen sich, selbst wenn sie wollten, auf Grund der Quellenlage nicht festlegen. Die frömmigkeitsgeschichtliche Rezeption dagegen konnte gar nicht anders, als der Frau Gesicht und Geschichte, Namen und Beruf zu geben. Seit Gregor d. Gr. wurde in der lateinischen Kirche die Frau von Betanien gerne mit Maria von Magdala und der „Sünderin" von Lk 7 gleichgesetzt.[34] Indem ich der markinischen Fokussierung auf Sterben und Tod Jesu nicht strikt folge, gerät die Person jener Frau samt ihrer Handlung stärker ins Schillern, als es nach der Textvorgabe nötig wäre. Eben deswegen war ich darauf bedacht, an keiner Stelle eine moralische Wertung anklingen zu lassen. Wer auch immer jene Frau war, ihr Lebenswandel stand möglicherweise mit ihr im Raum. Mit der Salbung handelte sie anstößig im Sinne der Umstehenden. Und traumwandlerisch richtig in der Sicht des Himmels.

Genutzt: Intertextualität

Dass am Palmsonntag dieser Frau „zu ihrem Gedächtnis" gedacht[35] und am Gründonnerstag das Abendmahl „zu seinem Gedächtnis" gefeiert wird, war für

---

[34] Vgl. Mt 26,6–13, Mk 14,3–9, Lk 7,36–50, Joh 12,1–8, evtl. Joh 20,1–18. Zur Wirkungsgeschichte s. Gnilka, Das Evangelium nach Markus, 227 f. Vgl. auch Bieberstein / Marx, Maria aus Magdala.

[35] Vgl. insges. Schüssler Fiorenza, „Zu ihrem Gedächtnis ..." [engl. 1983]. Sie hat die Formulierung aus der Salbungsgeschichte zum Programmtitel ihres bahnbrechenden Werkes gemacht.

mich die entscheidende Vorgabe für die Gesamtausrichtung der Predigt.[36] Der griechische Text verzeichnet für „sein Gedächtnis" (εἰς τὴν ἐμὴν ἀνάμνησιν) und „ihr Gedächtnis" (εἰς μνημόσυνον αὐτῆς) unterschiedliche Termini.[37] Sicher setzt der eucharistische Kontext theologische Vorgaben, die für die Salbungsgeschichte nicht gegeben sind. Aber die syntaktisch analoge Formel und die dramaturgische Nähe im Rahmen der Passionserzählung stiften eine aufregende Intertextualität. Die wird nach evangelischer Lesart kenntlich, während die katholische Tradition damit offenbar ein Problem hat. Die Einheitsübersetzung jedenfalls setzt auch in der jüngsten Revision von 2016 den eucharistischen Sprachgebrauch („zu meinem Gedächtnis") von der Formulierung in der Salbungsgeschichte geradezu demonstrativ ab: „Überall auf der Welt, wo das Evangelium verkündet wird, wird man sich an sie erinnern und erzählen, was sie getan hat" (Mk 14,9). Die verbale Gestaltung lässt nicht einmal die syntaktische Analogie der Präpositionalformel erkennen. Der deutsche Text der Lutherbibel dagegen bietet in beiden Fällen „zu ihrem Gedächtnis" bzw. „zu meinem Gedächtnis" und akzentuiert damit statt der offensichtlichen Differenz eine Analogie, die überrascht. Es ist anzunehmen, dass Luther wusste, was er tat, als er die Analogie in seiner Übersetzung abbildete.[38] Und mich haben die Beobachtungen im intertextuellen Spannungsfeld von Salbung und Eucharistie homiletisch überhaupt erst in die Spur gebracht.

36 Auch hier harmonisiere ich bewusst, indem ich mich nicht auf die bei Mk präsentierten, sondern auf die liturgisch gebräuchlichen Einsetzungsworte nach 1Kor 11,23–25 beziehe.

37 Vgl. auch in der Vulgata: in meam commemorationen (1Kor 11,23.25) / in memoriam eius (Mk 14,9).

38 Das gilt für die Lutherbibel wie auch für Luther selbst (vgl. Luther-Bibel 1545). Auch die aktuelle Zürcher Bibel verzeichnet für Salbung wie Eucharistie die analoge Lesart.

II
Wie alles zwei Zeiten hat
Wirklichkeit im Gotteshorizont

Weltzeit und Gotteszeit
Zwei-Zeiten-Modell

Dass der Mensch auf Erden keine bleibende Statt hat, ist ebenso evident wie biblisch. Wie aber lebe ich mit diesem Wissen? Zuweilen gilt mein stiller Neid Menschen, die zufrieden sind im Hier und Jetzt. Die kein Bedürfnis verspüren, jenes Dort irgendwie zu ermessen. Die das Leben nehmen, wie es ist. Ekklesiogene Neurosen sind ihnen fremd und das Gefühl, aus der Zeit gefallen zu sein, kennen sie nicht. Sollte es sie wirklich geben, dann leben sie einzeitig.

Als Christen leben wir zweizeitig. Auch wer die Metapher der „Zeit" nicht gebrauchen möchte, kommt um die Glaubenseinsicht nicht herum, dass unser Leben in einem Dazwischen verläuft, in einem Spannungsfeld zwischen Gott und Welt, Diesseits und Jenseits, Himmel und Erde. Ich fasse jenes Dazwischen zeitlich und spreche von Weltzeit und Gotteszeit. Zwischen den Zeiten spielt sich christliche Existenz ab. Die affektive Gestimmtheit solcher Zwischen-Existenz finde ich, anrührend formuliert, in zwei Liedstrophen aus dem evangelischen Gesangbuch.

Ich greife zuerst zu Gerhard Tersteegens Abendlied „Nun sich der Tag geendet" aus dem Jahr 1745. Da soll sich der Mensch, während er noch auf der irdischen Etappe unterwegs ist, bereits auf die himmlische Zielgerade einstimmen:

> Ein Tag, der sagt dem andern,
> mein Leben sei ein Wandern
> zur großen Ewigkeit.

O Ewigkeit, so schöne,
mein Herz an dich gewöhne,
mein Heim ist nicht in dieser Zeit.[1]

Anders liegen die Dinge rund hundert Jahre früher (1654) bei Christian Knorr von Rosenroth:

Morgenglanz der Ewigkeit,
Licht vom unerschaffnen Lichte,
schick uns diese Morgenzeit
deine Strahlen zu Gesichte
und vertreib durch deine Macht
unsre Nacht.[2]

In dem Morgenlied wird die irdische Welt zum Gleichnis des Himmels. Schon die einleitende Wendung „Morgenglanz der Ewigkeit" hält Zeit und Ewigkeit nicht vergleichend aneinander, setzt sie auch nicht in zeitlicher Abfolge hintereinander, sondern verbindet sie metaphorisch. Aus Morgenlicht und Gottesglanz entsteht etwas Neues: der „Morgenglanz der Ewigkeit". Und wieder einmal war es die Sprache, die das Wunder wirkte und zusammenbrachte, was zusammengehört: Gottes Zeit und die Zeit der Welt.

Gegenüber dem Lebensgefühl, aus dem solche Lieder entstanden, hat sich die Ausgangslage erheblich verändert. So harmonisch fügen sich die Zeiten längst nicht mehr zueinander. Gott ist abständiger geworden, die Welt säkularer. Die beiden Zeiten sind, so scheint es, zueinander auf Distanz gegangen. Man mag die massive Säkularisierung beklagen. Ich kann in solches Lamento nicht einstimmen. Die größere Distanz der Zeiten verstärkt die Polarität und das Lebensgefühl der Zweizeitigkeit.

Freilich ist bereits die Formulierung, die Zeiten seien auf Distanz gegangen, irreführend. Denn Weltzeit und Gotteszeit sind zu unterscheiden, aber sie sind keinesfalls geschieden. Im Grunde handelt es sich um eine einzige Zeit. Was die zwei Zeiten so unterschiedlich aussehen lässt, ist meine Wahrnehmung. Die Zeit, die ich „Gotteszeit" nenne, nehme ich anders wahr als ihre Entsprechung, die „Weltzeit". Eigentlich und genauer müsste ich von zwei Wahrnehmungen der einen Zeit reden.

Uneigentlich aber und praktikabel rede ich von zwei Zeiten. Damit tue ich zunächst das, was Wilhelm Gräb zu Recht ablehnt: Ich hantiere tatsächlich mit zwei Zeiten bzw. Wirklichkeiten.[3] Das freilich geschieht in der erklärten Absicht, die eine und ganze Wirklichkeit zur Sprache zu bringen. Ich frage, wenn

1 Gerhard Tersteegen 1745, Nun sich der Tag geendet, EG 481,5.
2 Christian Knorr von Rosenroth 1654, EG 450,1.
3 Vgl. Gräb, Predigtlehre, 284.

ich weltzeitlich unterwegs bin, nach der Gotteszeit. Und, umgekehrt soll, wenn ich gotteszeitlich rede, die Weltzeit nicht ausgeblendet bleiben. Das Zwei-Zeiten-Modell hilft gegen eine Reduktion von Wirklichkeit durch Gottvergessenheit oder Weltverlust.[4]

Zwischen den Zeiten

Polarität als Redemodus

Die Predigt führt zwischen die Zeiten. Ihre Aufgabe ist es nicht, deren Differenz zu mindern, sondern sie in ihrer polaren Bezogenheit wahrzunehmen. Zwischen den Polen herrscht gewissermaßen Hochspannung. In diesem Feld kann die Predigt zu einer Spannung finden, die den Namen verdient. Es gilt, die Gotteszeit in der Differenz zur Weltzeit und so auch in der ihr eigenen Fremdheit zur Geltung zu bringen. Nicht kulturkämpferisch. Nicht im Widerstand gegen eine böse Welt. Sondern unpolemisch, selbstverständlich und nicht ohne Humor.

In Theologie und Kirche tut man sich nicht leicht mit einer polaren Zuordnung dieser Art. Die Predigtrede scheint klarer und eindeutiger, wenn sie die Zeiten konvergieren lässt. Der Wunsch, nicht zwischen Polen zu oszillieren, sondern konvergente Lösungen zu präsentieren, ist ebenso verständlich wie problematisch. Ich benenne zwei Modi, mit denen in der Predigtarbeit auf problematische Weise weltzeitliche Gegebenheiten gotteszeitlich identifiziert werden (oder umgekehrt): die reflexive und die phänomenale Identifikation.

Reflexive Identifikation: Ich mache mich denkerisch auf die Suche nach einer Gottesvorstellung, mit der ich weltzeitliche Gegebenheiten zeitgemäß in einen Gotteshorizont stellen kann. Dabei reicht die Skala von Jüngels predigtnaher Formulierung „Gott als Geheimnis der Welt“[5] bis zu Begriffsgebäuden, deren Kurswert sich auf akademische Debatten beschränken dürfte. Gott sei, so Paul Tillich, „der Name für das, was uns unbedingt angeht“.[6] Oder er sei, so einst Herbert Braun, „das Woher meines Umgetriebenseins“.[7] Neuerdings begreift Wilhelm Gräb Gott als das „personale Gegenüber der Hinwendung zum Grund der je subjektiv empfundenen Daseinsgewissheit“, wofür offenbar im homiletischen Tagesgeschäft auch vom „grundlosen Grund unseres Grundvertrauens“ gesprochen werden kann.[8] Der Grad der Komplexität ist, wie unschwer zu er-

---

4 Dass ich von „Zeit“ rede, wo es um „Wirklichkeit“ geht, sollte nicht stören. „Zeit“ signalisiert Bewegung, sie entspricht der Geschichte, in der wir leben, und der Geschichtlichkeit, in der die Bibel die Gotteswirklichkeit zur Sprache bringt.

5 Jüngel, Gott als Geheimnis der Welt.

6 Tillich, Systematische Theologie I, 247.

7 Braun, Die Problematik einer Theologie des Neuen Testaments, 17f.

8 Gräb, Predigtlehre, 258 u. 261.

kennen, sehr unterschiedlich. Gemeinsam ist solchen Formulierungen, dass sie Gott und Welt in zeitgemäßer Plausibilität zu vermitteln suchen. Die Homiletik braucht solche Überlegungen, um sich in den Debatten der Gegenwart zu orientieren und zu behaupten. In der Predigt selbst aber geht es primär nicht um Reflexion über die Vorstellungen von Gott, sondern um den Gebrauch solcher Vorstellungen in der Gottesgegenwart.

Phänomenale Identifikation: Ich identifiziere kleine Gegebenheiten oder Handlungen im Alltag mit dem Handeln Gottes. Beispielsweise wird die Gotteswirklichkeit gerne so zur Geltung gebracht, dass in den kleinen Zuwendungen menschlicher Nähe, sei es in dem freundlichen Wort am Gartenzaun oder in der wortlosen Umarmung durch einen bis dahin fremden Menschen, Gottes bedingungslose Liebe erfahrbar werde. Das ist unproblematisch, wenn, wie es etwa in der Seelsorge häufig geschieht, ein Mensch in einer bestimmten Begebenheit seines Lebens Gott erzählbar am Werk sieht. Es wird aber zum Problem, wenn weltzeitliche Momente generell zu Gottesmomenten erklärt werden. Problematisch ist nicht die individuelle Konfession, sondern die generelle Identifikation. Die Predigt hat auseinanderzuhalten, was im Leben derer, die zuhören, durchaus zusammengehen kann. Keine Identifikation auf der Kanzel kann die Konfession im Leben ersetzen.

Beide, die reflexive und die phänomenale Identifikation, wollen auf je eigene Weise zwischen den Zeiten vermitteln. Dabei kann es zu erheblichen Verlusten in der Wahrnehmung kommen. Die reflexive Identifikation verwischt tendenziell das personale Gegenüber Gottes, indem sie Gott zum Gegenstand des Nachdenkens macht, während die phänomenale Identifikation zur Banalisierung Gottes und seines Handelns tendiert. Zudem geht auch die Welt nicht unbeschadet aus solchen Verfahren hervor. Eigentlich ist unsere Welt zu schön oder zu schrecklich, in jedem Fall so hautnah wirklich, dass es einen Verlust bedeutet, wenn sie sich in reflexive Abstraktion verflüchtigt. Und die kleinen Momente im Alltag – sie verlieren erheblich an Zauber, wenn sie nicht klein bleiben dürfen, sondern kanzelöffentlich zu Gottesmomenten aufgeblasen werden.

Mit dem Zwei-Zeiten-Modell kann ich Gott Gott sein lassen und die Welt Welt. Das, was ich zu sagen habe, muss keineswegs so ausfallen, „dass es einleuchtet, plausibel und potenziell jedem und jeder nachvollziehbar wird.“[9] Wie, so frage ich, kann ein geradezu „skandalöses“[10] Ärgernis in einem Kanzelmoment auf einmal „plausibel“ sein oder die Gotteswirklichkeit alltagskompatibel? Ich meine, das Reden von Gott dürfe ruhig ein wenig anders, ungewöhnlich oder gar weltfremd ausfallen. Gleichzeitig kann das Hier und Jetzt der Welt auch sehr alltäglich, weltlich und zeitnah zur Geltung gebracht werden. Das ist die

9 Ebd., 287.

10 Vgl. 1Kor 1,23.

Freiheit, die das Zwei-Zeiten-Modell gewährt. Die Zeit Gottes und die Zeit der Welt sind polar aufeinander bezogen. Jeder Pol behält seine Eigenart, sodass die Predigtrede zwischen den Polen oszillieren kann.

Für diese Zielsetzung präsentiere ich einen Begriff, der die Predigtarbeit im Zwei-Zeiten-Modell ebenso präzise wie kapriziös zur Geltung bringt: *Intertempolarität.* Ausgangspunkt ist die „Inter*text*ualität". Wo aber bei der „Intertextualität" Texte und Kontexte interagieren, sind es in unserem Fall Zeiten. Damit wären wir bereits bei einer Form von „Inter*tempo*ralität". Da aber die Zeiten sich einander polar zuordnen und ein entsprechendes Spannungsfeld generieren, spreche ich von „Intertem*polar*ität". Sprachlich und theologisch wäre solche Intertempolarität das herausragende Kriterium für eine gelungene Predigt.

Zeit-Zeichen

Welt als Gleichnis

Die Gotteszeit lässt sich nur präsentieren, wenn es Gegenstände, Handlungen oder Sprachstücke gibt, die von der versammelten Gemeinde mit den konfessorischen Handlungen der Liturgie verbunden und gelegentlich auch in der Öffentlichkeit entsprechend konnotiert werden. Weltzeitliche Gegebenheiten können zu Zeichen werden, die Gotteszeit repräsentieren; ich spreche von Zeit-Zeichen. Einst zeigte Wilhelm Stählin in immer neuen Anläufen, wie die Welt zum Gleichnis werden kann für die Wirklichkeit Gottes. Die Gleichnisse Jesu waren ihm das Modell, an dem sich sein „gleichnishaftes Denken" orientierte.[11]

Gleichnishaftes Denken bedeutet auch, über die Gleichnisse im engeren Sinn hinaus zu schauen. Nicht nur die Gleichnisse sind Zeit-Zeichen, sondern die Worte, Bilder und Geschichten der gesamten Bibel und sogar das Bibelbuch selbst. Auch wer den Gottesglauben nicht teilt, kennt die Bibel als besonderes Buch, als Buch der Bücher, als Buch, dessen Texte transzendenzverdächtig sind, kurz: als die Heilige Schrift. Dabei eignet Heiligkeit dem Bibelbuch nicht dinglich, sondern sie kommt ihm durch den kultischen wie auch durch den kulturellen Gebrauch zu.[12] Vor allem die Handlungen und Sprechakte der Liturgie sind es, die Heiligkeit auf dem Buch und seinen Texten gleichsam ablagern. Der religiöse Gebrauch hat die Bibel zu dem gemacht, was sie ist, „Heilige Schrift", und was sie von einer Sammlung historischer Quellentexte unterscheidet.

Biblische Sprache darf aus diesem Grund auch anders sein als die Sprache, die wir sonst sprechen. Gerade durch eine gewisse Differenz zur Alltagssprache

---

11 Vgl. Stählin, Gleichnisrede und Gleichnisdenken; ders., Vom Sinn des Leibes, bes. 90–136 [Der Leib als Gleichnis].

12 Vgl. insges. Agus, Heilige Texte.

kann sie als Hinweis auf die Gotteszeit wirken. Das ist kein Plädoyer für den Gebrauch des Lateinischen im Gottesdienst. Wohl aber spricht in den lutherischen Kirchen des deutschsprachigen Raums vieles dafür, die Lutherbibel gerade in ihrer freundlichen Abständigkeit gegenüber der Alltagssprache hochzuhalten und für die Predigtarbeit zu nutzen.

Während für das Bibelbuch, Bibeltexte und biblische Sprache noch immer eine gewisse gotteszeitliche Konnotierung angenommen werden kann, gilt solches vom Kirchenjahr nur noch in erheblich abgeschwächter Weise. Auch das Kirchenjahr ist ein Traditionsphänomen und gehört zu den Zeitzeichen, die der Pflege bedürfen. Es wird vor allem durch gottesdienstliche Praxis in das kirchliche und kulturelle Leben eingespielt. Wer den Gottesdienst vorwiegend thematisch ausrichtet und schon bei der Nennung der Sonntage im Gemeindebrief glaubt, auf die Zeitbestimmungen der Tradition verzichten zu können, lässt zu, dass das Kirchenjahr ins Abseits gerät und dass Schönheit, Charme und Reichtum einer elementaren Zweizeitigkeit nicht mehr zu erleben sind.

Die Zeitzeichen des Kirchenjahres sollten die Liturgie bestimmen und den Gottesdienst insgesamt zum Gleichnis werden lassen. Für die Predigt bleiben die Texte und Formulierungen der Bibel selbst als der „Heiligen Schrift“ die primären Zeichen der Gotteszeit.

Parataktik

Strategien der Zuordnung

Bei „Parataktik“ geht es nicht um einen Einsatzplan für Paramilitärs oder um eine Handreichung für Guerillakämpfer, sondern um eine Art und Weise des Umgangs mit Sprache. Dem Wort liegt die Unterscheidung von Parataxe und Hypotaxe zugrunde. „Parataxe“ meint die logische und syntaktische Neben- oder Beiordnung von Gedanken, während bei der „Hypotaxe“ die Gedanken temporal, kausal, konditional oder wie auch immer, jedenfalls logisch einander zu- und untergeordnet sind. Beide Begriffe stehen für die Art und Weise, wie ich mit den Zeiten umgehe. In unserem Fall geht es um die theologische und syntaktische Zuordnung der beiden Modell-Zeiten. Es ist meine These, dass im polaren Miteinander der Zeiten primär die Parataktik zuständig ist.

In der Dramaturgischen Homiletik benutzen wir gerne die Begriffe „Bibelwort“ und „Kanzelsprache“.[13] Damit meinen wir die Sprache der Bibel im Gegenüber zu der eigenen Sprache des Predigers oder der Predigerin. Ich werte das Bibelwort als das herausragende Zeichen der Gotteszeit, während ich die Kanzelsprache der Weltzeit zuordne. Die Parataktik ordnet die beiden Zeiten

[13] Vgl. Deeg / Nicol (Hg.), Bibelwort und Kanzelsprache.

in Gestalt von Bibelwort und Kanzelsprache nebeneinander. Auf diese Weise vermeidet sie logische Verknüpfungen, die die Eigenart der Zeiten mindern würden. Konkret gefragt ist Parataktik, wenn ich überlege, wie ich ein Stück Bibel zitatweise in meine Predigt einbringe. Da sind auf einmal jene sensiblen Scharnierstellen zwischen Bibelwort und Kanzelsprache im Blick, an denen die eine Sprache auf die andere trifft.

Es gäbe frömmere Beispiele. Ein Kirchenlied jedenfalls ist der Song *You want it darker* aus dem letzten Album von Leonard Cohen (1934–2016) bestimmt nicht.[14] Aber das Lied ist ehrlich, anrührend, radikal – und macht, selbst ohne Töne, sprachmächtig vor, wie Parataktik gehen könnte. Sicherheitshalber sage ich: Der Sänger predigt nicht, hat von nirgendwo einen Auftrag, sieht sich nicht in gotteszeitlicher Verpflichtung.

Es gäbe frömmere Beispiele. Aber kaum eines, das ähnlich eindrücklich wäre:

> If you are the dealer
> I'm out of the game
> If you are the healer
> I'm broken and lame
> If thine is the glory
> Then mine must be the shame
> You want it darker
> We kill the flame
> Magnified, sanctified
> Be Thy Holy Name
> Vilified and crucified
> In the human frame
> A million candles burning
> For the help that never came
> You want it darker
> We kill the flame
> הנני הנני
> I'm ready, my Lord […][15]

Das Lied geht weiter. Aber schon an diesen beiden Strophen samt Refrain lässt sich zeigen, wie Leonard Cohen textet, und eine Vorstellung entwickeln, wie homiletische Parataktik aussehen könnte.

---

14 Text: Leonard Cohen, Musik: Patrick Leonard, Text nach dem Booklet zur CD „You want it darker", Columbia (Sony Music), 2016. Hebräische Schriftzeichen vom Autor (MN).

15 „Wenn du die Karten gibst, / bin ich aus dem Spiel, / wenn du der Heiler bist, / bin ich gebrochen und lahm, / wenn dir die Ehre gebührt, / gebührt mir die Scham. / Du willst es dunkler, / wir töten die Flamme. / Gelobt, geheiligt / sei dein heiliger Name, / geschmäht und gekreuzigt / in menschlicher Gestalt. / Eine Million Kerzen brennen / für die Hilfe, die niemals kam. / Du willst es dunkler, / wir töten die Flamme. / Hinneni, hinneni. / Ich bin bereit, mein Gott."

Wenn nicht alles täuscht, ist das Du, das angesprochen wird, in der Richtung Gottes zu suchen. Offen bleibt, ob es sich um ein wirkliches Gegenüber handelt oder ob mit Sprachstücken aus der religiösen Tradition lediglich die Richtung markiert wird, in die einst die Gebete gingen. Das Vaterunser klingt an, das jüdische Kaddisch klingt mit und nicht zuletzt signalisiert das altertümliche Possesivum „thy" den Rekurs auf religiöse Tradition: Magnified, sanctified / Be Thy Holy Name.

Sprachstücke aus religiöser Tradition werden nicht eingeführt, sondern gesetzt und gebraucht. Leonard Cohen weiß das. Liturgische Stücke und „heilige" Schriften mischen sich am besten unvermittelt in die Befindlichkeiten der Menschen. Das erstaunlichste Stück Cohenscher Parataktik ereignet sich, wenn plötzlich ein Ausdruck in hebräischer Sprache begegnet: *Hinneni*. Deutsch: Hier bin ich. Diese Ein-Wort-Antwort ist, wenn es nach der Bibel geht, dem Menschen zuhanden, damit er nicht stumm bleibt, wenn Gott ruft. Ein Mensch der Bibel, mitten im Leben überraschend von Gott gerufen, antwortet: *Hinneni, here am I.* Wie ein Leonard Cohen antwortete, als er am Ende seines Lebens gerufen wurde, wissen wir nicht. Wenn es nach seinem Song gegangen wäre, hätte er sagen müssen: *Hinneni, I'm ready, my Lord.*

So parataktisch wie bei Cohen geht es auf der Kanzel in der Regel nicht zu. Da wird, wann immer die Predigt auf die Bibel zu sprechen kommt, eingeführt, erklärt, übergeleitet, zu- und untergeordnet, kurz: moderiert. Auf der Kanzel dominiert eine problematische Hypotaktik. Ich karikiere. Dann könnte das etwa so klingen:

„In unserem Predigttext steht das Wörtchen *hinneni*. Die Menschen des Alten Testaments wussten, was sie zu antworten hatten, wenn Gott sie rief: *Hinneni* – das ist hebräisch und bedeutet so viel wie …"

In der Sache erfolgt hier eine mehrfache Unterordnung des Bibelworts unter die Kanzelsprache bzw. der Gotteszeit unter die Weltzeit: Das Bibelwort entschwindet ins Damals („die Menschen des Alten Testaments"), das Phänomen wird zum Text („in unserem Predigttext") und die Fremdheit der Gottesrede reduziert sich auf ein lexikalisch lösbares Problem („das ist hebräisch und bedeutet so viel wie"). Das Bibelwort insgesamt mutiert vom Zeichen der Gotteszeit zum Text in einem alten Buch. Weit vor das Jetzt der hörenden Gemeinde rückt es, bekommt seinen Ort in einer irrelevant fernen Vergangenheit. Die Gemeinde ist weltzeitlich gegenwärtig, ist überaus lebendig, ist leiblich und biografisch da, während die Gotteszeit, einmal zur Vergangenheit abgelegt, mühsam mit diskursiven Updates aktualisiert werden muss. Zwischen derart ungleichen Polen baut sich keine Spannung auf, Polarität ist das nicht und Parataktik geht anders.

Bei Leonard Cohen findet sich dieses prägnante *Hinneni* als Höhepunkt eines Textes, der keineswegs arm ist an religiösen Verweisen. Das *Hinneni* ist vorbereitet. Und steht trotzdem ganz unerwartet da mit einer Selbstverständlichkeit, die überrascht. Dass dieses hebräische Sprachstück so unvermittelt gesetzt wird, rückt Hörerinnen und Hörer ganz nah an die Wirklichkeit, die das Lied beschwört.

Gott Zeit geben

Thema: Was ist Gottesdienst?

Erster Sonntag im Advent
1. Dezember 2013

Neustädter (Universitäts-) Kirche
Erlangen

1 Die Nacht ist vorgerückt

Wenn die Morgenröte am Himmel erscheint, dann dauert es nicht mehr lange …

Dann ist die Nacht vorbei für die, die nicht schlafen konnten vor Schmerz und Angst. Dann ist die Nacht vorbei für die, die gewacht haben an den Betten der anderen. Dann ist die Nacht vorbei für Nachtschwärmer, Taxifahrer und wer sonst noch unterwegs war.

Wenn die Morgenröte am Himmel erscheint, dann ist, mitten im November, *die Nacht vorgerückt*[16] und das Licht auf den Gräbern nicht zu übersehen. Da weitet sich der Blick und du siehst in der Ferne *die Gottesstadt aus dem Himmel* herabkommen.[17] *Nicht Leid noch Geschrei noch Schmerz wird mehr sein.* Und *Gott wird sein alles in allem.*[18]

Wenn die Morgenröte am Himmel erscheint, dann *ist die Nacht vorgerückt* und *der Herr nahe.* Dann ist es Advent. In Erlangen. Diese Stadt ist nicht vom Himmel herabgekommen. Es ist wie immer um diese Zeit. Das Kalenderjahr eilt atemlos dem Finale entgegen, während wir hier im Gottesdienst tief Luft holen. Wo das Kalenderjahr zum Ende kommt, feiern wir einen stillen Anfang. *Die Nacht ist vorgerückt,* das neue Kirchenjahr hat begonnen.

Unaufdringlich fädelt sich Gottes Zeit in die Weltzeit ein. Selten so schön, selten so voller Geheimnis, selten so wie im Advent. Und wir, hier in der Kirche, wir sind dabei. Gottlob, *die Nacht ist vorgerückt, der Tag aber nahe herbeigekommen.*

2 Bitte keine Alltagsbrötchen!

Gott Zeit geben. Dazu sind wir hier im Gottesdienst beisammen. Aus was für einer Zeit aber kommen wir hierher? Und in was für eine Zeit gehen wir dann wieder zurück? Mögliche Antworten: Uhrzeit, Arbeitszeit, Brotzeit, Freizeit,

---

16 Röm 13,12.
17 Offb 21,1–5.
18 1Kor 15,28.

Jahreszeit, Winterzeit, Amtszeit … Kirchlich fasst man das alles gerne zusammen und sagt: „Alltag".

Alltag. Was für ein fades Wort! Für die Zeit, die Gott mir gibt zum Leben – das fade Etikett „Alltag"? In vielen Predigten dient der Alltag lediglich als Zeit, in der wir bewähren müssen, wovon am Sonntag die Rede war: „Wenn Sie dann wieder hinaus gehen in den Alltag …" In den Alltag. Und der ist bekanntlich grau. Grauer Alltag. Alltags-Grau. Da kommt Freude auf.

Liebe Gemeinde, lasst uns die Welt und die Zeit der Welt nicht schlecht machen! Sie ist bunt und reich, weit besser als ihr Ruf. Wie geschrieben steht – nein, nicht beim Propheten Habakuk, sondern aktuell auf den Brötchentüten der Großbäckerei „Beck"[19]: Lecker Leben Leidenschaft. So steht es auf den Tüten. Das ist nicht alles, ich weiß. Das Leid etwa würde sich sehr realistisch in die Reihe einfügen: Lecker Leben Leid. Ja, das Leid gehört dazu, keine Frage. Aber auf den Tüten steht: Lecker Leben Leidenschaft. Das ist nicht alles. Aber das ist es auch. Das ist Zeit aus Gottes Hand.

„Der Beck" macht am Sonntag „Sonntagsbrötchen". Aber er denkt nicht daran, künftig alle anderen Brötchen als „Alltagsbrötchen" zu verkaufen: in grauen Tüten und ohne Aufdruck. Wenn aber aus gutem Grund „Der Beck" keine Alltagsbrötchen bäckt, warum sollte dann die Kirche der Zeit, die Gott mir schenkt auf dieser Welt, die graue Vokabel „Alltag" aufdrücken?

3 Advent ja, aber richtig!

Gott Zeit geben. Dazu sind wir hier im Gottesdienst beisammen. Was ist das für eine Zeit? Heute ist die Antwort klar: Adventszeit. Das ist das Signal für … klar, für Stille, Einkehr, Kerzenschein. In meinen Adventsträumen sehe ich Kinderaugen, die vom Kerzenschein glänzen, als hätten sie niemals auf dem Bildschirm atemlose Action gesehen, schnelle Animationen verfolgt und intergalaktische Kämpfe ausgefochten. Wir, ja, als wir Kinder waren und die Erde noch rund, nicht eckig wie heute[20], da waren wir still in uns gekehrt und hatten nichts anderes im Sinn, als möglichst bald wieder zur Kirche zu gehen … Schluss mit den Träumereien! Der wirkliche Advent ist anders. Ich meine den Advent, zu dem wir hierher in den Gottesdienst gekommen sind. Ich deute nur an. Etwa so:

Der Herr ist nahe! Unser Heil ist jetzt näher als zu der Zeit, da wir gläubig wurden.[21] Nicht nur das Kalenderjahr kommt an sein Ende. Die Zeit der Welt

19 Erlanger Bäckereikette mit Filialen im gesamten Großraum: www.der-beck.de

20 „die Erde noch rund, nicht eckig wie heute": Formulierung von Rose Ausländer, Kindheit, in: dies., Die Sichel mäht die Zeit zu Heu, Ges. Werke II, 321 f.

21 Phil 4,6 u. Röm 13,11 f.

mündet, wann auch immer, unter Seufzen in die Gotteszeit, aus der sie kam. „Von dort wird er kommen, zu richten die Lebenden und die Toten."[22]

Der Herr ist nahe! Du, Tochter Zion, freue dich sehr, und du, Tochter Jerusalem, jauchze![23] Die Hoffnungen Israels, der Kirche und der Menschheit, seit Jahrtausenden angewachsen, warten auf Erfüllung.

Der Herr ist nahe! Gelobt sei, der da kommt im Namen des Herrn! Unter den Augen der römischen Militärbesatzung zog er ein, auf dem schmalen Grat zwischen „Hosianna" und „Kreuzige". Spektakulär, der Eselreiter![24]

„Der Herr sei mit euch – und mit deinem Geist." So haben wir uns begrüßt.[25] Du, ach, Du, Herr – bist ja schon da. In Deiner Gegenwart sind wir versammelt.

4 Langweilig?

Gott Zeit geben. Wir haben für Gottes Zeit recht irdene Gefäße: Klänge, Worte, Handlungen, wie sie sich in 500 Jahren zum Gottesdienst unserer Kirche ausgeformt haben. Es ist da möglicherweise einiges zu modernisieren. Aber das Gefäß muss, wie auch immer, ein Gefäß bleiben, in das Gotteszeit passt, so richtig viel Gotteszeit.

„Langweilig" – das ist das mieseste Prädikat, das Kinder derzeit zu vergeben haben. Wo das Etikett aufgeklebt wird, geht nichts mehr. Ins Museum? „Langweilig." Klassikkonzert? „Langweilig." Gottesdienst? Schweigen wir!

Dass unser Gottesdienst den Erwartungen vieler Menschen nicht entspricht, mag sein. Das wäre, meine ich, für die Kirche Anlass genug, eine Erwartung zu wecken, die alle Erwartungen übertrifft. Ich jedenfalls gehe davon aus, dass für Gottes Zeit auch die kühnste Erwartung noch nicht kühn genug ist. Langweilig? Wer will, mag das „langweilig" finden. Ich bin fest überzeugt, dass sich in den irdenen Gefäßen der Tradition die spannendste Sache der Welt verbirgt.

Gott Zeit geben. Gottes Zeit in die Weltzeit einspielen. Öffentlich. Damit die Welt nicht einzeitig bleibt. Damit nicht, wer eigens in die Kirche kommt, in der Zeit bleibt, aus der er doch eigentlich aufbrechen wollte. Gottesdienst ist der feierliche Protest gegen die Einzeitigkeit! Was die Welt braucht, ist – faszinierend fremd, beunruhigend abgründig, atemberaubend schön – Gotteszeit.

---

22 Apostolicum, Ende 2. Artikel.

23 Sach 9,9.

24 Mt 21,1–9 u. 27,22–26.

25 Wörtliches Zitat der wechselseitigen Begrüßung (Salutation) von Liturg/in und Gemeinde.

5 Selig sind die Zweizeitigen

Im Gottesdienst treffen auf kleinstem Raum die größten Zeiten zusammen: die Zeit Gottes und die Zeit der Welt. Der Gottesdienst der Kirche ist eine einzige, eine fantastische Zeitreise. *Selig sind* die Zweizeitigen.

Wie im Flug wechseln wir die Zeitzonen. In Nürnberg starten, in Amsterdam umsteigen, über dem Atlantik schlafen, in New York die Kontrollen überstehen und um 21 Uhr zum Klavierabend in der Carnegie Hall sitzen. Früher habe ich das fertiggebracht. Für einen magischen Moment verschwammen Orte und Zeiten. Langer Johann und Empire State Building, Carnegie Hall und Ladeshalle, den alten Bach im Ohr und die Neue Welt unter den Füßen. Erlangen – New York City und zurück. *Selig sind* die Zweizeitigen.

Kurz vor 10 Uhr zu Hause aufbrechen, die Navigation auf Advent programmieren, die klare Zeitenfolge verlassen, vom Zeitstrahl abbiegen, „im Namen" des dreieinigen Gottes in der Gotteszeit landen, die Uhr umstellen auf den, der vor aller Zeit war, der kam, kommen wird und … *Selig sind* die Zweizeitigen.

6 Gott Zeit geben!

Liebe Gemeinde, lasst uns Gott Zeit geben! Auch im neuen Kirchenjahr. Lasst uns den Kirchenraum mit Musik erfüllen, die von Herzen kommt und nach Himmel klingt. Singen, dass die Wände wackeln und die Welt es nicht überhören kann. Aus der Heiligen Schrift lesen, dass uns die Sprache nicht ausgeht.

Lasst uns Gott Zeit geben! Dass die Welt nicht einzeitig bleibt in ihren Erwartungen. Selig sind die Zweizeitigen! Selig sind, die gerade noch über den Hugenottenplatz eilten – und unversehens *barfuß vor dem brennenden Dornbusch* stehen.[26] Die soeben noch am Bahnhof auf den Zug warteten – und ihn mit *Hosianna* begrüßen, den *Eselreiter*. Die *die Kräfte des Himmels wanken* sehen.[27] Die *klingende Schellen*[28] vernehmen und den starken *Lobgesang der zarten Maria*. Die soeben noch in der Mittagspause durch die Stadt schlenderten … Und dann … die herrschaftliche Freitreppe hoch, sehnsüchtig, mit den Augen zuerst, dann Stufe für Stufe … *siehe, fürwahr, die Pforte*[29] … von McDonald's: *Ihr Otterngezücht!*[30] Die verwundert zusehen, wie da eine *Stadt vom Himmel*

26 Ex 3,1–5.
27 Lk 21,26.
28 Lk 1,46–55.
29 Gen 28,17.
30 Lk 3,7.

schwebt.[31] Und die in den vielen Stimmen, lauten, leisen, schrillen, betörend schönen Stimmen die *Stimme eines Predigers in der Wüste*[32] nicht überhören: *Tröstet, tröstet mein Volk!*[33] *Denn die Nacht ist vorgerückt, der Tag aber nahe herbeigekommen.*[34]

[31] Offb 21,2.
[32] Jes 40,3.
[33] Jes 40,1.
[34] Röm 13,12.

Kommentar

Thema-Predigt

Nach meiner Überzeugung ist „Thema-Predigt“ ein Widerspruch in sich. Ausführungen zu einem Thema und eine Predigt sind grundverschiedene Tätigkeiten. Ein Thema wird erörtert, in der Predigt wird verkündigt. Ein Thema bedarf der Diskussion, zur Predigt sagt man Amen. Ein Thema geht auf Distanz zu seinem Gegenstand, die Predigt lebt von der Nähe dessen, um den ihre Rede kreist. Ein Thema gehört ins Seminar oder aufs Podium, die Predigt aber in den Gottesdienst und auf die Kanzel. Die Predigt führt zwischen die Zeiten, ein Thema in den Diskurs.

Am ersten Advent ist, könnte man sagen, die Zeit selbst das „Thema“. Oder besser: das Wechselspiel der Zeiten. Das gilt freilich nur, wenn man den Beginn des neuen Kirchenjahres nicht aktionistisch verdeckt und verstellt, etwa durch einen Auftakt zur Aktion „Brot für die Welt“. Es ist keine Frage, dass der Kampf gegen Hunger und Not in der Welt auch gottesdienstlich seinen Ort hat und haben muss. Diakonie gründet im Gottesdienst der Kirche.[35] Dieser Zusammenhang ist immer wieder zu markieren. Aber alles zu seiner Zeit. Der Beginn des neuen Kirchenjahres hat gottesdienstlich keine Chance, wenn an diesem Sonntag alljährlich der Startschuss zu „Brot für die Welt“ oder alle paar Jahre die Einführung des neuen Kirchenvorstandes Thema sein soll.

Selten gibt es eine Zeit, die selbst so überreich „Thema“ ist für Gottesdienst und Predigt wie der erste Advent. Da steigert sich die Weltzeit zur Festzeit mit weihnachtlich geschmückten Innenstädten und Weihnachtsmärkten im Glühweinduft und nimmt zugleich Fahrt auf zum Finale mit Silvester und Sekt, mit Feuerwerk und Kirchenglocken. Zur gleichen Zeit feiern wir in der Kirche einen stillen Anfang. Das Kalenderjahr geht mit Böllern zu Ende, das Kirchenjahr dagegen hat leise, fremd und kaum merklich begonnen. Während die eine Zeit zum Ende kommt, wird die andere Zeit neu. Keine der beiden Zeiten möchte ich missen, erst recht nicht das spannungsreiche Miteinander, das den ersten Advent als solchen schon zum „Thema“ macht. Eigentlich gilt es nur im Trubel des Finales den leisen Anfang zu intonieren, damit sich die erwünschte Intertemporalität einstellt.

Grundsätzlich bleibe ich dabei: Die Predigt hat kein Thema, sondern ihre Zeit. In diesem Fall aber wurde die Zeit zum Thema. Also entstand, wie von der für die Gottesdienste verantwortlichen Kollegin gewünscht, eine Thema-Predigt.

---

35 Vgl. Suhr, Gottesdienst und Diakonie, bes. 673 ff.

Zeit-Zeichen

Es macht den Reiz einer solchen Predigt aus, dass sie – dem „Thema“ zuliebe – nicht auf einen einzigen, dominanten Bibeltext, den Predigttext, verwiesen ist, sondern in großer Freiheit auf viele Texte zugreifen kann. Aus der Fülle biblischer Bezüge führe ich die an, die dem Proprium des Sonntags entnommen sind:

> „Der Herr ist nahe!“
> Phil 4, 5
>
> „Unser Heil ist jetzt näher als zu der Zeit, da wir gläubig wurden.
> Die Nacht ist vorgerückt, der Tag aber nahe herbeigekommen.“
> Röm 13, 11.12
>
> „Du, Tochter Zion, freue dich sehr, und du, Tochter Jerusalem, jauchze!“
> Sach 9, 9
>
> „Hosianna dem Sohn Davids! Gelobt sei, der da kommt im Namen des Herrn!
> Hosianna in der Höhe!“
> Mt 21, 9
>
> „Tröstet, tröstet mein Volk!“
> Jes 40, 1

Biblische Sprachstücke wie diese dienten in Move 1 und Move 3 als Zeit-Zeichen, als Hinweise auf die Zeit des Kirchenjahres und damit auf die Gotteszeit selbst. Es sind Texte, die von einer Gottesdienstgemeinde noch immer mit Advent konnotiert sind. Dabei war mir nicht die einzelne Aussage wichtig, sondern der vielfältige Klang. Die Predigt sollte von Anfang an nach Advent klingen. In Move 6 kontrastiere ich die Erlanger Weltzeit mehrfach mit der Gotteszeit, wobei ich auch hierfür wieder biblische Zeit-Zeichen ins Spiel brachte.

Intertempolarität als Kriterium

Der letzte Move sollte besonders entschlossen zwischen die Zeiten führen. Ich wollte Zweizeitigkeit mit Sprache erfahrbar machen. Ob das gelang, weiß ich nicht. Mehr denn sonst würde mich bei diesem ungemein suggestiven Finale interessieren, wie ich es vortrug und wie es sich in den Bankreihen anhörte. Ich hatte mir jedenfalls Mühe gegeben, mir und der Gemeinde Zeit zu lassen. Dass die Post trotzdem zu schnell und zu steil aus der Erlanger Einzeitigkeit abgegangen und nicht mit allen Passagieren in der adventlichen Zweizeitigkeit angekommen sein könnte, will ich nicht ausschließen. Auch ist nicht allein an der Schriftform der Predigt abzulesen, inwieweit dieser letzte Move intertempolar als gelungen gelten kann. Rückmeldungen aus den Hörvorgängen in der Gemeinde wären unbedingt hinzuzunehmen. Denn die schönste Intertempolarität auf dem Papier zählt wenig, wenn sich in der hörenden Gemeinde niemand in das Spannungsfeld zwischen den Polen begeben will oder begeben kann.

III
Kunst unter Künsten
Predigt im Zeichen der Ästhetik

Die Kunst, von Gott zu reden
Homiletik, Ästhetik, Rhetorik

Predigt ist Kunst unter Künsten. Diese Verwandtschaft war für die Dramaturgische Homiletik von Anfang an eine Quelle der Inspiration. Die Predigt, Kunst unter Künsten, ist zugleich anders und eigenständig. Sie weiß sich einem Auftrag verpflichtet. Und zwar ist es ihr aufgetragen, von Gott zu reden. Andere Künste mögen das gelegentlich oder auch erstaunlich oft tun, jedenfalls steht es ihnen frei, ob sie Gott ins Spiel bringen oder nicht. Die Predigt dagegen bringt Gott auftragsgemäß ins Spiel. Dabei stellt sie sich als Anrede, Ausrede, Einrede, Gegenrede, in jedem Fall aber als Rede dar. Sie ist ohne Adressaten und ohne die spezifische Kommunikation der Rede nicht denkbar. Die Predigtkunst, auch wenn sie sich bei allen möglichen Künsten umsieht, bleibt Redekunst. Ob eine Predigt als „gekonnt“ zu beurteilen ist, bemisst sich in hohem Grad danach, ob und wie sie sich als Rede darstellt.

Ästhetik ist die Lehre von der Wahrnehmung. Das gilt entgegen der landläufigen Meinung, Ästhetik sei die Lehre vom Schönen. Das ist sie auch. Die Ästhetik aber, auf die ich mich homiletisch beziehe, hat nicht primär mit dem Schönen zu tun, sondern mit dem Wirklichen. Wenn im Zeichen der Ästhetik gepredigt wird, dann geht es darum, die Wirklichkeit so zur Sprache zu bringen, dass sie für die, die mir zuhören, als Gottes Wirklichkeit kenntlich wird. Und es geht eben nicht mehr in erster Linie darum, eine Botschaft zu übermitteln, Ratschläge zu erteilen oder eine Glaubenswahrheit zu erläutern.

Die Künste stellen Wirklichkeit dar. Im Medium etwa von Tönen, Farben oder Worten machen sie etwas an der Wirklichkeit lesbar, sichtbar oder hörbar, was man vorher nicht oder nicht in dieser Weise wahrgenommen hatte. Zu allen Zeiten haben sie dem Schönen Gestalt verliehen und dabei, gewissermaßen als dessen Kehrseite, zugleich Bedrohung, Angst und Schrecken thematisiert. Auch in der Predigt kommen die dunklen Seiten der Wirklichkeit zur Darstellung. Oft gelingt das erschreckend leicht. Was sehr viel schwerer fällt und meistens zu kurz kommt, ist die Darstellung des Schönen. Das Schöne hatte in der Predigtkunst nie den Ort, der ihm in anderen Künsten zukommt. Darauf verwies einst Rudolf Bohren. Weitsichtig hatte er bereits 1975 unter dem suggestiven und theologisch anspruchsvollen Titel „Dass Gott schön werde" wieder an das Schöne erinnert.[1] In der Folgezeit profilierte die deutschsprachige Homiletik die *ars praedicandi* zunächst als Rede (Rhetorik) und dann als Kunstwerk (Ästhetik).

Als Gert Otto seine Programmschrift „Predigt als Rede" (1976) veröffentlichte, kam das einem Paukenschlag gleich.[2] Dem Imperativ Eduard Thurneysens „Keine Beredsamkeit!"[3] hielt Gert Otto lapidar entgegen: „Die Predigt ist eine Rede."[4] Er knüpfte an die alte Partnerschaft von Homiletik und Rhetorik an, entwickelte aber im Gegenzug zum instrumentellen Verständnis der Tradition eine hermeneutische Rhetorik.[5] Die Rede bringt demnach nicht mehr bereitliegende Wahrheiten zum Hörer (instrumentell), sondern die rhetorische Kommunikation selbst wird zum Ort, an dem sich Wahrheit ereignet (hermeneutisch). Zugleich thematisierte er das Verhältnis von Inhalt und Form so, dass ästhetische Gesichtspunkte in die homiletische Rhetorik hereinspielten. Besonders deutlich wird das bei seinem Plädoyer für eine poetische Sprache in der Predigt.[6] Dabei geht es nicht um nachträgliche Verschönerung dessen, was auch anders, unpoetisch gesagt werden könnte, sondern um eine Wirklichkeit, die, wenn überhaupt, dann nur in poetischer Sprache darstellbar ist.

Einer erneuerten Predigt als Rede folgte eine Predigt als Kunst unter Künsten. Henning Luther, Albrecht Grözinger, Gerhard Marcel Martin und andere haben Wegmarken gesetzt.[7] Die Dramaturgische Homiletik sieht sich in dieser Spur. Ihre Predigt lässt sich gerne von allen möglichen Künsten inspirieren, verleugnet aber ihre Herkunft als Redekunst nicht: Predigt ist die Kunst, von Gott zu reden.

---

1 Bohren, Dass Gott schön werde [1975].

2 Otto, Predigt als Rede [1976].

3 Thurneysen, Die Aufgabe der Predigt [1921], 111.

4 Otto, a. a. O., 21.

5 Vgl. Grözinger, Homiletik, 177–203.

6 Vgl. Otto, a. a. O., 53–57.

7 Vgl. Grözinger, a. a. O., 283–300.

Mit ihrem Ansatz bei Rhetorik und Ästhetik fand und findet die Dramaturgische Homiletik viel Zuspruch in der Praxis. In akademischen Debatten dagegen begegnet immer wieder der Einwand, hier habe sich die Ästhetik verselbständigt und erfreue sich inhaltsfrei an der sprachlichen Form.[8] Dieser Eindruck kann entstehen, weil in den Publikationen zuweilen das Handwerkliche der Predigtarbeit im Vordergrund stand. Nach unserer Überzeugung gehören das „Was“ und das „Wie“ untrennbar zusammen. Der „dramaturgische“ Ansatz sucht die realitätsferne Aufteilung der Wirklichkeit nach Inhalt und Form zu überwinden. Ob dieses Vorgehen tatsächlich den „Inhalt“ zugunsten der „Form“ vernachlässigt, möge man an den Predigten verifizieren, die diesem Buch beigegeben sind.[9]

Gekünstelt. Kunstvoll. Gekonnt

Predigtarbeit zwischen Kunst und Handwerk

Predigt – Kunst unter Künsten. Aber welche Kunst ist denn gemeint? Ein Vorwurf lautet, „Kunst“ klinge verdächtig nach Hochkultur. Wenn schon Kunst, so höre ich, dann bitte keine Hochkultur ... Moment, unterbreche ich. Was ist denn an der Hochkultur so schlimm, dass man sich zur Entschuldigung genötigt sieht, weil man Thomas Mann liest, Beethoven hört und Caravaggio liebt?

Steffen Möller, der Kabarettist, erlebte es als ein „Outing“, als er offen und öffentlich bekannte: „Ich bin ein Klassik-Fan.“[10] Outen will ich mich auch. Und zwar als Theologe. Als Theologe, zumal als evangelischer Theologe, bin ich ein Textkundiger. Einer, der die komplexe Kunst der Textinterpretation gelernt hat und sie bei der Predigtvorbereitung selbstverständlich anwendet. Einer, der mit dem Buch und mit Büchern umzugehen weiß. Meine Predigtarbeit bedient sich selbstverständlich der Fertigkeiten, die ich auf der Hoch-Schule erworben habe und die man zunächst einmal als hoch-kulturell klassifizieren muss. Als Theologe bin ich hochkulturell ausgebildet. Als Pfarrer bin ich in der Kirche tätig, die zu der Kultur, in der wir leben, unendlich viel beigetragen hat. Nicht erst als Professor, bereits als Pfarrer habe ich einen hochkulturellen Beruf.

---

8 Die Erlanger Dramaturgische Homiletik folge „rein ästhetischen Gesichtspunkten“, bemerkte aus Berlin Wilhelm Gräb (Predigtlehre, 43f.). Die Predigt stehe in der Gefahr, zu einem „von sog. ‚Moves‘ in die verschiedensten Richtungen getriebenen Spiel mit Worten zu geraten“ (ebd., 43 A.12). Ich führe ein solches Missverständnis, das keineswegs nur aus Berlin begegnet, auf ein reduktives Verständnis von „Ästhetik“ zurück, als handle es sich dabei lediglich um ein naives Unterfangen zur Verschönerung der Welt.

9 Dass Pastores mitunter ihre Predigten als „dramaturgisch“ etikettieren, sich auf Nicol / Deeg berufen, aber den fundamentalen Konnex von Homiletik und Hermeneutik großzügig außer Acht lassen, sollte man einer Einzelfallprüfung überlassen und nicht einfach dem Konzept anlasten.

10 Möller, Vita Classica, 10.

Zugleich weiß ich, dass meiner Predigt auch Leute zuhören, die meine akademisch-komplexen Vorüberlegungen nicht verstehen würden, für die ich mir aber wünsche, dass sie der tatsächlichen Predigt gut folgen können. Martin Luther war Theologe, Philologe, auch Philosoph ersten Ranges. Zu seiner hochkulturellen Kompetenz gesellte sich eine Lust, dem, wie er sagte, Volk aufs Maul zu schauen. Das bedeutete für ihn keinen Abstieg von den Gipfeln der Hochkultur in die Tiefebene des Alltags. Der Reformator musste seine hochkulturellen Ideen nicht volkstümlich „herunterbrechen", um zu verstehen und verstanden zu werden. Auch seine Bibelübersetzung war ein Meisterwerk theologisch-philologischer Arbeit, mit dem Ziel freilich, dass mit ihrer Hilfe die Worte, Bilder und Geschichten der Bibel in allen Milieus respektiert, gelesen, verstanden und diskutiert würden. Ähnlich verhält es sich mit einer Hochkultur, wie ich sie verstehe: Ich möchte verstehen und verstanden werden, hoch- oder tiefkulturell, wie auch immer, in jedem Fall kulturell. Wir Pastores sind hochkulturell geschult, interkulturell erfahren, alltagskulturell kundig. Oder schlicht und einfach: kulturell tätig.

Aber mit diesem Einspruch bin ich selbst nicht zufrieden. Im Grunde tappe ich damit noch immer in die Falle einer problematisch gestellten Frage. Hoch / Tief mag die ausgedehnten Aktivitäten eines Bauunternehmens beschreiben, zur Kennzeichnung von Kultur taugt eine solche Topografie nicht wirklich. Denn was sollte dem Hoch der Hochkultur auf der Gegenseite entsprechen? Popkultur vielleicht? Oder Alltagskultur? Alle Kulturen, die mir einfallen, stünden in Gefahr, dem Tief einer „Tiefkultur" zugeschlagen zu werden.

Als Maß für die *ars praedicandi* ist, so denke ich noch immer, das Beste gerade gut genug. Mir selbst ist als Analogie und Inspiration für meine Predigtaufgabe die Kunst, die herkömmlich als „groß" gilt, in der Regel am nächsten. Ob Hoch-, Pop- oder welche Kultur auch immer: Kunst, von der ich mich fürs Predigen inspirieren lasse, muss nicht immer, aber sollte doch immer wieder „groß" sein. Groß in dem Sinn, dass sie mich über den Tag hinaus beschäftigt. Groß, weil sie auch andere nicht loslässt. Und groß auch und vor allem darin, dass sie Gott nicht klein macht.

Aber welche Kunst, bitteschön, lässt Gott groß sein? Das Epitheton „groß" in „große Kunst" meint nicht den großen Namen oder die Marke. „Große Kunst" kann auch sehr „klein" und alltäglich daherkommen. Ein Hit, der die Charts stürmt und um die Welt geht, kann groß sein oder mit der Zeit groß werden. Welche Kunst taugt, Gott groß zu machen, steht nicht auf dem Cover. Da geht vieles. Das aber geht gar nicht: eine Kunst, nur weil man ihr einst Größe attestiert und geradezu kanonische Geltung zugemessen hatte, jetzt auf einmal aus dem Horizont der Theologie auszuschließen. Dass die kulturelle Neugier von Theologinnen und Theologen immer häufiger da aufhört, wo traditionell Größe attestiert wurde, finde ich beunruhigend. Große Kunst macht auch große Mühe.

Menschen, die lebenslang den großen Texten der Bibel auf der Spur sind, sollten auch im kulturellen Umfeld nicht dem auf den Leim gehen, was Holger Noltze mit einiger Resonanz die „Leichtigkeitslüge“ genannt hat.[11] Große Kunst macht Mühe, fasziniert, lässt nicht los. Und sie beglückt. Bei großer Kunst geht zusammen, was zusammengehört: große Mühe und ganz großes Glück.

Große Kunst? Eigentlich ging sie immer einher mit solidem Handwerk. Selbst wer sich nur schwer den Künsten zuwendet, sollte für die Predigtarbeit das Handwerk nicht verachten. „Handwerk“ setzt Signale wie Professionalität, Solidität und Genauigkeit im Detail. Das gilt für die Künste. Das gilt ohne Abstriche auch für die Predigtarbeit. Die wenigsten Kunstwerke entstanden durch einen unerwarteten, schnellen Kuss der Musen, sondern verdanken sich harter, geschulter, detailbesessener, perfektionistischer Arbeit. Das gilt auch und gerade dann, wenn man es dem Werk, das Staunen auslöst, nicht mehr anmerkt.

Bei einer Predigt, die sich dergestalt bei den Künsten umsieht, kann es schon einmal *kunstvoll* zugehen. Aber *gekünstelt* bitte nie! In jedem Fall darf nach langjähriger Ausbildung und bei dem vielfältigen Angebot an Fortbildung eine *gekonnte* Predigt erwartet werden.

Dadaismus und Dialektik

Schweiz als Krisenbiotop

In der Krise, die der erste Weltkrieg markierte, fielen altvertraute Ordnungen in sich zusammen, kühne und verstörende Ideen gewannen Gestalt und gaben dem Jahrhundert, das mit der Katastrophe begonnen hatte, neuartige Signaturen. In dieser Situation wurde die Schweiz gleichsam zum Krisenbiotop. In dem neutralen Land suchten Künstler und Pazifisten, Schriftsteller und Intellektuelle Zuflucht vor dem Krieg. Einige von ihnen gründeten 1916 in Zürich das *Cabaret Voltaire.* Das war die Geburtsstunde des Dadaismus. Diese für das 20. Jahrhundert so bedeutsame Bewegung könnte auch für die Theologie von Interesse sein.[12] Mich jedenfalls haben die Erkundungen im benachbarten Krisenbiotop erneut angeregt, die Predigt in kulturgeschichtlichen Kontexten zur Geltung zu bringen.

Ob Karl Barth, der Pfarrer von Safenwil, und die Dadaisten voneinander wussten? Wahrscheinlich nicht.[13] Aber die katastrophale Krise bedeutete für beide, den Dialektiker im Pfarrhaus und die Dadaisten im *Cabaret Voltaire*, die Herausforderung, sich völlig neu auf ihr Jahrhundert einzustellen. Wenn sich die

11 Vgl. Noltze, Leichtigkeitslüge [2010].

12 Vgl. neuerdings: Greminger, Leo Jud trifft Hugo Ball.

13 Ich bewege mich im Bereich „spekulativer Intertextualität“ (Stoellger, Barth und die Postmoderne, 404).

ars praedicandi als Kunst unter Künsten versteht, dann liegt die Frage nahe, ob sich, ähnlich wie in den Künsten, politisch-kulturelle Aufbrüche und Umbrüche auch in der Predigt identifizieren lassen.[14]

Auf die Idee, ausgerechnet Dadaismus und Dialektik zu vergleichen, kam ich durch den Pianisten Alfred Brendel. Er gibt immer wieder Sympathien für Dadaismus, Surrealismus, Nonsens und andere Phänomene zu erkennen, die man bei einem Pianisten, dessen Seriosität ganz und gar außer Frage steht, nicht erwartet. Als er Abschied vom Konzertpodium nahm, meinte Joachim Kaiser, der Kritiker, sich einen Seitenhieb auf den Dadaismus à la Brendel nicht versagen zu können. Kaiser thematisierte, letztlich verständnislos, Brendels komischen Humor, der auch vor Nonsens nicht zurückscheut. Gönnerhaft verbuchte er Brendels verbale Eskapaden unter der Kategorie „Kompensation": Wer eine solche „Riesen-Leistung" vollbracht habe, dürfe sich davon „gewiss auch mit Hilfe von Dadaismus und Mozartscher Albernheit erholen."[15]

Alfred Brendel, der überaus ernsthafte Pianist, witzige Poet und scharfsinnige Publizist, hat eine erstaunliche Abhandlung über den Dadaismus veröffentlicht. Ursprünglich eine Würdigung der weltweiten Aktivitäten zum Jubiläum 2016, wurde daraus die sehr persönliche Bilanz einer lebenslangen Faszination. Wichtig wurden ihm vor allem die Polaritäten und Widersprüche, zwischen denen sich das Leben abspielt. Lösen oder auflösen lassen sie sich nicht, wohl aber ausbalancieren. Schon als junger Mensch habe er, erzählt Brendel, sich eine Mitte vorgestellt, gewissermaßen die Mitte aller Mitten, die es zwischen den unterschiedlichsten Polaritäten geben mag. Diesen zentralen, nicht zugänglichen Punkt könne man „das vollkommene Nichts nennen, oder Gott". Das Leben, so gesehen, sei ein Balanceakt zwischen den Widersprüchen, in denen die Realität begegnet. Das erscheine ihm noch immer als „nobles Ziel".[16] Sagt Brendel und offenbart den Dialektiker im Dadaisten.

Als sich in Zürich die Dadaisten formierten, saß gar nicht weit, im Dörfchen Safenwil, der Theologe Karl Barth am Schreibtisch und kämpfte mit der nächsten Sonntagspredigt, nachdem er eben erst seine jüngste Kanzelrede dem Selbstzweifel ausgesetzt und im Austausch mit Freund Eduard Thurneysen kritisch bedacht hatte. Bei Barth führte die Krise dazu, dass er seine Kerntätigkeit, das Reden von Gott, prinzipiell anzweifelte: Man müsse als Mensch von Gott

14 Vgl. Reijnen, Barth und die Moderne, 390. Vgl. auch Korsch, Konstruktive Dekomposition: Arnold Schönberg kommt bei Barth nicht vor. Aber in den Veränderungen von der ersten zur zweiten Auflage seines Kommentars zum Römerbrief (1919/1922) ereigne sich, so Korsch, ein Umbruch in Analogie zu Schönbergs Überschritt von der Spätromantik zur Zwölftönigkeit.

15 Joachim Kaiser, Alfred Brendels Genie, seine Kunst und seine Kompensationen, in: SZ vom 31.10.2008. Vgl. mein Brendel-Portrait: Nicol, Gottesklang und Fingersatz, 205–221.

16 Brendel, Alles und nichts, 27.

reden, obgleich das unmöglich sei. Auch darin zeigt sich die Dialektik, die seine Theologie zur Dialektischen Theologie machen sollte.[17]

Die Analogien zwischen Brendel und Barth springen ins Auge. Auch Barth stellte sich eine Mitte vor, jene „unanschauliche Mitte, auf die alles hinweist".[18] Aber während Brendel jene Mitte auf dem Flügel andeutend umspielt, machte Barth in den Bänden der Kirchlichen Dogmatik dann doch reichlich Worte, welche die Mitte nicht auslassen.

Der junge Barth freilich, der in Safenwil am „Römerbrief" schrieb, hatte noch nicht wortreich eine vielbändige Dogmatik in die Welt geschickt, sondern war dabei, eine theologische Dialektik zu entwickeln, die für die Krise taugte. Und genau das wirkte verstörend. Denn die frühen Texte zielen nicht auf das, was man auf Grundlage der Bibel dann eben doch sagen könne, sondern sie zeigen auf jene Mitte, die menschlich nicht sagbar ist, jene „lebendige, selber freilich nicht zu benennende Wahrheit, die in der Mitte steht und beiden, der Position und der Negation, erst Sinn und Bedeutung gibt. [...] Der echte Dialektiker weiß, daß diese Mitte unfaßlich und unanschaulich ist, er wird sich also möglichst selten zu direkten Mitteilungen darüber hinreißen lassen [...]."[19]

In Barths Bonner Homiletik (1932/33) begegnet sehr bestimmt jene Mitte, die der Prediger keinesfalls kanzelüblich mit einem Skopus, also einer Botschaft, einem Merksatz oder einem Rat zur Lebensführung besetzen dürfe. Denn das wäre „der Versuch, dem vorzugreifen, was Gott selbst in der Predigt tun und sagen will."[20] Wer predigt, muss reden. Was aber sollte zu sagen sein, wenn doch nichts gesagt werden kann? Die Antwort des Dialektischen Theologen klingt entweder sträflich einfach oder unerträglich autoritär: „Die Predigt soll Auslegung der Heiligen Schrift sein. [...]; ich habe nicht etwas zu sagen, sondern nur etwas nachzusagen."[21]

Sätze wie dieser haben später den Affekt gegen die Dialektische Theologie befördert. Die Analogie freilich zwischen Barth und Brendel, dem Prediger und dem Pianisten, macht die ärgerliche Behauptung des Theologen auf überraschende Weise einsichtig. Nichts sagen, einfach nur nachsagen! Wenn man so will, steht bei Barth die Bibel an der Stelle, die bei Brendel die Partituren einnehmen. So gesehen ist es nur konsequent, wenn der Theologe den biblischen Texten eine ähnliche Aufmerksamkeit zukommen lässt wie der Pianist seinen Noten.

Eine kanzelübliche Predigt zur paulinischen Trias (1Kor 13,13) hätte möglicherweise so geschlossen: „Glaube, Hoffnung, Liebe, diese drei, sind ein Ge-

---

17 Vgl. Stoellger, Barth und die Postmoderne, 417 f.

18 Barth, Das Wort Gottes als Aufgabe der Theologie [1922], 203.

19 Ebd., 212.

20 Barth, Homiletik, 34.

21 Ebd.

schenk des Himmels; sie geben dem Leben Sinn." Anders eine Rede des Pianisten. „Über Humor, Sinn und Unsinn" stand als Titel über Brendels Vortrag in Luzern. Das war zweifellos keine Predigt. Aber die Rede mündete ebenfalls in eine Trias: Musik, Humor, Liebe. „Sie geben dem Leben Sinn", sagte Brendel.[22] Aber so pastoral sinnstiftend kann, wer dialektisch denkt und Dadaismen schätzt, nicht schließen. Bei Brendel steht am Ende in Klammer, was im Vortragstitel bereits die Grundpolarität seiner Rede intonierte: „Sie geben dem Leben Sinn. (Und Unsinn.)"

Mit den Polen Sinn und Unsinn eröffnete der Redner ein abgründiges Spannungsfeld. Hundert Jahre zuvor hatte der Dadaismus den „Unsinn" sozusagen salonfähig gemacht. Manche Predigt käme möglicherweise ihrer Verpflichtung zum Sinn besser nach, wenn sie nicht vorschnell Tiefsinn anstreben, sondern sich erst einmal am „Unsinn" abarbeiten würde.

Schnitt-Technik in Reinkultur

Gustav Mahler und die Homiletik

Warum gleichen sich Predigten über große Zeiträume hinweg, als ob lediglich Zeit vergangen, die Welt aber weitgehend unverändert geblieben sei? Warum ist eine Predigt schon beim ersten und einzigen Hören so erwartbar, eine Mahler-Symphonie aber mit jedem Hören voller Überraschungen? Warum haben die Künste auf kulturelle Umbrüche reagiert und daran mitgewirkt, während die Predigt im Abseits des Kirchenraums vielfach unberührt ihre Bibeltexte explizierte und applizierte? Die Fragen ignorieren die Unterschiede zwischen Symphonie und Predigt. Und sie lohnen sich doch. Denn erst im Vergleich mit anderen Künsten werden Aspekte der Predigtkunst sichtbar, die man bisher nicht oder nicht so deutlich wahrgenommen hatte.

In den USA hatte Fred Craddock schon in den 1970er Jahren die Predigt in den Kontext der Künste gestellt. Während die Veränderungen und Umbrüche der Gegenwart eine neue künstlerische Formensprache bewirkten, habe sich an der Form der Predigt so gut wie nichts geändert.[23] Eine solche Predigt habe sich von dem verabschiedet, was eigentlich ihr Proprium ausmacht: die Kommunikation mit den Hörenden und mit der Welt, in der beide, Prediger und Hörer, leben. Kurz: Eine formal unberührte Predigt ist auch theologisch nicht auf der Höhe der Zeit.

Ich beziehe mich noch einmal auf die Umbruchszeit zu Beginn des 20. Jahrhunderts. Gustav Mahler steht als Person und mit seinem Werk für den Um-

22 Brendel, Über Humor, Sinn und Unsinn, 136.
23 Craddock, As One Without Authority, 13 u. ö.

bruch von der Spätromantik zur Moderne. Alessandro Baricco hat für diese Gestalt zwischen den Zeiten treffende Worte gefunden. Gustav Mahlers Musik sei, so Baricco, „mit nur einer Geste der letzte Abkömmling einer heroischen Vergangenheit und der Beginn einer radikal neuen Zukunft".[24] Oder schärfer und bildhafter: „Mahlers Sinfonien sind die spektakuläre Chronik einer Invasion. Sie sind das Protokoll einer rettenden Katastrophe. Das Diagramm einer Explosion. Sie sind durchzogen vom beißenden Geruch der Moderne."[25]

Man kann fragen, ob Arnold Schönberg nicht deutlicher und radikaler die Moderne verkörpert. Ein Argument, ausgerechnet Gustav Mahler als Symbolfigur des Umbruchs zu präsentieren, liegt in dem, was Alessandro Baricco die „Imposanz" nennt. Mahlers Musik spreche, so verstehe ich, unmittelbar an; sie „imponiere" sich. Im Rückblick habe sich nicht die elitäre Zwölftonmusik als das Modell der Moderne erwiesen, sondern Gustav Mahler mit seinen Symphonien. Sie stießen zunehmend auf Akzeptanz und haben heute eine Wirkung, mit der zur Zeit ihrer Entstehung kaum jemand gerechnet hätte. Vielleicht gelingt es dieser Musik tatsächlich, „wieder eine Verbindung zu den lebendigen Ausdrucksformen herzustellen, die heute die Moderne wiedergeben [,] und wieder zu einer Harmonie mit dem kollektiven Gefühl zu gelangen".[26]

Mahlers Symphonien gehören längst zum Klassik-Kanon. Trotzdem gibt es Musikfreunde, die damit noch immer und immer wieder Probleme haben. Ein mir bekannter Pastor machte sich die Mühe und notierte während des Hörvorgangs die Empfindungen, Erwartungen und Enttäuschungen, die Mahlers Fünfte (uraufgeführt 1904) in einer Interpretation von Leonard Bernstein in ihm auslöste. Da schwelgte einer nicht in den satten Klängen der Spätromantik, sondern setzte sich dem „beißenden Geruch der Moderne"[27] aus. Da vernahm einer „immer nur Andeutungen", „kleinlaute" Dur-Akkorde, „keinen Trost, nur Aufregung", „Melodiefetzen". Das Horn bleibt nicht und Bläser sind „der Tod der Ewigkeit". Das berühmte *Adagietto* wird erlebt als eine „Flüsterung", die fragen lässt, warum es vorher diese Katastrophe brauchte. Auch hier stellte sich ein, was die ganze Symphonie prägte, nämlich „ein Fragezeichen nach dem anderen." Und gegen Ende, im Finale, ist „Wucht nur laut" und „Zärtlichkeit nur eine Anfrage".[28]

Der Pastor hatte in der Musik, die durchaus auch zum spätromantischen Schwelgen verlocken könnte, die Signaturen der Moderne herausgehört. Der traditionellen Einschätzung, der Wert eines Werks bemesse sich nach der „Fä-

24 Baricco, Hegels Seele, 108.
25 Ebd., 97.
26 Ebd., 83.
27 Ebd., 97.
28 Anonymisierte Bemerkungen aus einer privaten Mail.

higkeit [...], sein Material als Einheit zu organisieren"[29], entsprach Mahler gerade nicht. Organisiert hat er sein Material schon auch. Aber seine Logik ist, folgt man Baricco, eine andere: „Der logisch-deduktive Weg des musikalischen Diskurses geriet durch das ständige Eindringen autonomer und versteckter Splitter in Unordnung."[30] Mahler ist, so Bariccos These, modern in einer Weise, die er selbst noch nicht habe wissen können. Nicht mehr die Einheit eines Werkes macht nun seinen Wert aus, sondern die Risse, die Nähte und die Wunden. Der prophetische Charakter von Mahlers Symphonien „liegt in der Kraft, mit der sie das kompakte Gewebe des musikalischen Diskurses dem *Andersartigen* öffnen".[31] Denn das Paradigma, nach dem Mahler seine Symphonien organisierte, sei nicht etwa ein erzählendes und bildhaftes Programm: „Mahler schwebte etwas viel Komplexeres, Anspruchsvolleres und Radikaleres vor. Er konnte es nicht wissen, aber er hatte das Kino im Sinn."[32] Es sei Mahler gelungen, auch Materialien, die nach herkömmlichen Maßstäben völlig disparat geblieben wären, zu einer Sequenz zusammenschließen. Das Mittel, mit dem dieses Kunststück glückte, war „Schnittechnik in Reinkultur".[33] Demnach hätte Mahler musikalisch genau mit dem Mittel gearbeitet, das später den Film von bloßer Reproduktion zur Filmkunst transformieren sollte. Erst als man auf der Leinwand mit Hilfe des Schnitts eine Welt zeigen konnte, die es in Wirklichkeit nicht gab, hatte sich der Film als eigenständige Kunst etabliert.[34]

Manche Beobachtungen bei Baricco passen auch auf die Dramaturgische Homiletik. Eine „Schnitt-Technik in Reinkultur" etwa, wie Baricco sie bei Mahler konstatiert, spielt auch in unserer Homiletik eine Rolle. Freilich haben wir erst bei Alfred Hitchcock gefunden, was Gustav Mahler kühn vorwegnahm: den Schnitt im Film. In der homiletischen Didaktik präsentieren und verwenden wir diverse Schnitt-Techniken: Jumpcut, Matchcut, Dissolve etc. Der Schnitt bewahrt die Kanzelrede vor manchen Floskeln (z. B. „wie schon die Bibel sagt"). Vor allem präsentiert er die Wirklichkeit, die durch die biblischen Texte evoziert wird, als Gegenwart. Herkömmlich soll solche Gegenwart erst im Verlauf der Predigt aufgezeigt werden („Was der Text über die Jünger sagt, meint eigentlich uns ..."). Wer es aber wagt, die Bibel übergangslos und ohne Kommentar in die Lebenswirklichkeit zu stellen, geht bereits von ihrer Aktualität aus. Was andere Homiletiken als Ziel setzen, setzt die Dramaturgische Homiletik voraus.

---

29 Baricco, a. a. O., 99.
30 Ebd., 98.
31 Ebd., 99.
32 Ebd., 103.
33 Ebd., 106.
34 Vgl. Percze, Kunst, Kino und Kanzel, 242–276 u. ö.

Die These, Predigt sei Kunst unter Künsten, kommt sicher auch dem lange so verachteten oder gar tabuisierten Unterhaltungswert der Kanzelrede zugute.[35] Vor allem aber profiliert sie das Wagnis, zeitgemäß und gewissermaßen rücksichtslos dem Auftrag der Predigtkunst nachzukommen. Und der besteht darin, von Gott zu reden. Mit (fast) allen Mitteln.

35 Vgl. Grözinger, Predigt als Unterhaltung.

Loben zwecklos

Musik-Predigt: John Rutter, Gloria (1974)

6. Sonntag nach Trinitatis
7. Juli 2002
Erlöserkirche Bad Kissingen
Gottesdienst beim „Kissinger Sommer"

Gloria I
Gloria in excelsis Deo
et in terra pax
hominibus bonae voluntatis.
Laudamus te, benedicimus te,
adoramus te, glorificamus te,
gratias agimus tibi
propter magnam gloriam tuam.[36]

1 In der Menge loben

Gelobt wird. Dabei geht es laut zu. Mitunter auch auf der Kippe. Die Polizei steht bereit. Meist kann sie bleiben, wo sie ist. Muss nicht eingreifen. Der Jubel kennt Grenzen. Und wenn es die Grenze der Erschöpfung ist. Irgendwann wird man auch vom Loben müde. Oder auch mal betrunken – wenn man nur zweiter geworden ist im Fußball.

Im Stadion loben die Fans ihre Stars. Und ein wenig loben sie immer auch sich selber. Weil sie mit dem Verein gehen durch dick und dünn. Weil sie trotz des Sauwetters wieder ins Stadion gekommen sind. Weil sie, wenn sie selbst auf dem Rasen stünden, es natürlich anders machen würden und besser: „Toooor!" – leider nur im Kopf der Fans. Trotzdem der Gesang, lautstark und öffentlich: „So ein Tag, so wunderschön wie heute …" In der Kirche sagen wir es etwas anders. Aber im Prinzip ist es ganz ähnlich: *Dies ist der Tag, den der Herr macht; lasst uns freuen und fröhlich an ihm sein.*[37]

Es ist schön, fröhlich zu sein. Es ist schön, zu loben. Schön ist es, Gott zu loben. Und es ist heute, so sehe ich es, schöner als in früheren Zeiten. Ich erinnere mich noch, als wir Evangelischen zum 31. Oktober den Schlachtgesang der Reformation anstimmten: „Ein feste Burg ist unser Gott". Und dann war, um Monate versetzt, der Gesang der Gegenseite zu hören, von der Fronleichnamsprozession: „Großer Gott, wir loben dich". Heute singen wir diese Lieder

36 Übers. Gloria I–III: Gotteslob (2013), Nr. 109. *Gloria I:* Ehre sei Gott in der Höhe / und Friede auf Erden / den Menschen seiner Gnade. / Wir loben dich, wir preisen dich, / wir beten dich an, wir rühmen dich / und danken dir, / denn groß ist deine Herrlichkeit: […].

37 Ps 118,24.

nicht mehr gegeneinander. Gemeinsam loben wir Gott. Gemeinsam singen wir die Gesänge der Christenheit. Schön ist es, wenn ab und zu, da und dort der Kirchenraum bis in den letzten Winkel erfüllt ist vom Gesang. Wenn die Orgel dazu braust. Wenn von alledem die Mauern wackeln. In Amerika stehen sie beim Singen. Da geht's noch besser. Es hält einen ja ohnehin nicht auf dem Sitz: *Wir loben Dich, wir beten Dich an, wir preisen Dich, wir sagen Dir Dank, um Deiner großen Ehre willen.*

Gloria I, T. 1–61

2 Mit den Engeln loben

Auf den Straßen und Plätzen loben wir Christen kaum. An Kirchentagen, ja. Da könnte selbst die U-Bahn mit geistlicher Energie betrieben werden. Nicht allzu oft, aber doch regelmäßig tun's die Katholiken. An Fronleichnam zum Beispiel. Da loben sie öffentlich, Urbi et Orbi sozusagen, vernehmbar der Stadt und dem Erdkreis. Ist ja auch richtig. Gott kam zur Welt, nicht zur Kirche. Aber meist loben wir Gott innerhalb der schützenden Mauern einer Kirche.

Anders die Engel. Sie haben sich einen freien Platz ausgesucht für ihren Gesang. Nicht in der Stadt. Aber doch im Freien: *Und es waren Hirten in derselben Gegend auf dem Felde bei den Hürden, die hüteten des Nachts ihre Herde.*[38] Der Mond stand über dem Land. Die Sterne auch. Und dort, über dem Stall, der Stern aller Sterne. In wundersames Licht getaucht die Welt. *Und alsbald war da die Menge der himmlischen Heerscharen, die lobten Gott und sprachen:* Gloria, *Ehre sei Gott in der Höhe und Friede auf Erden.*[39]

Da hat das begonnen mit dem Glanz und dem Gloria. Die Engel haben das *Gloria* angestimmt. Erstmals. Und wir stimmen ein. In den Gesang der Engel. In den öffentlichen Gesang des Himmels. Was den Hirten galt, gilt der Welt. Einen weltläufigeren Gesang gibt es nicht. Er beginnt laut, dass alle es hören: *Gloria in excelsis Deo, Ehre sei Gott in der Höhe.* Und leise klingt an, wonach die Welt sich am meisten sehnt: *pax, Friede.*

Gloria I, T. 77–123

---

38 Lk 2,8.

39 Nach Lk 2,13 f.

3 Gott loben im Park

Vor zwei Jahren starb der britische Sänger Ian Dury.[40] Hat ein Leben lang gesungen von Sex & Drugs & Rock'n'Roll. Wenn er genug hatte von dem ganzen Sex und den Drogen, dann begab er sich in den Richmond Park in London, freute sich an der Natur, genoss den Blick auf die Häuser und Dächer in der Ferne und ließ den Rock'n'Roll einen guten Mann sein. In diesem Park lebt Ian Dury fort. So jedenfalls berichtete es die Zeitung. Wer sich auf einer bestimmten Parkbank niederlässt und zufällig einen Kopfhörer mit sich führt, kann sich in eine solarzellengesteuerte Musikmaschine einstöpseln. Die spielt dann Durys alte Lieder.

Eigentlich müsste die Welt voll sein von Parkbänken. Von Parkbänken, aus denen das *Gloria in excelsis* ertönt, *Ehre sei Gott in der Höhe.* Die Vögel würde das nicht stören. Sie würden weiter zwitschern und tirilieren, als wäre ihnen da keine Konkurrenz erwachsen. Die Spaziergänger würden weitergehen, das *Gloria* auf den Lippen. Alle, Vögel und Menschen, sängen sie die Grundmelodie, auf der die Erde steht: *Ehre sei Gott in der Höhe.* Dem Tod, ja, *dem Tod* wäre kurz *der Stachel* genommen.[41] Und nicht nur der Park, die ganze Welt höbe an zu singen, zu jubilieren und zu loben. Laut & leise. Geheimnisvoll & öffentlich. Die Stadt. Der Verkehr. Wieder und wieder das Martinshorn. Flugzeuge … Und leise, ganz leise würde er sich dareinmischen – der Gesang der Engel auf dem Felde bei den Hürden: *Pax. Pax. Pax. Friede – auf Erden.*

Gloria I, T. 99–123

4 Loben zwecklos

Wenn ich unsere Tochter lobe, dann ist das nicht immer ohne Absicht. Ich lobe sie, weil sie aufgeräumt hat. Morgen sieht das Kinderzimmer ja wieder aus wie ein Schlachtfeld. Wenn sie doch endlich von selbst die Bausteine nähme, die Puzzleteile, die Stofftiere und das Springseil und das alles an seinen Platz brächte! Ohne Hintergedanken lobe ich selten.

Loben zwecklos. Jedenfalls bei Gott. Würde nie unser Lob befolgen, der Allerhöchste. Die geheimen Aufforderungen in unserem Lobgesang lassen ihn kalt. Ich lobe dich – und du tust mir dies und das. Würde nicht funktionieren. Loben zwecklos. Könnte ich da das Loben nicht einfach bleiben lassen? Warum der ganze Aufwand? Warum, in immer neuen Anläufen, ein Name nach dem

40 Ian Dury (1942–2000), britischer Sänger, Songwriter und Schauspieler.

41 1Kor 15,55 f.

anderen? Warum diese Ballung von Namen: *Herr Gott, himmlischer König. Gott, allmächtiger Vater. Herr, eingeborner Sohn, Jesu Christe, du Allerhöchster. Herr Gott, Lamm Gottes, ein Sohn des Vaters.* Ist das wie im Reich von Diktatoren und Despoten? Ist das Unterwürfigkeit? Das kriechende Wort des Untertans?

So kann man es hören.

5 Loben im Schlaf

Ich singe es anders.

Unser kleiner Sohn, gerade zwei Jahre alt, schläft des Nachts tief und fest. Aber es kommt vor, dass er sich rührt. Dass er weint, wenn ihn schlimme Träume überfallen. Dass er ruft, wenn Ereignisse des Tages ihn bis in den Schlaf ängstigen. Vor kurzem hat er wieder geweint, herzzerreißender als sonst. Ich gehe an sein Bettchen. Soll ich ihn auf den Arm nehmen? Ihn im Wohnzimmer herumtragen für eine Weile? Nichts dergleichen. Er wachte gar nicht richtig auf. Im Halbschlaf sagte er nur: „Hallo Mami! Hallo Papi!“ Dann schlief er weiter, tief und fest, bis in den Morgen.

Noch im Schlaf hat er das gebraucht: die Namen nennen, die sein Leben gut machen. Die Namen, die ihm das Spielen garantieren, das Essen und das Trinken. Die Namen der Menschen, ohne die er gottsjämmerlich verlassen wäre auf der Welt. Hallo Mami! Hallo Papi! *Herr Gott, himmlischer König. Gott, allmächtiger Vater. Herr, eingeborner Sohn, Jesu Christe, du Allerhöchster.* So rufen wir im Gloria. Reihen Namen an Namen. Weil wir nichts anderes rufen können. Und keinen anderen. Weil kein anderer *also die Welt geliebt hat.*[42] Weil kein anderer die Zeit in Händen hält und die Ewigkeit. Weil kein anderer weiß, was die Lebenden brauchen und wie es den Toten geht. Einfach die Namen nennen. Zwecklos loben. Wie im Schlaf rufen: Hallo Mami. Hallo Papi. *Herr Gott, Lamm Gottes, ein Sohn des Vaters, der du hinnimmst die Sünd der Welt: nimm an unser Gebet.*

Gloria II
Domine Deus, Rex caelestis.
Deus Pater omnipotens.
Domine Fili unigenite Iesu Christe.
Domine Deus, Agnus Dei, Filius Patris.
Qui tollis peccata mundi,
miserere nobis.
Qui tollis peccata mundi,
suscipe deprecationem nostram.

---

42 Joh 3,16.

Qui sedes ad dexteram Patris,
miserere nobis.[43]

Gloria III

Quoniam tu solus Sanctus,
tu solus Dominus, tu solus Altissimus,
Iesu Christe. Cum Sancto Spiritu
in gloria Dei Patris.
Amen.[44]

43 *Gloria II (vgl. Gloria I):* Herr und Gott, König des Himmels, / Gott und Vater, Herrscher über das All, / Herr, eingeborener Sohn, Jesus Christus. / Herr und Gott, Lamm Gottes, Sohn des Vaters, / du nimmst hinweg die Sünde der Welt: / Erbarme dich unser; / du nimmst hinweg die Sünde der Welt: / Nimm an unser Gebet; / du sitzest zur Rechten des Vaters: / Erbarme dich unser.

44 *Gloria III (vgl. Gloria I):* Denn du allein bist der Heilige, / du allein der Herr, du allein der Höchste: / Jesus Christus, mit dem Heiligen Geist, / zur Ehre Gottes des Vaters. / Amen.

Kommentar

Musik-Predigt

Die „Kantatenpredigt“ ist zu einem eigenen Genus der Kanzelrede geworden. Ich spreche lieber von „Musik-Predigt“. Sie bezieht sich dann nicht nur auf eine Kantate, sondern auf jedes andere Werk der Kirchenmusik, gegebenenfalls auf reine Instrumentalmusik.

Wie die Kanzelrede jeweils auf die Musik eingeht, ist unterschiedlich. Ich habe insgesamt vier Typen von Musik-Predigt profiliert.[45] Mit jedem Typ verbindet sich eine homiletische Absicht des Predigers oder der Predigerin. Der Typ *Vorlesung* gibt Erklärungen historischer, theologischer oder musikwissenschaftlicher Art; die Predigt möchte Hörhilfen bieten für die Kantate. Der Typ *Wortmusik* versucht kunstvoll mit Worten nachzugestalten, was die Töne vorgeben; die Predigt möchte poetisch die Nähe von Wort und Musik erlebbar machen. Der Typ *Auslegung* greift aus dem Text der Kantate ein Schriftwort, ein Bild oder ein Thema heraus und entfaltet es in seiner Bedeutung für die Hörenden; die Predigt möchte mit homiletischen Mitteln versuchen, was die Kantate auf ihre Weise tut, nämlich das Gotteswort verkündigen. Die *Collage* setzt Texte unserer Lebenswelt unvermittelt in die Zwischenräume der Kantate; die Predigt verlässt den Rahmen der Kanzelrede, setzt Worte und Klänge inszenatorisch in Beziehung und traut der rezeptiven Kraft derer, die zuhören.

John Rutter: Gloria

Der „Kissinger Sommer“, ein Musik-Festival mit hohem Anspruch, war für die evangelische Kirche vor Ort regelmäßig Anlass, einen Gottesdienst zu konzipieren, in dem ein Werk der Kirchenmusik den Schwerpunkt bildete. Ich war mehrmals als Prediger eingeladen. Die Predigt, die ich damals in Bad Kissingen gehalten habe, hatte das „Gloria“ von John Rutter (*1945) zur Vorgabe. Dabei handelt es sich um eine vergleichsweise junge Vertonung des Lobgesangs der Engel (Lk 2,14), wie ihn die Kirche weitergeführt und ausgeformt hat. Das Werk ist, entsprechend den Zäsuren der Textvorgabe, in drei Teile gegliedert.

Hörhilfen speziell für die Musik schienen mir bei diesem Werk überflüssig. Rutters Musik ist unmittelbar eingängig; sie verstört nicht, sie erhebt. Was sperrig daherkommt, ist der Text. Denn der ist theologisch dicht. Und als ob das nicht genug wäre, präsentiert er die geballten Großworte des *Gloria in excelsis* auch noch in Latein.

Rutters *Gloria* prägte den Gottesdienst. Schon nach dem *Kyrie eleison* der Gemeinde war Rutters *Gloria I* vollständig erklungen. Während der Predigt wurde

---

45 Vgl. Nicol, Mit Musik predigen.

nach jedem Move eine Passage aus *Gloria I* wiederholt, während nach der Predigt *Gloria II* ohne Unterbrechung aufgeführt wurde. *Gloria III* beschloss den Gottesdienst. Ich konnte also meine Worte zwischen die Töne setzen.

Gotteslob als Gestus

Thematisiert habe ich mit dieser Predigt zunächst nicht Einzelheiten der Musik, sondern den sperrigen Text. Insofern würde ich die Predigt dem Typ „Auslegung“ zuordnen. Aber auch der Text kommt nicht so zur Geltung, dass Details wie etwa einzelne Gottesprädikationen ausgelegt worden wären. Meine Predigt gilt dem Gestus des Gotteslobs. Sie thematisiert Musik und Text, Form und Inhalt nicht separat, sondern sieht auf die integrale „Gestalt“, in der das Gotteslob begegnet. Diese Predigt will nichts erklären. Ihr Ziel ist nicht, dass die Gemeinde diese oder jene Aussage versteht, sondern dass sie sich gerne in Bewegung und Gestus solchen Gotteslobs hineinnehmen lässt.

Das Gotteslob der Gemeinde geschieht nicht allein mit Worten; es wird auch und vor allem gesungen. Meine Predigt nimmt das *Gloria in excelsis* als Hymnus ernst. Die nächstliegende Analogie zu dieser Musik-Predigt wäre im Bereich der üblichen Kanzelrede eine Predigt zu einem Psalm oder einem neutestamentlichen Hymnus. Auch hier, so meine ich, gehe es primär um den Gestus der Gattung. In ihn hätte die Predigt einzuführen.

Im vorliegenden Fall waren die Voraussetzungen nahezu ideal. In einer voll besetzten Kirche sang eine Gemeinde ihre Lieder so, dass sie den Vergleich mit dem Stadion nicht zu scheuen brauchte. Das *Gloria* von John Rutter setzte den alten Hymnus zeitgemäß und mitreißend in den Raum. Und noch vor der Predigt intonierte die Gemeinde selbst das Gloria (EG 181.1), sang all die Großworte auf Deutsch und bot damit dem Prediger den Gestus, den er nur weiterzuführen hatte. Ein Tonmitschnitt jenes Gottesdienstes bestätigt mir, dass ich bald zwei Jahrzehnte später die Situation nicht verklärt habe.[46] Hier konnte sich der Prediger auf den doxologischen Gestus des Gottesdienstes verlassen, auf einen sensiblen Liturgen, auf eine engagierte Kirchenmusik und auf eine Gemeinde, die hörbar gerne ihr Gotteslob anstimmte.

[46] Live-Mitschnitt des Gottesdienstes auf CD, Kissinger Kantorei mit Solisten und Instrumentalisten unter Leitung von Kantor Jörg Wöltche, Liturgie mit Lesungen durch Pfarrer Hermann Schröter.

IV
Im Anfang war das Wort
Die Autorität der Predigt

Mit den Wörtern im Wort
Logo und Logos

Mit dem Konterfei des Reformators auf rotem Grund hatte die EKD eine „Dachmarke“ geschaffen, ein Logo für alle Veranstaltungen, die auf das Reformationsjubiläum 2017 ausgerichtet sein sollten. „Am Anfang war das Wort“ stand in Großbuchstaben über dem Lutherbild.

Dass einer evangelischen „Dachmarke“ ein Bibelwort eingeschrieben ist, hat seine Logik. Dass man dafür nach dem Johannes-Prolog mit der komplexen Logos-Vorstellung griff, ist theologisch mutig und signalisiert kulturgeschichtlichen Weitblick. Dass man aber beim Bibelwort eine Lautverschiebung von I nach A vornahm und dass man dazu Luthers Bild aufs Logo setzte, darf man getrost dreist nennen. Denn genau das hatte der Mann, der die Bibel übersetzte, nicht gewollt: dass der IM-Anfang und der AM-Anfang verwechselt würden. „IM Anfang war das Wort“ (Joh 1,1) und „AM Anfang schuf Gott Himmel und Erde“ (Gen 1,1).[1] „Am Anfang war das Wort“ schrieb die EKD und mischte munter, was sorgfältig unterschieden gehört. Dass beim „Wort Gottes“ das Herz der Reformation schlug und dass die Predigt zum Kennzeichen evangelischen Gottesdienstes wurde, ist unbestritten. Am Anfang der Reformation

---

[1] Vgl. zu Joh 1,1: Luthers Evangelien-Auslegung, Bd. 4, 2–4. 6. 22 f. Die Sammlung greift zurück auf Luthers Weihnachtspostille von 1522 (S. 1–19) und auf eine Weihnachtspredigt von 1528 (S. 20–23).

stand durchaus das Wort. Aber Reihenfolge und Art der Anfänge sind anders, als es das Logo zum Jubiläum suggeriert: IM Anfang war das Wort, AM Anfang schuf Gott Himmel und Erde, und 1517 nahm mit 95 Thesen die Reformation ihren Anfang.

Ein einziger Vokal, lautleicht und bedeutungsschwer, macht den Unterschied. „IM Anfang war das Wort." Das sei, vermutet kühn das Credo, „vor aller Zeit" gewesen.[2] „AM Anfang schuf Gott Himmel und Erde." Das bedeutete für die Zeit selbst den Start. Denn wo es nichts gibt, was werden und vergehen könnte, da braucht es auch keine Zeit: IM Anfang, ehe denn die Zeit und Hannover und die EKD geschaffen wurden, da war das Wort, der Logos. Und der war bei Gott, und Gott war das Wort.

„Im Anfang war das Wort": So wäre das Logo richtig gewesen. Leute hätten gefragt, warum da nicht „am Anfang" stehe. Vermutlich hätte ich nicht für jeden Fragesteller eine befriedigende Antwort gefunden. Aber schon das wäre keine schlechte Sache gewesen: wenn Leute das Logo gesehen und nach dem Logos gefragt hätten.

Kulturgeschichtlich hat der IM-Anfang eine ganz eigene Spur gezogen. „Im Anfang war das Wort" – das sei „mit sehr einfältigen Worten majestätisch" geredet, sagte Martin Luther[3] und traf damit etwas von der Faszination, die von diesen wenigen Worten ausgeht. Bis heute brauchen Literatinnen und Literaten den IM-Anfang zur Legitimation der eigenen Arbeit am und mit dem Wort. Theologische Präzision ist nicht unbedingt zu erwarten; da purzeln IM und AM schon auch munter durcheinander. Aber während bei der EKD das AM das IM ablöste, ist es in der Literatur sehr oft umgekehrt. Grund ist ein fundamentaler Respekt gegenüber solchen Ur- und Anfangsworten der Bibel. Und der findet in dem fremden, befremdlichen IM eher seinen Ausdruck als in dem erwartbar korrekten AM. Literatinnen und Literaten sehen sich mit den Wörtern, die sie wagen, irgendwie aufgehoben in dem Wort, das im Anfang war und mit dem am Anfang Gott die Welt schuf. Irgendwie. Schon Goethe ließ seinen Faust sinnieren, ob im Anfang wirklich das Wort war.[4] Ingeborg Bachmann rekurrierte noch in der Krise auf das Urwort dichterischer Existenz, indem sie es negierte: „im Anfang / war es nicht, / es war am Ende."[5] Mit keinem anderen Zitat hätte sie deutlicher machen können, wie sehr sie auch als Dichterin am Ende ist, als eben mit dem Bibelwort vom Anfang. „Im Anfang, in der Mitte und am Ende ist das Wort", befand Gottfried Benn, der Agnostiker, hielt, zusammen mit dem literarischen Wort („Wort als Kunst"), das IM-Wort hoch

2 Gemeint ist das Glaubensbekenntnis von Nizäa-Konstantinopel.
3 Ebd., 4 (aus einer Tischrede Luthers).
4 Goethe, Faust I, Szene im Studierzimmer, Z. 1224–1237.
5 Bachmann, Das Narrenwort [ca. 1963], in: dies., Ich weiß keine bessere Welt, 53.

und deklarierte die Masse anderer Worte kurzerhand als „Geschäftssprache, Bierbestellung".[6]

Da war das Logo fürs Jubiläum. Da ist der Logos des Evangeliums. Und da sind Literatinnen und Literaten, die, gläubig oder nicht, ihre künstlerische Existenz in ebendiesem Logos gründen. Worauf sonst sollte sich ein Mensch, der die Weltwirklichkeit Gottes zur Sprache bringen muss und möchte, mit seinen Wörtern berufen, wenn nicht auf das Wort, das im Anfang war?

Worte der Heiligen Schrift

Von kanonischer Leichtigkeit

„Wort des lebendigen Gottes" oder „Worte der Heiligen Schrift" sagt in der römisch-katholischen Messe nach der Epistel-Lesung der Lektor oder die Lektorin, „Dank sei Gott" antwortet die Gemeinde. Schon ein kleines Ritual wie dieses macht die Texte, die da verlesen werden, groß, schwer, gewichtig. In den gottesdienstlichen Lesungen präsentiert sich der „Kanon" der biblischen Schriften, „Richtschnur" für Lehre und Selbstverständnis der Kirche. Überschaubare Textportionen mit rahmenden Kleinritualen bringen diesen Kanon Sonntag für Sonntag exemplarisch zur Geltung. Mit dem Kanon wird, homöopathisch dosiert, eine Größe von schwergewichtiger Autorität präsent gehalten. Folgerichtig benennt David L. Bartlett unter den Faktoren, die die Kanzel-Autorität begründen, die Bibel als Gegenstand und den Gottesdienst als Ort der Auslegung.[7]

Im evangelischen Gottesdienst wird die Autorität der Predigt von einer geradezu ungeheuerlichen Dramaturgie unterstrichen. Da steigt ein Mensch, feierlich gewandet, die Stufen empor, tritt an die Kanzelbrüstung, betet um göttlichen Beistand und redet. Er redet allein und von oben, lang oder länglich, in jedem Fall ohne Nachfrage, Diskussion oder Gegenrede. An dieses Setting hat man sich gewöhnt. Das ist sozusagen der Alltag am Sonntag. Und der hält sich im Biotop Gottesdienst auf erstaunliche Weise. Ein solches Setting erwarten Insider. Ein solches Setting erwarten mit verwunderlicher Selbstverständlichkeit zuweilen auch Leute, die nie hingehen. Gleichzeitig soll die Predigt lebensnah und menschlich sein, die Person auf der Kanzel glaubhaft, kommunikativ und vor allem authentisch.

Merkwürdig ist das, geradezu paradox. Da wird der Kanzelakt wieder und wieder kritisiert, karikiert, parodiert. Aber die Erwartung bleibt. Sie ist so stark, dass man noch immer und immer wieder die tatsächliche Predigt stillschwei-

---

6 Benn, Doppelleben, 177.

7 Bartlett, Art. Authority.

gend aufs Ideal hin hochrechnet.[8] So hoch ist die Erwartung, dass die Person, die zu predigen hat, ihr eigentlich gar nicht entsprechen kann. Wer predigt, ist permanent versucht, sich für das erwartete Format ein wenig aufzublasen. Zeichen solcher Anpassung ist das eigentümliche Kanzelpathos, das auch einen ansonsten ganz normalen und unauffälligen Menschen befällt, sobald er zum Predigen den Mund auftut.

Es liegt nahe, die angedeuteten Ambivalenzen konzeptionell zu umgehen. So setzt beispielsweise Wilhelm Gräb mit seiner Homiletik grundlegend anders an: „Wer die Predigt als Element der kirchlichen Liturgie thematisiert [...], hat sich von ihrem Anspruch, öffentliche religiöse Rede zu sein, mehr oder weniger verabschiedet."[9] Gräbs Ziel ist es daher, „die Predigt wieder in jenen weiten Raum zu stellen, in dem sie gestanden hatte, solange der kirchliche Gottesdienst das Zentrum der Kultur der Gesellschaft bildete".[10] Die Beobachtung ist richtig. Aber ich ziehe daraus einen anderen Schluss. Dass auch in außergottesdienstlichen Kontexten eine Rede zur Predigt werden kann, ist nicht zu bestreiten. Aber die Besonderheiten der Predigt-Rede lassen sich nur im genuinen Kontext von Liturgie erkennen. Im Gottesdienst fügen sich in einem riskanten Setting die Worte eines Menschen und das Gotteswort der Heiligen Schrift zu der eigentümlichen Redegattung „Predigt". Ich sehe nicht, wie man predigen könnte, ohne sich, zuweilen sehr bewusst und über weite Strecken unbewusst, der Grundspannung auszusetzen zwischen Menschenwort und Wort Gottes, zwischen den Worten, die ich mache, und dem Wort, das im Anfang war.

Das gottesdienstliche Predigtsetting markiert Herausforderungen, die sich nicht umgehen lassen, auch nicht mit Themapredigten oder thematisch ausgerichteten Predigtreihen. Die Themapredigt ist sinnvoll in bestimmten Situationen. Aber ich möchte doch dazu ermutigen, die Predigt zu den Texten der Bibel auch künftig als reguläre Weise der Kanzelrede zu pflegen. Dass, wer öffentlich redet, zu einem Thema Stellung nimmt, ist normal. Dass aber eine Rede in einen „heiligen" Text einführt, bleibt Proprium der Predigt. Vielleicht fördert es die Akzeptanz der Textpredigt, wenn ich darauf hinweise, dass sich, jedenfalls aus meiner Sicht, die Bedingungen positiv verändert haben. Und zwar müssen die biblischen Texte nicht mehr als kanonisch gelten in dem Sinn, dass sie letzte Wahrheiten enthielten. Sie sind, wie Henning Luther einst treffend bemerkte, nicht mehr „Fundament", auf dem sich Wahrheiten aufbauen, sondern

---

8 Es ist erstaunlich, wie die Erwartung auch Enttäuschungen übersteht. Vgl. eine Umfrage im evangelischen Bayern, die Jeannett Martin (Mensch – Alltag – Gottesdienst, 2007) dokumentiert und deren Ergebnisse Hanns Kerner vom Nürnberger Gottesdienst-Institut in leicht lesbarer Form veröffentlicht hat: s. Kerner, Die Predigt. Befragt wurden die evangelisch Getauften, darunter auch die Nicht-Kirchgänger.

9 Gräb, Predigtlehre, 8.

10 Ebd., 34.

„Ferment", das meine Rede zu einer auf die Hörenden und auf Gottes Zukunft hin offenen Handlung macht.[11] In der Dramaturgischen Homiletik experimentieren wir damit, dass wir Sprachstücke der Bibel, im Wortlaut erkennbar, unserer eigenen Kanzelsprache als Ferment zusetzen, beimischen oder gelegentlich auch unterheben wie beim Kuchenteig den Eischnee.[12]

Kanon bleibt Kanon. Und alles Kanonische wiegt schwer. Das liegt in der Natur der Sache. Dennoch deutete sich in Henning Luthers Bemerkung ein Wandel an. Kanonische Texte, die als „Fundament" nur stehen, wanken oder fallen können, werden als „Ferment" sozusagen beweglich. So könnte der Kanon mit seinem ganzen Gewicht das Predigen auch leichter machen. Von „kanonischer Leichtigkeit" spreche ich, weiß um die Widersprüchlichkeit dieser Wendung und versichere: Es geht.

In kanonischer Leichtigkeit …

… setze ich darauf, dass sich ein Kanon begründet, indem er sich bewährt;

… vertraue ich darauf, dass die im Kanon der Bibel versammelten Texte Sprache bereitstellen, die ich brauche, um von Gott zu reden:

… traue ich dem wörtlich aufgerufenen Bibelwort zu, dass es auch ohne begleitende Erklärungen Wirkung entfaltet;

… erwarte ich, dass sich mit den Sprachstücken der Bibel auch die Puzzleteile meines Glaubens und Lebens zum Bild fügen;

… kann ich spielerisch mit biblischer Sprache umgehen, ohne einen fundamentalen Respekt gegenüber der Bibel als der Heiligen Schrift leichtfertig zu verspielen.[13]

Die Mystik und das Wort

Grenzen der Performanz

Wir leben als Christen in der polaren Spannung zwischen Gotteszeit und Weltzeit. Sie in eins zu setzen, ist nicht Sache des Predigers oder der Predigerin. Es ist die Sache dessen, der die Zeit in Händen hat.

Zwei gängige Modi der Predigtrede wollen die Zeiten vermitteln und tendieren dazu, sie in eins zu setzen: die reflexive und die phänomenale *Identifikation*.[14] Beide Modi erwarten ihre Verifikation in aller Regel für die Zeit

11 Luther, Frech achtet die Liebe das Kleine, 8.

12 Anmerkung für Ästhetik-Skeptiker: Mit der Verwendung von „unterheben" empfiehlt sich die Kochkunst als Nachbarkunst zur *ars praedicandi*. Vielleicht hilft das den Zögerlichen, beim ästhetischen Paradigma auf den Geschmack zu kommen.

13 Vgl. analoge Zusammenhänge bei Beethovens Klaviersonaten, denen in der Rezeption kanonische Bedeutung zugemessen wurde: Nicol, Gottesklang, 239.

14 Vgl. o. S. 37f.

nach dem Gottesdienst. Wer in der Predigt gehört hat, wie die Welt mit Gott zusammengedacht werden könne (reflexiv) oder wie Gott gerade in den kleinen Begebenheiten des Alltags präsent sei (phänomenal), muss erst einmal zusehen, ob und wie sich solche Rede im täglichen Leben bewährt. Ähnlich verhält es sich mit dem vermutlich häufigsten Predigtschluss, dem Appell: Die Predigt appelliert im Gottesdienst an Hörerinnen und Hörer, die dem Appell allenfalls nach dem Gottesdienst folgen werden. Ob nun der Appell Erfolg hat oder nicht, in jedem Fall ergeht er in der Erwartung, dass er nicht sofort, sondern zeitlich versetzt Wirkung zeigen werde.

Es gibt einen Modus der Predigtrede, der anders funktioniert: der Modus der *Performation*. Zur Erläuterung verweise ich auf die *performing arts*, auf diejenigen Künste also, deren Wirkung sich wesentlich in einer Aufführung (performance) entfaltet.[15] Die Dramaturgische Homiletik hat sich von Anfang an geradezu emphatisch auf den Film berufen. Er sei das neue Paradigma der Kanzelrede und löse darin die traditionelle *Vorlesung light* ab. Einen Kino-Film kann ich im Voraus und im Nachhinein nach vielen Richtungen analysieren und reflektieren. Aber sein genuines Ziel bleibt es, im Kino und während der Performance Menschen in seine Handlung hineinzuziehen. Im Dunkel des Kinos trete ich gewissermaßen in den Film ein und genieße die Illusion, ich befände mich in der Wirklichkeit, die auf der Leinwand zu sehen ist. Es gibt im Kino Momente, in denen die Illusion perfekt ist. Das sind die *magic moments*, die das Kino so attraktiv machen. Bis heute gilt es vielen Menschen als ein Ort, an dem sie gleichsam *live* erleben, was sie am heimischen Bildschirm lediglich von fern sehen.

Im Bereich der Religion kann ich statt von magischen Momenten auch von *mystic moments* reden. Alle Religionen kennen Momente, in denen Himmel und Erde einander näher sind als sonst. Friedrich Schleiermacher hat einst den mystischen Moment der Tradition romantisch fortgeschrieben. In seinen „Reden" wandte er sich mit einem Vorwurf an die Gebildeten unter den Verächtern der Religion: „Es ist Euch gelungen, das irdische Leben so reich und vielseitig zu machen, daß Ihr der Ewigkeit nicht mehr bedürfet [...]."[16] Ich übertrage den Vorwurf in die Terminologie des Zwei-Zeiten-Modells: Dann hätte sich im Leben der Adressaten die Weltzeit so dominant in den Vordergrund ge-

---

15 Gegen meinen Gebrauch des Begriffs „Performance" wurde mehrfach eingewendet, er sei nicht präzise geklärt (vgl. Roth, Predigt als Performance, 103). Es war in der Programmschrift „Einander ins Bild setzen" nicht meine Absicht, Begriffe zu klären, sondern mit einer Begrifflichkeit, die durchaus auch suggestiv sein durfte, meine Vision von Predigt für die Aus- und Fortbildung zu präsentieren. Ursula Roth präzisierte nachträglich und fragte dabei zu Recht den Kinofilm als Paradigma der Predigt kritisch an (Roth, a. a. O., 107). Die kulturwissenschaftliche Argumentation ist hilfreich, lässt aber meine theologische Begründung für die „Performanz" unberührt (Nicol, Einander ins Bild setzen, 56–63).

16 Schleiermacher, Über die Religion, 2. Zitation nach der Erstausgabe (Seitenzahlen in der Ausgabe von Rudolf Otto vermerkt).

spielt, dass die Gotteszeit aus dem Blick geriet. Um das zu korrigieren, verweist Schleiermacher, der Romantiker, auf den mystischen Moment der Religion. In einem solchen Augenblick erlebe der Mensch, was ich als Zusammenklang der Zeiten begreife: „Mitten in der Endlichkeit eins werden mit dem Unendlichen und ewig sein in einem Augenblick, das ist die Unsterblichkeit der Religion."[17] Diese Spur lässt sich leicht über die Romantik hinaus verfolgen. Ob man hochkulturell wie Joachim Kaiser die „Ewigkeit der Traumsekunde" beschwört[18] oder ob einem ganz salopp mit Reinhard J. Brembeck „die Seele aus den Schlappen kippt"[19] – letztlich bleibt es der außerordentliche Moment, der gleichermaßen überrascht wie überwältigt.

Entgegen einer gewissen Mystik-Unverträglichkeit im Protestantismus liegt es mir fern, solche Momente für fiktiv zu erklären. Emil Brunner hatte einst der Mystik das Wort gegenübergestellt und damit ein Anliegen der Dialektischen Theologie profiliert.[20] Nicht eine mystische Annäherung oder gar Verschmelzung von Mensch und Gott sei dem christlichen Glauben gemäß, sondern die personale Begegnung im Wort. Mystik gehöre zur Religion, zum Glauben aber das Wort. Das Wort markiert die kategoriale Unterscheidung von Glaube und Religion.

Solche Vorbehalte sind heute nicht verschwunden, aber doch wesentlich leiser geworden. Es liegt wieder nahe, Momente, die in einem weiteren Sinn „mystisch" genannt werden dürfen, auch für die Predigt zu erwarten. Ich selbst habe mit meiner Rede von der Predigt als „Ereignis" oder „Event" der Erwartung Vorschub geleistet, im Predigtgeschehen selbst oder doch im Nahbereich des Kanzelgeschehens würden sich die beiden Zeiten vermitteln.[21] Zwar habe ich in aller Regel den „Event" durch den Zusatz „potenziell" entschärft: Die Predigt *kann*, so signalisiert das Beiwort, zum Ereignis werden. Aber eine Überschrift wie „Predigt als Ereignis" mindert dann doch wieder die Potenzialität. Auch mein Rekurs auf die Formel *to make things happen* der nordamerikanischen Homiletik kann den Eindruck erwecken, als wolle ich den mystischen Moment „machen". Kristian Fechtner hat den kritischen Punkt markiert, wenn er befürchtet, ich hätte, jedenfalls konzeptionell, die Tendenz, die Hörenden „inszenatorisch gleichsam zu überwältigen".[22]

---

17 Ebd., 133.

18 Kaiser, Wilhelm Kempff, 574.

19 Reinhard J. Brembeck, Fack ju Mozart?, in: SZ vom 22.01.2014; vgl. Nicol, Gottesklang, 259.

20 Vgl. Brunner, Die Mystik und das Wort.

21 Vgl. Nicol, Einander ins Bild setzen, 26f., 114–117 u.ö.

22 Fechtner, Performative Homiletik, 95. Inszenatorische Überwältigung kollidiert sicher mit der Freiheit meiner Hörerinnen und Hörer; deswegen nehme ich hier auch etwas den Druck zurück, den ich damals mir und anderen gemacht habe. Dass aber Gottes Geist Einzelne aus der Gemeinde so „überwältigen" könnte, dass sie zum Schluss nicht aus Gewohnheit, sondern aus Überzeugung „Amen" sagen, will ich nicht ausschließen. Das sollte man bei der „Freiheit der Subjekte" einschränkend doch auch bemerken.

Heute würde ich anders formulieren. Denn mit der mystisch-romantischen Vorstellung vom Moment, in dem sich Himmel und Erde berühren, verträgt sich mein Zwei-Zeiten-Modell nur bedingt. Ihm eignet eine Unterschiedenheit der Zeiten. Nicht mehr der erfüllte Moment im Geschehen der Kanzelrede schwebt mir beim Predigtmachen vor Augen. Es ist vielmehr die Gotteszeit in ihrer Fremdheit und Abständigkeit zur Zeit der Welt, die ich herausstellen will. Welche Art von Erleben ich damit anstoße, muss nicht meine primäre Sorge sein. Ob meine Predigt mystische Momente auslöst, blitzartig das Denken erleuchtet, das Handeln herausfordert, Widerstand provoziert, sich unmerklich ins Leben einfädelt oder schlicht ins Leere geht, kann ich nicht planen und nicht erwarten. Es ist eine merkwürdige Situation, in die ich da gerate: Einerseits kann ich nicht erwarten, dass sich überhaupt etwas tut, während ich andererseits erwarten muss, dass sich etwas tut, was ich nicht erwarten kann.

Wenn ich mit der Predigt beschäftigt bin, dann arbeite ich im Spannungsfeld vom Wort, das im Anfang war, und den Wörtern, die ich am Sonntag sagen werde. Das Handwerk gilt den Wörtern, während ich den Moment, in dem die Zeiten zusammenklingen, dem Wort überlasse. Die Predigt ist kein Film, die Kirche kein Kino; die perfekte Illusion bleibt dem Kino vorbehalten. Aufgabe ist es nicht, während der Predigt oder in ihrem Nahbereich für mystische Momente zu sorgen. Die Predigt kann Wege begehbar halten, auf denen sich dann und wann solche Momente ereignen. Im Gottesdienst spielt sie lediglich die Gotteszeit so in die Gegenwart ein, dass sie nicht in den Hintergrund oder gar in Vergessenheit gerät. Aber was dabei passieren könnte, liegt für die Person auf der Kanzel außer Reichweite. Denn der Moment ist immer außerordentlich. Er fügt sich nicht ins Konzept. Nicht die Ausrichtung auf den außerordentlichen Moment propagiere ich für die homiletische Praxis, sondern eine spielerische, sorgfältige, detailbesessene Liebe zu den Worten, Bildern und Geschichten der Bibel.

Gott nicht klein reden

Wie sich Banalitäten vermeiden lassen

Die Aufgabe der Predigt ist es, von Gott zu reden. Eine Predigt, die nicht von Gott reden wollte, wäre wie eine Wahlkampfrede, die über alles reden würde, nur nicht über Politik. Freilich hat Karl Barth vor die pastorale Aufgabe das Vorzeichen gesetzt, das noch immer ebenso ärgerlich wie richtig ist: „Wir sind […] Menschen und können als solche nicht von Gott reden."[23] Gleichwohl tun wir es. Und wir müssen es tun, weil der Auftrag so lautet. Karl Barth ist unerbitt-

[23] Barth, Das Wort Gottes als Aufgabe der Theologie [1922], 199.

lich: „Wenn die Kirche das nicht tun wollte, könnte sie von Gott nur schweigen, eventuell lallen oder musizieren. Sie wagt es aber von Gott zu *reden*. Das ist ein unmögliches Unternehmen.“[24]

Sich ein Leben lang einer unmöglichen Aufgabe zu verschreiben, ist anstrengend. Es liegt nahe, das Unmögliche möglich und das Große klein zu machen. Dann aber kommt meine Rede dem gefährlich nahe, was sie auf jeden Fall vermeiden wollte: Gott klein reden.

Am Ende einer fünftägigen Fortbildung im Predigen wurde ich mit einer Frage konfrontiert, die mich verblüffte. Sie begleitete meine Predigtarbeit schon immer. Aber so explizit hatte ich sie mir noch nicht gestellt: Was kann ich tun, um Banalitäten zu vermeiden? Banalitäten will ich ja nicht nur beim Predigen vermeiden, sondern eigentlich immer. Die Frage klingt einfach, eine Antwort fällt schwer.

Es liegt nahe, auf die Theologie zu verweisen, die hinter jeder Kanzelrede stehen sollte. Eine banale Theologie wird auch für die Predigt banale Folgen haben. Einen Sicherheitsabstand zur Banalität hält eine Theologie dann, wenn sie fundamentale Spannungen nicht löst, sondern offenhält.

„Und Gott wird abwischen alle Tränen von ihren Augen“, heißt es in der Offenbarung.[25] Im Rahmen einer Fortbildung erkannte eine Teilnehmerin „auch hier die kleinen, aber konkreten Zeichen der Nähe Gottes“. Sie schildert dann Situationen, in denen „ein Taschentuch gereicht oder die Tränen abgewischt werden“, und schließt diese Passage mit einem resümierenden Satz: „Im Abwischen der Tränen ist Gott mit seiner Liebe mitten unter uns gegenwärtig.“ Nicht dies, dass die Pfarrerin an Situationen erinnerte, in denen Tränen getrocknet wurden, ist das Problem. Jeder Mensch, dessen Tränen liebevollen Trost erfahren, darf bekennen, hier sei in seinem Leben Gott am Werk gewesen. So etwas ist nicht banal, sondern bewegend. Zur Banalisierung kommt es mit der Umrechnung des endzeitlichen Trostes der Bibel in die kleinen Tröstungen des Alltags. Wenn die Predigerin Gott geradezu definitorisch an solche Situationen bindet, dann bewegt sie sich an der Grenze zur Banalität.

Aber die Frage war konkreter; sie ging aufs Tun: Was kann ich in der konkreten Predigtarbeit tun, um der drohenden Banalisierung entgegenzuwirken?

Nicht nur der Teufel, auch der liebe Gott steckt im Detail.[26] Beim Predigen denke ich vor allem an Details des Bibeltextes. Es kann eine Entdeckung philologischer Art sein oder auch die Verwunderung, dass der Text etwas, das ich erwartet hätte, gerade nicht verzeichnet. Keinesfalls geht es vorschnell darum, was der Text als ganzer sagen wolle. Es geht um kleine, auch scheinbar neben-

24 Barth, Menschenwort und Gotteswort in der christlichen Predigt [1924], 96.

25 Offb 21,4.

26 Vgl. Frank Zöllner, Aby Warburg erkennt den lieben Gott im Detail, in: FAZ vom 11.05.2016.

sächliche Beobachtungen am Text. Da bleibe ich hängen, lasse nicht locker, klopfe an, beharrlich, hartnäckig.[27] Ich will, dass der Text sich öffnet. Einen Spalt weit. Dass ich eintreten kann. Oder dass ich zumindest einen Fuß in die Tür bekomme.

Gott steckt im Detail, das Wort ist in den Wörtern, und die Liebe zum Detail hat eine große Perspektive. Nicht das Große klein reden, sondern im Kleinen Großes erwarten! Diese Devise gibt mir keine Sicherheit, aber eine Chance, dass sich, diesmal wenigstens, Banalitäten vermeiden lassen.

---

27 Vgl. Nicol, Meditation bei Luther, 48 f., 175–181: Schriftbetrachtung heißt, mit Mose an den Fels schlagen (Ex 17,6; Num 20,11) und beharrlich beim Text anklopfen (Lk 11,5–10). So beschreibt Martin Luther seinen Umgang mit dem Bibelwort im Kontext der reformatorischen Entdeckung.

Licht vom Licht

Thema: Menschwerdung

Heiligabend
24. Dezember 2012, 22.30 Uhr
Martin-Luther-Kirche
Erlangen-Büchenbach

1 Gott wurde Mensch

Merkel wurde Kanzlerin. Obama wurde Präsident. Und Gott wurde Mensch. Okay. Aus jedem ist was geworden.

Aus fast jedem wird mal was. Auch wenn es ihm oder ihr nicht in die Wiege gelegt war. Merkel, die ostdeutsche Pfarrerstochter: Kanzlerin. Obama, der farbige Amerikaner: Präsident. Und Gott?

In den zwei Jahrtausenden, die seit dem ersten Weihnachten ins Land gegangen sind, haben wir uns daran gewöhnt: Gott wurde Mensch. Der Satz geht uns kirchlich leicht über die Lippen. Signalisiert Normalität. Gott wurde Mensch. Okay.

2 Mach's wie Gott

Gott wurde Mensch. Wie problematisch dieser Satz ist, wurde mir klar, als mir dieser Tage die Schlagzeile ins Auge sprang: „Mach's wie Gott – werde Mensch!"

Es war eine sehr fromme Zeitschrift, in der das stand. Keine Karikatur also, keine Ironie. Nein, der das sagte, meinte es ernst: Mach's wie Gott – werde Mensch!

So sehr haben wir die Vorstellung von einem menschlichen Gott gepflegt: dass Gott Mensch wurde, ganz und gar Mensch, Mensch wie du und ich. So sehr haben wir Gott Mensch werden lassen, dass die abenteuerliche Vorstellung entstehen konnte, man könnte irgendetwas machen wie Gott. Man muss Gott schon sehr klein machen, um ihn nachzumachen: Mach's wie Gott – werde Mensch!

3 Das größte Drama aller Zeiten

Gott wurde Mensch? Was uns kirchlich so leicht über die Lippen geht, erregte Aufsehen. Bei einer Frau, die besser wusste als andere, was Spannung ist. Dorothy Sayers, die englische Kriminalschriftstellerin. Dass Gott Mensch wurde, so Sayers, sei „das größte Drama aller Zeiten".[28]

Damit meinte sie nicht die Geschichte des Jesus von Nazareth. Die war auch spannend. Aber, bei Licht besehen, nicht außergewöhnlich.

Tod am Kreuz? Kurz und bündig: Dieser Tod war schlimm. Aber es haben Menschen von Menschenhand noch weit Schlimmeres erlitten.

Geburt im Stall? Jede Geburt eines unserer Kinder hat mich mehr bewegt. Bilder trage ich im Herzen, die näher am Leben sind als die Bilder von der Geburt Jesu.

Nicht die Geschichte des Jesus von Nazareth sei der Stoff für das größte Drama aller Zeiten. Meinte Dorothy Sayers. Nicht eine Geschichte von Geburt, Leben und Tod. Sondern das Geheimnis: Gott wurde Mensch. Nein: *Gott*, der war, *ehe denn die Berge wurden und die Erde und die Welt geschaffen wurden*,[29] *Gott* wurde Mensch.

4 Geheimnis der Nacht

Dass Merkel Kanzlerin wurde und Obama Präsident – das ist erstaunlich, aber erklärbar. Dass Gott Mensch wurde, ist nicht erklärbar. Das ist keine Tatsache: als ob aus Gott doch noch etwas geworden sei. Das ist überhaupt nicht in einen simplen Satz zu fassen. Dass Gott Mensch wurde, ist und bleibt ein Geheimnis. Ein, so die Bibel, *kündlich großes Geheimnis*.[30]

Warum bin ich denn in die Kirche gekommen, so spät in der Nacht? Um den blassen Satz wieder zu hören, dass Gott Mensch wurde? Oder um Sprüche zu klopfen wie diesen: „Mach's wie Gott – werde Mensch"?

Ich bin spät in der Nacht in die Kirche gekommen, um mich dem Geheimnis der Weihnacht zu nähern. Geheimnisse aber werden nicht mit Sätzen auf den Punkt gebracht wie die unbestreitbare Tatsache, dass Angela Merkel Kanzlerin wurde. Geheimnisse werden mit Worten aufgespürt wie mit einer Wünschelrute. Solche Worte nenne ich: Wünschelworte.

---

28 Sayers, Das größte Drama aller Zeiten [engl. 1938].

29 Ps 90,2.

30 1Tim 3,16.

Ich finde solche Wünschelworte in dem sogenannten Nizänischen Glaubensbekenntnis, das bei uns Evangelischen an hohen Feiertagen gesprochen wird. Für mich gehören sie zu den dichtesten, schönsten und fremdesten Formulierungen für das Geheimnis dieser Nacht:

Wir glauben, so heißt es da, an den Herrn Jesus Christus […], *aus dem Vater geboren vor aller Zeit: Gott von Gott, Licht vom Licht, wahrer Gott vom wahren Gott …* Der ist es, der da Mensch wurde.

Die Worte sind fremd: *Gott von Gott, Licht vom Licht.* Müssen sie auch sein, wenn sie an ein Geheimnis rühren sollen. Mit solchen Wünschelworten sehe ich in der Weihnachtsgeschichte nicht nur ein Kind in der Krippe oder Maria und Josef, die auf etwas undurchsichtige Weise Eltern geworden sind. *Gott von Gott, Licht vom Licht* – solche Worte weisen mich auf die Ungeheuerlichkeiten der Weihnachtsgeschichte. Beispiel: die Engel, die da sangen. Ohne die Engel wäre dies lediglich eine sehr menschliche Geschichte. Weil aber die Engel sangen, ist klar, dass die Weihnachtsgeschichte ist, was sie ist: das größte Drama aller Zeiten. *Gott von Gott, Licht vom Licht* – der kam zur Welt in jener Nacht. *Ehre sei Gott in der Höhe!*[31]

[31] Lk 2,14.

Kommentar

Bonuspredigt

Diese Predigt war eine Bonuspredigt. Eine Predigt also, die es nicht gebraucht hätte. Eine Predigt, die trotzdem gehalten wurde. Und eine Predigt, welche die Menschen, die zuhörten, gebrauchen konnten. Jedenfalls hoffe ich, dass das im einen oder andern Fall so gewesen ist.

Im evangelischen Gottesdienst erzeugt jeder Ausfall von Predigt ein Defizitgefühl. Und zwar massiv. Martin Luther ging in dieser Sache wenig hilfreich voran. Er ahnte nicht, wie sehr er mit seinem Beharren auf der Predigt dem Bibelwort Abbruch tun und pastoraler Redseligkeit Auftrieb geben sollte. In seiner ersten liturgischen Reformschrift bemerkte er zu den biblischen Lesungen:

> „[...] daß die christliche Gemeinde nimmer zusammenkommen soll, es werde denn daselbst Gottes Wort gepredigt und gebetet, es sei auch aufs kürzeste [...]. Darum: wo nicht Gottes Wort gepredigt wird, ists besser, daß man weder singe noch lese noch zusammenkomme. [...]
> Und wo dies nicht geschieht, so ist die Gemeinde durch die Lesung um nichts gebessert, wie bisher in Klöstern und Stiften geschehen ist, da sie nur die Wände angeblökt haben."[32]

Keine Lesung ohne Predigt: Was für eine fatale Devise! Bis heute sind im Protestantismus selbst Morgen- und Abendandachten unter der Woche, ganz zu schweigen vom Gottesdienst am Sonntagmorgen, ohne pastorale Auslegung nicht wirklich denkbar. „Wort Gottes" reduziert sich auf Pastorenrede, der Bibeltext verschwindet hinter seiner Auslegung.

In den Gottesdiensten an Heiligabend lässt sich das Problem besonders deutlich fassen. Christvesper und Christmette gehören vom gottesdienstlichen Format eigentlich zu den Stundengebeten. Wo der Heilige Abend noch nicht zum liturgisch inkompatiblen Event in der Volkskirche mutierte, ist die Herkunft aus dem Stundengebet an der Art der einzelnen Sequenzen erkennbar: Lesungen, Psalmen bzw. Lieder, Gebete. So betrachtet hätte der Gottesdienst an Heiligabend eine theologisch und liturgisch höchst reizvolle Aufgabe: am Vorabend des 25. Dezember mit biblischen Lesungen, mit Gesängen und Gebeten das Weihnachtsfest erwartungsvoll anklingen lassen. Und das ohne Predigt. Was sollte auch am Abend gesagt werden, wenn am nächsten Tag, am zweiten Feiertag und gelegentlich noch am unmittelbar anschließenden Sonntag ausführlich und mehrfach zu Weihnachten gepredigt wird?

Warum also eine Predigt an Heiligabend? Wie nirgends sonst im Kirchenjahr sind Lesungen und Lieder einer Vielzahl von Gottesdienstbesuchern bekannt, teilweise sogar vertraut. Darauf könnte man sich eigentlich verlassen. Haben

---

32 Luther, Von der Ordnung des Gottesdiensts in der Gemeinde, in: LD 6, 82–85, hier: 82 f.

Pastorinnen und Pastoren etwa Angst, das Geheimnis der Menschwerdung werde ohne ihre Kanzelrede missverstanden? Der Druck auf Predigerinnen und Prediger, in der emotional aufgeladenen Situation des Weihnachtsabends das entscheidende Wort sagen zu müssen, ist jedenfalls enorm: was Weihnachten überhaupt, was es speziell in diesem Jahr, was es für dich ganz persönlich und für uns alle, was es für die hier versammelten Menschen, für unsere Gesellschaft und für die Welt bedeute. Das ist zu viel. Zu viel in jedem Fall für einen Vorabend, einen Auftakt zum mehrtägigen Fest.

Dass ich an jenem Vorabend gleichwohl eine Weihnachtspredigt hielt, mag verwundern. Liturgisch ist das inkonsequent. In der Inkonsequenz steckt freilich auch eine nicht minder liturgische Konsequenz: dass ich als Gast den vorfindlichen Gottesdienst zu achten habe. Die Gemeinde hat zwar nicht das Recht, allein über ihren Gottesdienst zu entscheiden (ius liturgicum). Aber sie hat ein gewisses Recht auf ihren Gottesdienst. Hinzu kommt die stark affektive Gestimmtheit, mit der die Gemeinde den Gottesdienst am Heiligen Abend erwartet. Die Predigt gehört, ob ich das richtig finde oder nicht, in diese Erwartung hinein. Darauf zu verzichten, käme einem Affront gleich.

Meine Aufgabe war es nicht, liturgische Richtigkeiten zu demonstrieren, sondern mit der Gemeinde erste, tastende Schritte auf dem weihnachtlichen Weg im Geheimnis zu gehen. Das habe ich mit einer eher kurzen Predigt für die nächtliche Gemeinde versucht.[33]

Wünschelworte

Am Ende von Move 4 findet sich ein Wort, das vermutlich niemand kennt: Wünschelworte. Ursprünglich war da zu lesen: Wünschelrutenwörter. In der älteren Fassung ist noch der Vergleich greifbar: Wie der Wünschelrutengänger mit der Wünschelrute verborgenen Wasseradern nachspürt, so ist der Prediger mit Worten einer Wirklichkeit auf der Spur, die dem normalen Blick ebenfalls entzogen ist.

Erst jetzt, bei der Durchsicht der Predigt von damals, hatte ich den Einfall, den Vergleich durch die Metapher zu ersetzen. Ich spreche nun nicht länger von Wörtern, die *wie* eine Wünschelrute wirken. Meine „Wünschelworte“ sind Wörter oder Formulierungen, die eine ganz eigene Wirkung entfalten. Sie tauchen, wenn sie gesprochen werden, die vorfindliche Wirklichkeit in unerwartet anderes, auch in fremdes und befremdendes Licht. Sie verändern mir die Wirklichkeit, indem sie Entlegenes verknüpfen und überraschende Zusammenhänge herstellen.

---

33 Vgl. zu den grundsätzlichen Fragestellungen der Liturgik: Nicol, Weg im Geheimnis, 65–89 (Von der Predigt zum Wort) und 135–161 (Kultbuch Bibel).

Dachte ich zunächst, das Wort sei tatsächlich neu, so hat einer meiner Hörer mich eines Besseren belehrt. Er verwies auf Friedrich Wilhelm Weber (1813–1894) und sein Versepos „Dreizehnlinden". Da wird geschildert, wie der Schmied Fulko einem Pferd die Hufeisen anpasst: „Und die Eisen unterschlagend, / Raunt' er leise Wünschelworte".[34] Dieser Beleg ist hilfreich, zeigt er doch, was Wünschelworte im Kontext von Homiletik niemals sein sollen: magische Worte, Zauberformeln, Beschwörungen. Denn die Worte, die jener Schmied sprach, stellten den Hammersegen des germanischen Gottes Donar dar. Nein, dergestalt magisch sind meine Wünschelworte nicht.

Reiner Kunze (geb. 1933), der Lyriker, kennt den Terminus nicht. Aber wie „Wünschelworte" wirken, hat er, bewährt knapp, in ein Gedicht gefasst:[35]

POETIK
Für Jakub Ekier

So viele antworten gibt's,
doch wir wissen nicht zu fragen

Das gedicht
ist der blindenstock des dichters

Mit ihm berührt er die dinge,
um sie zu erkennen

Reiner Kunze
1997

Was in Rede steht, ist das Verhältnis von Sprache und Wirklichkeit. Für viele Menschen gibt es die eine Wirklichkeit. Die kann man mit den Sinnen wahrnehmen und mit Geräten vermessen. Die Sprache tut nichts anderes, als diese Wirklichkeit zum kommunikativen Gebrauch mit Begriffen zu belegen. Einem dergestalt instrumentellen Verständnis von Sprache steht ein hermeneutisches Verständnis gegenüber: Wir haben Wirklichkeit nicht ohne Sprache. Wie ich von der Welt spreche, so habe ich sie. Jeder spricht etwas anders von der Welt. Also sieht auch jeder eine etwas andere Welt. Wirklichkeit und Sprache gibt es nicht unabhängig voneinander.

Bei Kunze bringt schon die Widmung an Jakub Ekier (geb. 1961) das hermeneutische Verständnis von Sprache zum Ausdruck. Ekier ist ein polnischer Lyriker, der auch Gedichte von Reiner Kunze ins Polnische übertragen hat. Man darf die Widmung mit einiger Sicherheit als Anspielung auf den Vorgang des Übersetzens werten. Da bespricht ein und dasselbe Gedicht in zwei Sprachen

34 Weber, Dreizehnlinden, 157 [Buch XI].
35 Kunze, poetik, in: ders., ein tag auf dieser erde, 81.

auch zwei unterschiedliche Welten. Denn im Medium der fremden Sprache stellt sich die Wirklichkeit anders dar als im deutschen Original.

Wer also meint, man habe doch Augen im Kopf und kenne die Welt, irrt. Nicht einmal die Dinge können wir erkennen. Ohne die Sprache würden wir blind durch die Welt laufen. So ist das in der Lyrik. Und so ist das in der Kanzelrede, wo ein Prediger oder eine Predigerin das Unmögliche wagt: von Gott zu reden. Da brauchen und gebrauchen wir die Wünschelworte der Bibel und der kirchlichen Tradition, weil es ganz und gar unsicher ist, ob die eigenen Wörter bei Gottesnähe ausschlagen würden.

Inkarnationskrimi

Wie spannend die Menschwerdung bzw. Inkarnation Gottes tatsächlich ist, hat uns eine Frau gelehrt, die sich mit Spannung bestens auskannte: die englische Kriminalschriftstellerin Dorothy L. Sayers (1893–1957). Sie hatte 1938 einen Essay veröffentlicht: „The Greatest Drama Ever Staged". Aufmerksam auf diese Schrift wurde ausgerechnet Karl Barth. Offenbar las er, wenn er gerade nicht an seiner Dogmatik schrieb, mit Begeisterung Kriminalromane, darunter auch solche von Dorothy Sayers. Er übersetzte den Essay und veröffentlichte die Übersetzung nach dem Krieg.

Die Literatin schreibt Sätze, die angesichts einer oft behaupteten Langweiligkeit des Dogmas aufhorchen lassen:

> „Der christliche Glaube ist das aufregendste Drama, das der menschlichen Einbildungskraft je geboten wurde. Und gerade im Dogma ist er als dieses Drama verstanden und dargestellt!"[36]

Es geht Dorothy Sayers keineswegs nur um die irdische Geschichte Jesu von der Geburt bis zum Kreuz. Um die geht es auch, und schon die wäre spannend. Aber in erster Linie geht es um die Geschichte Gottes. Und zwar des Gottes, der Mensch wird. Das Dogma der Inkarnation sei das Drama. Uns Theologen entlockt die Inkarnation oft nur langatmige Erklärungen. Dagegen Dorothy Sayers:

> „Wenn das langweilig ist, was, ums [sic!] Himmels willen, ist dann wert, aufregend genannt zu werden?"[37]

Was die Schriftstellerin für die Inkarnation behauptet, darf insgesamt für das Handeln Gottes mit der Welt und den Menschen angenommen werden. An diesem Punkt würde ich gerne weiterdenken. Dafür aber war in einer Bonuspredigt zu Weihnachten nicht der Ort. Wenn ich bei Hörerinnen und Hörern

---

[36] Sayers, Das größte Drama aller Zeiten, 27.
[37] Ebd., 30.

überhaupt Interesse geweckt habe, dann blieb ihnen vermutlich eine Frage, die ich angeschnitten, aber nicht ansatzweise gelöst hatte: Wie kann ich, mitten in der Weltzeit, mit Wünschelworten Gotteszeit aufspüren? Eine so weitreichende Frage hätte ich an Heiligabend lieber aufsparen als antippen sollen. Dennoch freut es mich, wie im Umfeld jener Predigt so etwas wie eine neue Wortart in den Blick kam. Oder jedenfalls ein Begriff, der die Wirkung bestimmter Worte im Spannungsfeld von Weltzeit und Gotteszeit anschaulich und, wie ich finde, auch ganz witzig zu fassen vermag: Wünschelworte.

V
Einander ins Bild setzen
Kommunikation im Evangelium

Im Licht der Verheißung
Die Frage nach „dem Hörer“

Herr Nicol, wo bleibt der Hörer? Die Frage begleitet mich seit den Anfängen der Dramaturgischen Homiletik. In der Tat habe ich die Menschen, die unseren Predigten zuhören, in meiner Programmschrift nicht eigens thematisiert. Sicher, sie waren immer im Blick. In meinem Blick – und damit nicht notwendig auch im Blick der Leserinnen und Leser. Die Frage ist also durchaus verständlich. Für eine Antwort folge ich Rudolf Bohren und Ernst Lange. Weithin gelten sie noch immer als Antipoden. Aber darin, wie sie ihre Hörerinnen und Hörer theologisch im Konzept verorten, sind sie sich durchaus ähnlich. Wenn man aktuell Ernst Lange für die Gegenwart profiliert und Rudolf Bohren faktisch verschweigt, wird das weder der theologiegeschichtlichen Situation von damals noch den aktuellen Herausforderungen gerecht. Ruth Conrad stilisiert Lange ausführlich zum Vorkämpfer einer modernen Homiletik, während Bohren lediglich unter dem „langen Schatten“ verbucht wird, den das Theologumenon vom selbstwirkenden Gotteswort bis heute werfe.[1] Bohren selbst hat sich nicht unpolemisch, aber in der Sache doch seriös mit Lange auseinandergesetzt.[2] Ernst Lange (1927–1974) und der nur sieben Jahre ältere Rudolf Bohren (1920–2010) gehören homiletisch zusammen. Man kann sie nicht harmonisieren, aber man

---

1 Conrad, Weil wir etwas wollen!, 77.

2 Bohren, Predigtlehre, 449–452 u. ö.

darf ihre unterschiedlich akzentuierten Antworten auf die, wie man damals sagte, „Frage nach dem Hörer“ auch nicht auseinanderreißen.

Ernst Lange war ein Visionär. Was er wollte, war gesellschaftlich an der Zeit. Homiletisch hat er „den Hörer“ gewürdigt. Er hat also Hörerinnen und Hörer mit der Person, die seit alters von oben herab predigte, auf Augenhöhe gebracht. Er imaginierte ein Modell von Kommunikation, wie es zu gleicher Zeit auch Rudolf Bohren vorschwebte. Hörerinnen und Hörer seien als Menschen anzureden, in deren Leben, lange bevor ich zu ihnen rede, Gott bereits am Werk ist. Beide thematisierten den Hörer nicht losgelöst von der Gotteszeit.[3] Ernst Lange wollte die Menschen, die der Predigt zuhören, „im Licht der Verheißung“[4] gewürdigt sehen, während Bohren sie in kühnem Schwung gleich zum „Evangelium für den Prediger“[5] erhob.

Die Frage nach „dem Hörer“ war mit der konzeptionellen Würdigung noch lange nicht nachhaltig beantwortet. Langes Impuls zum „Gespräch mit dem Hörer“ trug weiter. Die prinzipielle Dialogik wurde durch eine neue und neuartige Reihe von Predigthilfen institutionalisiert. Jeweils zwei Bearbeiter probten zu einem Predigttext den Dialog und publizierten das Ergebnis in den „Predigtstudien“. So wurde der 22. September 1967 tatsächlich zu einer „Sternstunde der Homiletik“.[6] Damals hatte Ernst Lange sein programmatisches Referat über die Predigtarbeit gehalten.[7] Von da an war der monologischen Predigt irreversibel ein dialogisches Modell eingezeichnet. Was damals mit den „Predigtstudien“ vor allem die pastorale Vorbereitung auf die Predigt veränderte, fand später in der Entdeckung der rezeptiven Eigenaktivität beim Hören der Predigt seine Weiterführung.

„Der Hörer“ war, wenn auch nicht vergleichbar dialogisch, selbstverständlich schon vor Ernst Lange im Blick. Gegen Ende des 19. Jahrhunderts dekretierte Ernst Christian Achelis: „Homiletik ist Theorie der Gemeindepredigt.“[8] Als solche richte sich die Kanzelrede mit dem Ziel der „Erbauung“ an Menschen, die bereits als gläubig und zur Gemeinde gehörig zu betrachten sind. Eine andere Ausrichtung weist die Predigt auf, wenn sie einer missionarischen Zielsetzung folgt und Menschen für Glauben und Gemeinde allererst zu gewinnen trachtet. Das eine hat seine Logik wie das andere. Nichts aber sei schädlicher als das

---

3 Wie stark das dialektisch-theologische Erbe auch bei Ernst Lange die Homiletik bestimmt, hat Jan Hermelink eindrücklich herausgearbeitet: Hermelink, Die homiletische Situation, 156–222.

4 Lange, Zur Aufgabe christlicher Rede, 65: Predigt ist „Rede mit dem Hörer über sein Leben im Licht der Verheißung“.

5 Bohren, Predigtlehre, 470–473.

6 Conrad, Weil wir etwas wollen!, 18.

7 Lange, Zur Theorie und Praxis der Predigtarbeit.

8 Achelis, Praktische Theologie, 120. Ich beziehe mich auf den einbändigen Grundriss, nicht auf das Lehrbuch.

Schwanken zwischen beiden Ansätzen, bemerkte Friedrich Schleiermacher.[9] Dieser Hinweis hat bis heute sein Recht. Es genügt, sich den keineswegs seltenen Fall vor Augen zu führen, dass von der Kanzel ausgerechnet diejenigen, die gar nicht da sind, für ihre Abwesenheit getadelt werden. Solche Predigt missioniert weder die, an die sie sich eigentlich richtet, noch erbaut sie diejenigen, die sich das anhören müssen.

Die Unterscheidung der Redestrategie in Mission und Erbauung ist eine genuin theologische Unterscheidung. Sie leistet noch immer so etwas wie Erste Hilfe, wenn ich mich in einer unbekannten Predigtsituation auf die zu erwartende Hörerschaft einzustellen versuche. Aber an die homiletische Vision eines Lange oder Bohren reicht sie nicht heran. Problem ist das Defizitmodell, das jene klassische Unterscheidung nach beiden Seiten bestimmte. Denn in ihr wird der zu erbauende wie auch der zu missionierende Hörer durch ein Defizit markiert: Entweder ist der Glaube nicht stark genug (Erbauung) oder er ist noch nicht vorhanden (Mission). In jedem Fall muss sich die Person auf der Kanzel die Behebung des Defizits zur Aufgabe machen. Mission wie Erbauung bedeuten demnach für die Predigtperson ein aktives Geben, für die hörende Person aber ein passives Nehmen; der eine gibt, was dem anderen fehlt. Mit Augenhöhe hat das nichts zu tun.

Anders bei Lange und Bohren. Da kommt den Menschen, die meine Predigt hören, von Gott her Größe zu. Wer gotteszeitlich groß ist, den muss ich nicht mehr groß machen und erst recht nicht klein. Gotteszeitlich begegnen wir uns auf Augenhöhe. Grundsätzlich jedenfalls. In der Realität freilich begünstigt die Kanzelrede mit ihrem Setting, das den Prediger oder die Predigerin hoch über die Gemeinde stellt, ein autoritäres Gebaren. Wenn ich der Person auf der Kanzel nun auch noch die Pflicht und die Fähigkeit zuspreche, den einzelnen Hörer oder die Hörerin in deren jeweiliger Situation abzuholen, milieuspezifisch anzusprechen oder seelsorglich anzurühren, dann fördert das in vielen Fällen nicht eine Begegnung auf Augenhöhe, sondern die Fantasien pastoraler Allmacht.

Ich selbst spreche von den Hörerinnen und Hörern zunächst in dem Horizont, der sich im Buchtitel „Mehr Gott wagen" andeutet. Wenn es darum geht, in Zeiten der Indifferenz Gott zu wagen, dann kann ich zwischen der Person, die predigt, und den Personen, die zuhören, nicht wirklich unterscheiden. Die Person auf der Kanzel wagt es, von Gott zu reden – ohne zu wissen oder auch nur wissen zu können, ob sie es mit Betern zu tun hat, mit Gottsuchern oder mit Leuten, die es irgendwie in den Gottesdienst verschlagen hat. Warum auch immer sie gekommen sein mögen, allein schon die Tatsache, dass sie am Sonntagmorgen zur Kirche gehen, bedeutet ein Gotteswagnis. Ob in den Bänken, auf der Kanzel,

[9] Vgl. Schleiermacher, Vorrede, 49.

am Lesepult, an der Orgel oder mit dem Klingelbeutel in der Hand, sie alle wagen Gott. Und deshalb könnten wir einander eigentlich auf Augenhöhe begegnen.

Kommunikation des Evangeliums

Rückruf einer Zauberformel

Was Ernst Lange wollte, war eine kommunikative Kirche. Das betraf im Kontext vielgestaltiger Lebensäußerungen der Gemeinde selbstverständlich auch die Predigt. Die Hörerinnen und Hörer sollten nicht länger abgekanzelt, sondern als potenzielle Gesprächspartner gewürdigt werden. Mit der griffigen Formel von der „Kommunikation des Evangeliums" trat Langes Vision den Marsch durch die Institution an. Die Formel eroberte Kirchenjargon und Theologensprache. Es war die Formel gegen One-Way-Indoktrination, monologische Langeweile und pastorale Dominanz. Es war die Formel für dialogisches Miteinander, für Begegnung auf Augenhöhe und für den Austausch von Erfahrung. Es war die griffige Formel für Ernst Langes Vision, dass die Gotteskraft der Religion sich im Alltag bewähren und das gelebte Leben im Licht der Verheißung aufscheinen werde.

Die „Kommunikation des Evangeliums" hat im Vokabular der Kirche Wurzeln geschlagen; in der Praktischen Theologie hat sie sich auch abseits von Gottesdienst und Predigt unentbehrlich gemacht.[10] Aber gerade weil sie so selbstverständlich im Gebrauch ist, muss sie überprüft werden. Es ist Zeit, die Formel zurückzurufen, sie nach ihrer aktuellen Leistungsfähigkeit zu befragen und gegebenenfalls zu korrigieren.

Grammatikalisch präsentiert sich die Formel als nominale Wendung, bei der sich „Kommunikation" und „Evangelium" mit Hilfe des Genitivs zur „Kommunikation des Evangeliums" verbinden. Ich übertrage die Formel versuchsweise auf das Gebiet der Musik. Dann wäre das, was im Konzert geschieht, Kommunikation der Musik. Und schon beginnt das Fragen. Kommunikation „der" Musik? Sollte es sich um eine bestimmte Musik handeln, müsste diese namentlich genannt sein: Kommunikation dieser Sonate oder jener Symphonie. Sollte es sich aber ganz generell um Musik handeln, würde man auf den bestimmten Artikel verzichten: Kommunikation von Musik. Und schon wird, wenn ich wieder auf Langes Formel blicke, die Qualität des Evangeliums klar, das da in Rede steht. Nicht alles, was irgendwie Evangelium sein könnte, ist gemeint. Es geht um ein sehr bestimmtes Evangelium. Nicht um Botschaften, die wir transportieren, sondern um eine „Kraft Gottes, die selig macht".[11] Das ist ebenso steil wie un-

10 Vgl. Domsgen / Schröder (Hg.), Kommunikation des Evangeliums.

11 Röm 1,16.

verzichtbar, will man „jene eigentümliche aktivische Passivität, wie sie dem Resonanzgeschehen des Evangeliums entspricht“[12], nicht aus dem Blick verlieren.

Ich komme noch einmal auf die Musik zurück und mache den Versuch, aus der nominalen Wendung „Kommunikation der Musik“ einen Satz zu bilden. Ein Satz aber verlangt nach einem Subjekt. Als Interpret beispielsweise kommuniziere ich Musik. Die Musik ist dann das Objekt meines Handelns als Subjekt. Ich kann denselben Vorgang auch aus der Hörer-Perspektive beschreiben. Dann müsste ich den Satz ins Passiv wenden: Musik wird mir kommuniziert. Das aber geht am Beziehungsgeschehen in einem Konzert weit vorbei, bin ich doch nicht ins Konzert gekommen, um mir Musik abzuholen, die mir irgendwie zugestellt wird. Dann also anders: Wir, der Interpret und ich, kommunizieren im Medium von Musik. Ist auch nicht besonders präzise. Denn was bedeutet denn „im Medium von“? Oder man macht versuchsweise die Musik zum Subjekt und formuliert medial: Die Musik kommuniziert sich … Im Verbum „kommunizieren“ steckt ein Element der Sozialität, das man sprachlich eigens repräsentieren könnte: Musik kommuniziert sich in einem wechselseitigen Geschehen von Interpret und Hörer. Das ist einigermaßen sachgemäß. Aber das ist auch das reichlich komplexe Ergebnis einer Bemühung, die bei der strukturell einfachen Formel „Kommunikation der Musik“ ihren Ausgang nahm.

Ich schlage den Bogen zu der, wie ich meine, verwandten Formel von der „Gerechtigkeit Gottes“, die einst Martin Luther inspirierte. Luthers reformatorische Entdeckung war es, dass er den Genitiv anders hörte als die Tradition. Gerechtigkeit war nicht länger nur eine Eigenschaft Gottes: Gott ist gerecht. Sondern Gott wurde nun zum Subjekt: Gott macht gerecht. Die Wendung „Gerechtigkeit Gottes“ fasst in nominaler Verkürzung ein komplexes Stück Heilsgeschichte. In Analogie dazu würde „Kommunikation des Evangeliums“ die kommunikativen Prozesse andeuten, in denen sich das Evangelium als Subjekt des Geschehens zur Geltung bringt.

Eine solche Deutung im Sinne des *genitivus subjectivus* findet derzeit kaum Akzeptanz. So hat sich etwa Wilfried Engemann gegen eine Lesart der Formel ausgesprochen, in der das Evangelium als Subjekt verstanden wird. Oder besser: nicht ausgesprochen. Denn die Option, den Genitiv in der Lange-Formel als *genitivus subjectivus* zu lesen, lehnt er ohne Begründung ab. Es sei denn, man lässt die Karikatur als Begründung durchgehen:

> „Erst recht handelt es sich nicht um einen *genitivus subjectivus*, wonach sich das Evangelium, einmal in Druckerschwärze oder gesprochene Sprache verwandelt, auf mystische Weise selbst auf die Reise schickte, sich seinen Weg bahnte und alle, die ‚es‘ läsen oder hörten, zu Betroffenen machte.“[13]

---

12 Meyer-Blanck, Gebildete Routine, 104.

13 Engemann, Kommunikation des Evangeliums, 16.

Dass eine Karikatur genügen soll, um eine seriöse Option aus der Diskussion zu nehmen, erschließt sich mir nicht. Für mich bleibt der *genitivus subjectivus* eine theologisch sachgemäße und damit auch diskussionswürdige Lesart. Mit der Karikatur und meiner Entgegnung zeigt sich, was das Hauptproblem an der „Kommunikation des Evangeliums" ist: die Sprachgestalt. Denn wenn zwei Genitive gehört werden können, ist die Formel nicht eindeutig. Zudem müssen sich beide Seiten gegen Vorwürfe der Gegenseite wehren. Die Verfechter der „objektiven" Lesart müssen sich gegen den Einwand abgrenzen, sie würden das Evangelium zur Ware degradieren, es passe nicht in das Format einer Message und lasse sich nicht von Subjekten hin und her werfen wie ein Ball. Die Vertreter der „subjektiven" Lesart haben das andere Problem. Sie müssen ständig Bekenntnisse abgeben, dass Gott als Subjekt die menschlichen Subjekte nicht entmündige und dass sich, ganz generell, die autoritären Muster aus dialektisch-theologischen Zeiten definitiv erledigt hätten.

Gleichwohl würde ich eine Formel, die so viel Innovation bewirkt hat, gerne im Spiel halten. Ich schlage eine Modifikation vor: Kommunikation *im* Evangelium. Da schwankt das Evangelium nicht mehr zwischen Subjekt und Objekt in einem mehrdeutigen Genitiv. Da kann im „Evangelium" die „Gotteskraft" mitgehört werden, die für Paulus und Luther so wichtig war.[14] Die Person auf der Kanzel würde von derselben Gotteskraft zum Reden ermutigt, die an diesem Sonntagmorgen Menschen dazu gebracht hat, aus dem Bett, aus dem Haus, am Brunch vorbei und in die Kirche zu kommen. Und die „Kommunikation im Evangelium" wäre, ganz im Sinn von Langes Zauberformel, Kommunikation, und zwar Kommunikation auf Augenhöhe. Denn die bleibt das Anliegen jeder seriösen Homiletik.

Das Leben der Anderen

Wovon Udo Jürgens ein Lied singen konnte

Udo Jürgens und seine Fans ins Spiel zu bringen, wo es um den Prediger und seine Hörer geht, ist kühn bis abwegig. Sänger ist Sänger, Prediger ist Prediger. Fragen des musikalischen Geschmacks stehen dem Vergleich ebenso im Weg wie der Unterschied zwischen einer Masse von Fans und einer Gemeinde von Leuten, die eine Predigt hören. Trotzdem gibt es da etwas, das mich zum Vergleich lockt. Und zwar interessiert mich, wie Udo Jürgens es schaffte, dass so viele Menschen, die er nicht kannte, sich mit ihrem je eigenen Leben[15] in seinen Liedern wiederfanden.

---

14 Vgl. Röm 1,16.

15 Vgl. Kunze, eines jeden einziges leben. Am liebsten hätte ich die wunderbare Formulierung im Buchtitel von Reiner Kunze unverändert übernommen. Aber in meinem Duktus spreche ich besser vom „je eigenen Leben".

Udo Jürgens war ein Star. Über Jahrzehnte hat er erstaunlich oft den richtigen Ton getroffen: „Siebzehn Jahr, blondes Haar", „Ich war noch niemals in New York", „Griechischer Wein", „Merci, Cherie" … Die Liste der Songs, die sich im kulturellen Bewusstsein abgelagert haben, ist lang. Längst ist der Star zum Klassiker geworden. Das Konzert am 7. Dezember 2014 im Zürcher Hallenstadion sollte sein letztes sein. Wenig später war er tot. Den Auftritt aber absolvierte er, achtzigjährig, mit staunenswerter Vitalität. Im Video sieht man, wie ihm das ebenfalls älter gewordene Publikum begeistert folgt. Es sind die Lieder ihres Lebens, die er singt. Die 13.000 Fans, die das Stadion bis auf den letzten Platz füllen, stimmen begeistert ein in den Refrain. Text und Melodie kann man im Schlaf. Und nun erlebt man ihn live. Dort ist er, klein, auf ferner Bühne, auf der Großleinwand aber bis in die Mimik nahe. Dort ist Udo Jürgens. Einer, der mitging durchs Leben. Wenn er am Flügel sitzt und die Akkorde anschlägt, die das nächste Lied intonieren, dann vergisst man für Momente, dass man mit seinen Liedern auch älter geworden ist. Akkorde, Töne, Lieder klingen an. Momente im Leben, die sich mit diesem oder jenem Lied verbinden. Was vergangen ist und manches, was ich vergessen glaubte, ist Gegenwart. Zustimmung im weiten Raum des Stadions. Der achtzigjährige Star spielt virtuos mit der Zeit. Auch mit der eigenen. Erst gegen Ende sind Anzeichen von Müdigkeit zu bemerken. Aber da hat er schon seinen Morgenmantel übergeworfen. Den weißen Morgenmantel, den kultigen, der anzeigt, dass das Konzert unwiderruflich zu Ende geht und damit die Zeitreise durch das eigene Leben. Das Ritual macht es den Fans leichter, das Stadion wieder zu verlassen. Wehmütig. Beschwingt. Zurück in das je eigene Leben. Einen Abend lang hatte man es mit ungezählten Menschen geteilt.

Wer oft und mit homiletisch geschärfter Aufmerksamkeit Predigten hört, stellt zunächst fest, was Udo Jürgens nicht macht:

- Er nötigt niemanden zur Identifikation mit einer Figur im Lied, wie es auf der Kanzel gerne mit Figuren aus der Bibel geschieht („der Pharisäer – das sind wir alle"); in der Predigt wäre das die, wie ich sie nenne, *Forced Biblical Identity*, kurz: *FBI*, deutsch: die verordnete Identifikation mit einer Figur aus der Bibel.

- Er knüpft kein engmaschiges Netz von Situationen, in dem sich im Idealfall jeder oder jede Einzelne verfangen soll („Menschen, die verlassen wurden, die den Job verloren haben, die krank sind und die im Sterben liegen …"); dieses Modell nenne ich *Rasterfahndung*.

- Und er präsentiert auch nicht Menschen als Vorbilder, denen nachzueifern wäre (Martin Luther King, Mutter Teresa, Frère Roger und wer gerade aktuell ist); das sind, zur partiellen Nachahmung, die *Kanzelheiligen*.

So wird keineswegs immer und überall, aber in Einzelfällen doch recht verlässlich versucht, Menschen mit ihrem Leben und ihrer Lebensgeschichte von der Kanzel aus anzusprechen und in die Predigt hereinzuholen.

Udo Jürgens machte es anders. Seine Kunst, das Leben in einfachen Bildern zur Sprache zu bringen, kam ihm ebenso zur Hilfe wie seine Gabe, einprägsame musikalische Melodielinien zu zeichnen. Die Texte allein wären wirkungslos, würde nicht durch die Musik der Affekt wesentlich mit in die Kommunikation einbezogen. In Bildern und Klängen vom gelebten Leben und von Träumen, die über den Alltag hinausgehen, gelang es ihm, ungezählten Hörerinnen und Hörern aus dem Herzen zu singen, zu sprechen und zu spielen.

Udo Jürgens präsentierte sich als einer, der das Leben kennt. Wo ich bin, wo ich gern wäre oder wo ich niemals hinwollte, da war er schon gewesen. Im Himmel, „wo der Mond die Nacht verbringt", kannte er sich aus.[16] Auf Erden war er mit dem Alltag vertraut, kannte das „neonhelle Treppenhaus" und den Geruch „nach Bohnerwachs und Spießigkeit".[17] Selbst die Tiefe war ihm nicht fremd. Eine musikalische Ansichtskarte, die mich erreicht: „Schöne Grüße aus der Hölle"[18] – von Udo Jürgens, klar, von wem sonst. Er kannte sich aus, auch dort. Er fand in so vielen Liedern Worte, die die Stimmung trafen. Sie klangen ganz einfach. Wie gezielt sie gesetzt waren, brauchte man nicht zu wissen. Er griff zu Bildern, die für überwältigend viele Menschen Möglichkeiten zum Andocken boten; seine Figuren waren höchst selten die leuchtenden Vorbilder, die als Kanzelheilige durchgehen würden. Seine Textwelten stellte er sehr bestimmt, sehr suggestiv in den Raum. Er traute seinen Bildern und präsentierte sie so, dass sie, solange das Lied währte, die Welt bedeuteten.

Udo Jürgens verstand sich, so die Tochter, als „Atheist".[19] Umso erstaunlicher ist es, ihn als Gewährsmann für Gottesdienst in einem theologischen Buch zu finden.[20] Dass es dabei sogar um orthodoxe Liturgie geht, vermag auch noch so viel „Griechischer Wein"[21] nicht zu erklären. Vielmehr spricht das Thema des Buchbeitrags für sich: ein Vergleich von Theater und Liturgie.[22] In diesem Zusammenhang kommt die Rede auf Udo Jürgens. Roland Fritsch bezieht sich auf eine Lesung des Künstlers, die am 4. Oktober 2003 in München stattfand.

---

16 Aus: „Folgst du mir" (2002), Text: Thomas Christen. Angaben zu den Liedern: www.udojuergens.de

17 Aus: „Ich war noch niemals in New York" (1982), Text: Michael Kunze.

18 „Schöne Grüße aus der Hölle" (2002), Text: Wolfgang Hofer.

19 Sahner, Merci, 94.

20 Fritsch, „Auf beiden Seiten des Vorhangs".

21 „Griechischer Wein" (1974), Text: Michael Kunze. Zu den angeführten Liedern wird immer Udo Jürgens als Komponist benannt.

22 Vgl. den Untertitel des Beitrags von Fritsch: „Die Göttliche Liturgie – alles (nur) Theater?"

Ob man sie nachliest oder ansieht[23], Udo Jürgens jedenfalls beschreibt sehr eindrücklich, wie es ihm unmittelbar vor einem Auftritt geht:

> „Noch ist es hell, durch einen Spalt im Vorhang, der mich verbirgt, kann ich sie sehen. Eine bunte, anonyme Menge. Beinahe bis unter die merkwürdige zirkuszeltartige Decke der Olympiahalle sitzen sie und warten auf etwas, das sie nicht benennen können, das ich aber erfüllen muß. Jung und alt, Tausende Menschen, jeder einzelne mit seiner eigenen Lebensgeschichte, seinen eigenen Problemen und Glücksmomenten, seinen ganz persönlichen Gründen, heute hier zu sein."[24]

Aus den Worten ist die Sorge des Stars herauszuhören, er könnte an den Menschen vorbeireden. Damit genau das nicht geschieht, benennt er ein Mittel:

> „Ich muß es schaffen, eine Beziehung herzustellen, bis ganz oben zum letzten Rang. Alles, was ich auf der Bühne tue, muss auf die am weitesten entfernt sitzenden Menschen ausgerichtet sein. Nur wenn ich sie erreiche, kann ich in der ganzen Halle gewinnen."[25]

Es wäre ein Ding der Unmöglichkeit, sie einzeln in den Blick zu nehmen. Aber er kann bei der Komposition eines Liedes eine Faustregel beachten. Sie entspricht ungefähr dem, was sich oft ganz von selbst einstellt, wenn man, den Predigttext für nächsten Sonntag im Kopf, eine Woche lang durch die Gemeinde und durchs Leben geht. Da treten aus den vielen Menschen, denen ich begegne, einige wenige heraus, die mich imaginär begleiten und die mir am Sonntag auf der Kanzel als imaginäre und auch reale Hörerinnen oder Hörer vor Augen sind. Udo Jürgens machte aus dieser Erfahrung eine Faustregel: Richte deine Bühnenpräsenz an den Menschen aus, die am weitesten von dir weg sitzen!

Udo Jürgens beschreibt dann, wie es ihm auf der Bühne geht. Worte sind das voller Kraft. Sie imaginieren einen Zustand des Schwebens, der süchtig machen kann:

> „Nie spüre ich mich stärker. Nie weiß ich besser, wer ich bin und warum ich lebe, als in diesen Minuten, diesen Stunden, wenn es gelingt. Für Momente kann ich das Zentrum des Universums sein, unbesiegbar, frei wie ein Vogel, kann die Schwerkraft bezwingen und alles, was mir unbegreiflich ist, abwehren, kann Berge versetzen, Luftschlösser bauen, kann Illusionen für kurze Zeit zur Wahrheit werden lassen, wenn diese Magie entsteht, die man nicht beschreiben, nur fühlen kann."[26]

---

23 Udo Jürgens, Auf der richtigen Seite des Vorhangs [Lesung in München], in: Jürgens / Moritz, Der Mann mit dem Fagott, 685–689. Die Zitate weichen geringfügig von der Fassung bei Fritsch ab (vgl. ‚Abweichungen beim Titel); er zitiert nach der gefilmten Lesung im Film „Auf beiden Seiten des Vorhangs" von Manfred Bockelmann [Sony / 2004].

24 Jürgens, Auf der richtigen Seite des Vorhangs, 687.

25 Ebd.

26 Ebd., 687 f.

„Berge versetzen, Luftschlösser bauen" – die Erwartung reicht von einer Hoffnung, formuliert in religiöser Terminologie[27], bis zur Illusion, wie sie die Phantasie erzeugt. In jedem Fall ein erhebendes Gefühl. Etwas, das süchtig macht. Eine Erfahrung, wie sie, strukturell ähnlich, auch von der Kanzelrede zu berichten wäre.

Einander ins Bild setzen

Leitbild mit Utopie

Predigen heißt: Einander ins Bild setzen.[28] So hat die Dramaturgische Homiletik ihren Weg begonnen. Noch immer erweist sich das Leitbild als geeignet, einen ersten Eindruck zu vermitteln von dem, was diese Homiletik will. Der einleitende Hauptsatz „Predigen heißt ..." lässt eine Definition erwarten. Aber genau das ist es nicht und soll es nicht sein. Ein Leitbild funktioniert anders. Ein Leitbild ist der Praxis von heute voraus und weist der Praxis von morgen einstweilen die Richtung. Es bedient sich weniger der präzisen Begriffe als vielmehr der Sprachbilder mit weichen Rändern. Es soll Menschen unterschiedlicher Prägung und Denkweise locken, gemeinsam ein fernes Ziel in den Blick zu nehmen. Leitbilder sind wie gute Werbesprüche: Sie lassen jenseits des Erreichbaren etwas aufleuchten, was in der Realität noch keinen Ort hat. Ohne utopisches Potenzial leitet das Leitbild nicht. Ein Leitbild gibt Tagträumen Sprache und den unfertigen Plänen eine Perspektive.[29]

Schon das erste Wort im Leitbild birgt utopisches Potenzial: „einander". Das Setting der Sonntagspredigt ist so, dass ich monologisch die Hörenden ins Bild setze. Für wechselseitiges Geschehen bietet es keinen Raum. Jedenfalls ist nichts zu sehen, was Predigtperson und Hörende „einander" tun würden. Dagegen verweise ich gerne auf die neueren Einsichten zur Rezeption. Sie konvergieren in der Einsicht, dass sich der Hörer oder die Hörerin zwar schweigend, aber innerlich doch recht aktiv aus der Kanzelrede des Pfarrers oder der Pfarrerin die je eigene Predigt zurechthört.[30] Der Hörer oder die Hörerin ist also aktiver am Predigtgeschehen beteiligt, als es zunächst den Anschein hat. Es ist gut, wenn in bestimmen Abständen ein moderiertes Gespräch stattfindet, bei dem diejenigen, die die Predigt gehört haben, der Person, die sie hielt, Rückmeldung geben. Die implizite Wechselseitigkeit wird bei solchen Gelegenheiten explizit.

---

27 Vgl. zum Glauben, der Berge versetzt: 1Kor 13,2; Mt 17,20; 21,21.

28 Nicol, Einander ins Bild setzen, 65–72.

29 Vgl. zu den Tagträumen: Bloch, Das Prinzip Hoffnung I, 86–128 u. ö.

30 Vgl. Engemann, Einführung in die Homiletik, 11: das „Auredit" der Hörenden als Pendant zum „Manuskript" des Predigers oder der Predigerin.

Ich will in der monologischen Rede stark machen, was den Dialog fördert. Dass es daneben auch die dialogische Rede gibt und geben sollte, bestreite ich nicht. Nur würde ich heute statt zur Dialogpredigt lieber gleich zum Bibliolog greifen.[31] Er lebt von der Improvisation und bietet zugleich einen geregelten Rahmen, der ihn gottesdienstlich kompatibel macht. Die sogenannte Dialogpredigt hat sich als wirkliche Alternative zur herkömmlichen Kanzelrede nicht etablieren können. In vielen Fällen war der Dialog nur ein mit verteilten Rollen vorgetragener Monolog. Ich jedenfalls plädiere dafür, die monologische Rede als den Regelfall von Predigt weiter zu kultivieren. Auf diese Weise der Kanzelrede bezieht sich die Dramaturgische Homiletik. Dass wir mit der monologischen Predigt tatsächlich „einander" ins Bild setzen, bleibt über die stillschweigende Rezeption hinaus so etwas wie eine ekklesiologische Utopie im homiletischen Leitbild.

„Ins Bild setzen" soll die Predigt. Jan Hermelink hat gefragt, wo denn die Bilder bleiben, in die die Predigt setzen möchte.[32] Warum sich wohl Nicol und Deeg nie mit dem Genus Bildpredigt beschäftigt hätten? Die Antwort ist zunächst schlicht pragmatisch: Wir bleiben beim sonntäglichen Regelfall einer Predigt, die sich mit Worten einem ebenfalls worthaften Bibeltext widmet. Die Bildhaftigkeit von Bibeltexten wahrzunehmen und die Erkenntnisse in bildhafter Sprache auszuarbeiten, ist eine Aufgabe, mit der wir noch lange nicht am Ende sind. In meinen Kursen zur Dramaturgischen Homiletik lege ich großen Wert darauf, dass die Predigt als die Rede, die sie ist, ihre genuinen Mittel ausschöpft. Wenn ich von den Künsten lerne, heißt das allenfalls am Rand, dass ich Kunstwerke in die Predigt integriere. Vielmehr versuche ich, das, was mir bei den Künsten einleuchtet, mit dem genuinen Mittel meiner Kunst, der Sprache, selbst zu gestalten. So sollte beispielsweise der Umgang mit Literatur nicht dazu führen, dass in der Predigt Gedichte zitiert werden, sondern dass sich die Sprache des Predigers oder der Predigerin poetisch erweitert. Die *ars praedicandi* ist eine eigene und eigenständige Kunst unter den Künsten. Sie lernt Anderes und formt Eigenes.

Aber damit ist die Anfrage von Jan Hermelink nicht erledigt. Seine Route von der Bildpredigt zur bildbewussten Predigt bewegt sich auf ein Ziel zu, das auch auf anderen homiletischen Routen anzusteuern wäre. Denn welches Konzept auch immer die Predigtarbeit leitet, ein deutlicheres Bildbewusstsein ist allemal vonnöten in einer Welt, in der die Bilder regieren wie nie zuvor. Hermelinks Analyse meiner Ausführungen zum Bild, in das es zu setzen gelte, zeigen mir, wie sehr ich mich biografisch dem Hören verschrieben und das Sehen vernachlässigt habe. Zwar bestimmt sich die Entscheidung, unter welchen Künsten sich

31 Vgl. Pohl-Patalong, Bibliolog.

32 Hermelink, Bildpredigt, 119–123.

die Predigtkunst am besten aufgehoben fühlt, immer stark durch Persönlichkeit und Biografie. Das heißt aber noch lange nicht, dass das Verhältnis der Predigtkunst zu den Nachbarkünsten dadurch ein für alle Mal festgeschrieben wäre. Es lohnt sich in jedem Fall, auf dem Weg zu einer bildbewussten Predigt verstärkt den Sehsinn zu Wort kommen zu lassen.

Als dramaturgischer Homiletiker avant la lettre erweist sich auf überraschende Weise Karl Barth, wo er auf die Gleichnisse Jesu in der Verkündigung zu sprechen kommt. Seine Formulierung weist, wenn auch noch etwas umständlich, in die Richtung, die unser Leitbild empfiehlt: Predigen heißt: die Hörenden „im wörtlichsten Sinn ‚ins Bild setzen', d. h. einbeziehen in das ihnen vorzuführende Gleichnis des Reiches Gottes".[33] Das ist die monologische Utopie dessen, was der Dramaturgischen Homiletik dialogisch vorschwebt.

33 Barth, KD IV/3, 978.

Wo, guter Hirte, bleibst du?

Hes 34,1–2.10–16.31

Misericordias Domini
19. April 2015

St. Laurentius
Nürnberg-Großgründlach

> 1 Und des HERRN Wort geschah zu mir: 2 Du Menschenkind, weissage gegen die Hirten Israels, weissage und sprich zu ihnen: So spricht Gott der HERR: Wehe den Hirten Israels, die sich selbst weiden! Sollen die Hirten nicht die Herde weiden? […]
> 10 So spricht Gott der HERR: Siehe, ich will an die Hirten und will meine Herde von ihren Händen fordern; ich will ein Ende damit machen, dass sie Hirten sind, und sie sollen sich nicht mehr selbst weiden. Ich will meine Schafe erretten aus ihrem Rachen, dass sie sie nicht mehr fressen sollen.
> 11 Denn so spricht Gott der HERR: Siehe, ich will mich meiner Herde selbst annehmen und sie suchen. 12 Wie ein Hirte seine Schafe sucht, wenn sie von seiner Herde verirrt sind, so will ich meine Schafe suchen und will sie erretten von allen Orten, wohin sie zerstreut waren zur Zeit, als es trüb und finster war. 13 Ich will sie aus allen Völkern herausführen und aus allen Ländern sammeln und will sie in ihr Land bringen und will sie weiden auf den Bergen Israels, in den Tälern und an allen Plätzen des Landes. 14 Ich will sie auf die beste Weide führen, und auf den hohen Bergen in Israel sollen ihre Auen sein; da werden sie auf guten Auen lagern und fette Weide haben auf den Bergen Israels. 15 Ich selbst will meine Schafe weiden, und ich will sie lagern lassen, spricht Gott der HERR. 16 Ich will das Verlorene wieder suchen und das Verirrte zurückbringen und das Verwundete verbinden und das Schwache stärken und, was fett und stark ist, behüten; ich will sie weiden, wie es recht ist. […]
> 31 Ja, ihr sollt meine Herde sein, die Herde meiner Weide, und ich will euer Gott sein, spricht Gott der HERR.
>
> Hes 34,1–2.10–16.31 (Lutherbibel 1984)

1 Ab ins Museum

Liebe Gemeinde, wenn ich im Gottesdienst sage „Du Sünder“, dann juckt das niemanden. Sind ja alle gemeint, irgendwie. Mit dem, was ich jetzt sage, ist selbstverständlich niemand gemeint. Aber es muss einfach mal raus: Du Rindvieh, Du Ochse, Du … Schaf! Wir sind uns einig: Schafe sind dumm. Du Schaf! Für heutigen Sprachgebrauch ist das zurückhaltend. Da sind ganz andere Schimpfwörter üblich: Du … Nein, nicht jetzt. Du Schaf! Für heutige Ohren klingt das nicht völlig unfreundlich. Beinahe schon liebevoll. In jedem Fall altmodisch. Was freilich an der Sachlage nichts ändert: „Du Schaf“ heißt: Du bist dumm.

Eigentlich gehört das ganze Schafszeug ins Museum. Etwa ins Deutsche Schäferei-Museum, zu dem sich das Hersbrucker Hirten-Museum ausbauen ließe.[34] Dort wird dann anschaulich informiert über Schafe, Schafherden, Schafställe, Schäferhunde, Schäferkarren und, klar, auch über die „Schäferstündchen" vergangener Zeiten.

Natürlich gehört auch der Hirte in unser Museum. Aber eben ins Museum. Wie alles alte Zeug, das nicht mehr gebraucht wird, aber noch einen gewissen Erinnerungswert hat. Denn um altes Zeug handelt es sich doch bei der ganzen Schäferei! Schafe dumm, Hirte out, ab ins Museum! Verwunderlich nur, dass der 23. Psalm noch immer zu den bekanntesten und beliebtesten Texten der Bibel zählt: *Der HERR ist mein Hirte, mir wird nichts mangeln.*[35] Und das auch bei denen, die noch nie live einen Schäfer gesehen oder ein Schaf gerochen haben. Jawohl, der Herr ist mein Hirte.

Ob von Hirt und Herde, dem Traumpaar der Schäferei, erhellendes Licht auf die reale Welt fällt? Wir werden sehen.

2 Wehe den Hirten

Ach, wie klang das vorhin tröstlich, beim Propheten Hesekiel. Da fielen Zauberworte wie diese: *Ich will das Verlorene wieder suchen und das Verirrte zurückbringen und das Verwundete verbinden und das Schwache stärken […].* Besser kann ein Hirte nicht sein. Gut, dass Du, mein Gott, das Schwache zu stärken gedenkst. Aber sag, was machst Du mit den anderen? Was machst Du, Hirt des Himmels, mit Deinen miserablen Kollegen auf Erden?

[Lektorin, vom Lesepult: Hes 34,2 u. 10]
So spricht Gott der HERR: Wehe den Hirten Israels, die sich selbst weiden! Sollen die Hirten nicht die Herde weiden?
So spricht Gott der HERR: Siehe, ich will an die Hirten und will meine Herde von ihren Händen fordern; ich will ein Ende damit machen, dass sie Hirten sind, und sie sollen sich nicht mehr selbst weiden. Ich will meine Schafe erretten aus ihrem Rachen, dass sie sie nicht mehr fressen sollen.

Es gibt sie, ganz offenkundig: Hirten, die die Herde nicht hüten. Hirten, die tun, wovor sie die Herde bewahren sollten. Hirten, die sich benehmen wie wilde Tiere. Die ihre Herde nicht hüten, sondern sie, wie es heißt, „*fressen*".

Keine Frage. Wen der Prophet da angreift mit scharfen Worten, das sind Leute, Hirten, die ihre Macht missbrauchen. Politisch. Religiös. Mit Kriegsgerät.

---

34 Der Kirchenchor, in diesem Gottesdienst aktiv beteiligt, hatte bei einem Ausflug dieses Museum besucht.

35 Ps 23,1.

Und Kanzelreden. Mit Worten. Und mit Waffen. Wehe den Schafen, die solchen Hirten ausgeliefert sind! Wo, guter Hirte, wo bleibst Du?

3 Du Schaf

Liebe Gemeinde, wenn bösartige Hirten am Werk sind und an den Hebeln der Macht, dann schreit die Welt nach dem, was Christen zu allen Zeiten unterlassen, aber doch, Gott sei Dank, auch getan haben: Solidarität mit den Schwachen. Aber es gibt ein Problem mit der „Solidarität". Wenn ich mich mit den Schafen solidarisiere, richtig solidarisch werde … Dann bin ich, Ihr ahnt es … Dann bin ich … auch so etwas wie … ein Schaf!

Nein. Kein Schaf. Bin doch nicht blöd. Will mich nicht fressen lassen. Nicht von wilden Tieren. Nicht von Despoten, die sich wie Tiere benehmen …

Du Schaf!

Nein, bin ich nicht. Will nicht bevormundet werden. Will nicht sein wie die Schafe: eins, mäh, wie das andere, mäh. Nein, ich bin ich. Kein Schaf. Und in einer Herde halte ich es nicht aus.

Du Schaf!

Irgendwie ist dieser Hirtensonntag die Hölle. Ich komme als Mensch in die Kirche. Aufrechten Gangs. Selbstbestimmt. Frei. Und soll sie als Schaf wieder verlassen? Als Herdentier. Abhängig vom Hirten. Und von Hunden bewacht. Nein und abermals …

Du Schaf!

Geradezu sehnsüchtig halte ich Ausschau nach einem, der mich „Sünder" ruft. Das stimmt wenigstens. Und juckt nicht. Aber „Schaf"? Ich – ein Schaf? Aber wahrscheinlich tritt der Hirte nur auf den Plan, wo eine Herde ist. Okay okay. Ist Hirtensonntag heute. Und ich bin kein Spielverderber.

4 Hirten im Cockpit

Ich – ein Schaf? Na ja, wenn ich ehrlich bin … Manchmal komme ich mir schon so vor. Etwa wenn ich in Nürnberg zu einer Flugreise starte. Auf dem Weg zum Flughafen bin ich noch Herr der Lage. Wenn ich ein Taxi nehme, dann ist das zwar teuer, aber der Taxifahrer macht wenigstens, was ich sage. Dann aber … Taxi adé. Tschüss, Freiheit. Dann sind Gatter zu passieren, Zäune rechts und links, damit niemand ausbüxt. Zu Stoßzeiten sind es Massen, die durch Kontrollen geschleust, in Busse gezwängt, zum Flugzeug gekarrt, an die Plätze verwiesen und auf flugkonformes Verhalten dressiert werden. Wie eine Herde. Von Schafen.

Und der Hirte? Ich sehe mich um. Mache mir Sorgen. Wer wird diese Herde durch die Lüfte steuern?

[Lektorin, vom Lesepult: Hes 34,10]
So spricht Gott der HERR: Siehe, ich will an die Hirten und will meine Herde von ihren Händen fordern; ich will ein Ende damit machen, dass sie Hirten sind, und sie sollen sich nicht mehr selbst weiden.

Kürzlich saß im Cockpit ein schlechter Hirte.[36] Niemand konnte ihm das Handwerk legen. Der Hirt riss die Herde mit in den Tod. So, nein, so war das in der Bibel nicht gedacht mit der Einheit von Hirt und Herde.

Du, Hirt des Himmels, *Du lässt Dein Leben für die Schafe*.[37] Wo aber warst Du, als Dein Hirten-Kollege im Cockpit durchdrehte und die ganze Herde ihr Leben lassen musste für nichts? Wolltest Du nicht etwas tun gegen schlechte Hirten? Wo, Hirt des Himmels, warst Du?

5 Hirten im Amt

Liebe Gemeinde, natürlich geht es am „Hirtensonntag" nicht nur um die Schafe, sondern in besonderer Weise um die Hirten. Um die Kirche auch. Und um ihre geistlichen Hirten. Um Oberhirten. Hirtenbriefschreiber. Wie praktisch! Gibt's ja nur bei den Katholiken. Wir haben keinen Papst, keine Oberhirten, keine Hirtenbriefe. Selbst der Landesbischof ist letztlich nur ein besonderer Pastor. Pastor? O weh. „Pastor" heißt auch wieder – „Hirte". Hirte? So ein Mist. Jetzt wär' ich doch lieber Schaf. Nur Schaf. Als Schaf kann ich Verantwortung abgeben. Und zwar an den Hirten. Denn dafür ist er da.

Aber nun bin ich selbst Pastor, Hirte. Das freilich nicht in einer Gemeinde, sondern im universitären Lehramt. Als solcher kann ich in der Kirche so gut wie nichts entscheiden. Aber das kann ich: Fragen stellen. Also frage ich: Wie ist das mit „Hirten", die sich selbst weiden?

2017 – 500 Jahre Reformation. Das Jubiläum rückt näher. Tausende Luthermännchen von Playmobil. Und das bei Kindern, die um Längen lieber mit Darth Vader spielen als mit Martin Luther. Und alles sündhaft teuer. Wo, so frage ich, bleibt unter so vielen Events der Gottesdienst der Kirche? Der ganz normale Gottesdienst? Wo nichts weiter geschieht, als dass sich die Herde versammelt. Und zwar um den guten Hirten. Denn der ist mitten unter uns. *Eine Herde und*

---

36 Am 24. März 2015 zerschellte ein Airbus der Lufthansa-Tochter Germanwings auf dem Weg von Barcelona nach Düsseldorf in den französischen Alpen. Grund war vermutlich der Suizid des Copiloten. Alle 150 Menschen an Bord kamen ums Leben, darunter 16 Jugendliche einer 10. Klasse und zwei Lehrerinnen.

37 Joh 10,11.

ein Hirte.[38] Stattdessen Wettläufe. Quer durch die Landeskirche. Wettläufe um den fetzigsten Gottesdienst. Um Zielgruppen. Um Besucherzahlen. Um Special Effects … Wo bleibt ihr, Hirten in der Kirche? Die Herde braucht euch. Und Du, mein Hirte, Hirt im Himmel? Hirten und Herde, Pastoren und Gemeinden sind überfordert. Wo, mein Hirte, bleibst Du?

6 Wo, guter Hirte, bleibst du?

Liebe Gemeinde, Schafe dumm, Hirte out, ab ins Museum? Den guten Hirten stilvoll entsorgen? Aber wenn doch der 23. Psalm mein Psalm ist? Und der *Herr mein Hirte? Und ob ich schon wanderte im finsteren Tal? Und der Tisch im Angesicht meiner Feinde?* Wo bleibst Du, Herr, mein Hirte?

[Lektorin gibt der Gemeinde Zeichen zum Aufstehen und liest Joh 10,11–16]

Lesung aus dem Evangelium nach Johannes:

> *Ich bin der gute Hirte. Der gute Hirte lässt sein Leben für die Schafe.*
> *Der Mietling aber, der nicht Hirte ist, dem die Schafe nicht gehören, sieht den Wolf kommen und verlässt die Schafe und flieht – und der Wolf stürzt sich auf die Schafe und zerstreut sie –, denn er ist ein Mietling und kümmert sich nicht um die Schafe.*
> *Ich bin der gute Hirte und kenne die Meinen und die Meinen kennen mich, wie mich mein Vater kennt und ich kenne den Vater. Und ich lasse mein Leben für die Schafe.*
> *Und ich habe noch andere Schafe, die sind nicht aus diesem Stall; auch sie muss ich herführen, und sie werden meine Stimme hören, und es wird* eine Herde *und* ein *Hirte werden.*

L: Ehre sei Dir, Herr. *G:* Lob sei Dir, Christus.

38 Joh 10,16.

Kommentar

Die Predigt und ihre Texte

Als Predigt-Text wurde zunächst Hes 34,1.2.10–16.31 verlesen. Die Lektorin setzte sich anschließend so, dass sie leicht ans Lesepult treten konnte. Sie hatte den Text meiner Predigt in Händen und wusste, wann sie tätig werden sollte. Die Pointe dieser Kombination von Lektorin und Prediger war nicht das punktuelle Einlesen von Passagen aus dem offiziell vorgegebenen Prophetentext. Das war eindrücklich, lockte zum anderen Hören auf den Wortlaut der Bibel und ließ die Bibel als das fremde Wort zur Geltung kommen. Die Pointe aber lag beim Evangelium; der gute Hirte von Joh 10 war das Ziel. Dieser Ausrichtung versuchte ich in der Weise gerecht zu werden, dass ich die Predigt mit ihrem letzten Move ins Evangelium Joh 10,11–16 münden ließ.

Um das Eigengewicht des Evangeliums nicht zu mindern, versuchte ich in der Predigt zu meiden, was den Evangelientext vorzeitig ins Spiel gebracht hätte. Als letzter Move und Höhepunkt der Predigt sollte das Evangelium selbst sich Gehör verschaffen, und zwar als mögliche Antwort auf die Frage, wie sie in Move 4 an affektiv heftiger Stelle geäußert wird: „Wo, Hirt des Himmels, warst Du?"

Hirte und Hörer

Schlechte Hirten, gute Hirten, einzelne Schafe und Schafherden – ein ganzes Bündel von biblisch vorgegebenen Rollen. Ich wollte auf jeden Fall das FBI-Muster (Forced Biblical Identity)[39] vermeiden. Deshalb gab ich meinen Hörerinnen und Hörern Gelegenheit, sich spielerisch in den Rollen zu versuchen. Zentral an dem Sonntag, auch „Hirtensonntag" genannt, ist als Pendant zum Hirten das Schaf. In Move 1 und Move 3 testen die Hörenden, wie es ihnen ginge, wenn sie mit diesem Schimpfwort belegt würden. Move 4 lässt die Hörenden in die Rolle von Einzelschafen in einer Herde von Flugpassagieren hineinwachsen. Der Prediger versucht sich kurzzeitig in der Rolle des Hirten (Move 5). Schafe und Hirte kommen, sofern man die Lesung in dieser Weise zu hören vermag, erst im abschließenden Evangelium (Move 6) in ein gutes Miteinander.

Der Flugzeugabsturz lag gerade einen Monat zurück; er bewegte noch immer heftig die Gemüter. Die vielen Toten, darunter viele Schülerinnen und Schüler, und die bedrückenden Details von der psychischen Verfassung des Piloten machten die Frage „Wo, Hirt des Himmels, warst Du?" zur zentralen Frage an diesem „Hirtensonntag". Dass die Theodizee mitschwang, war unvermeidlich: Wie konnte Gott etwas so Schreckliches zulassen? Die Frage war spätestens seit

---

39 S.o. S. 94.

Move 4 präsent. Aber ich habe sie nicht so explizit gestellt, dass eine klare Antwort zwingend hätte erfolgen müssen.

Bonus-Move

Jedermann und Jeremia

Wie kommt der Prediger selbst in seiner Predigt vor? Im ersten Move einer Predigt zu Jer 20,7–11a über die Last prophetischer Existenz ließ ich den Prediger, der in diesem Fall ich selbst war, mit geläufigen Kanzelidentifikationen kämpfen.[40] Es sind die Kanzelheiligen und die Zwangsidentifikation mit biblischen Figuren (FBI), gegen die er sich zur Wehr setzt:

> Wenn ich alles befolgt hätte, was mir jemals von Kirchenkanzeln als Vorbild vor Augen gestellt wurde, dann wäre ich heute eine unschlagbare Mischung: Befreiungsheld wie Martin Luther King, selbstloser Helfer wie Mutter Teresa, tatkräftiger Menschenfreund wie Albert Schweitzer, kompromissloser Zeuge wie Dietrich Bonhoeffer und …
>
> Aufhören! Die sind mir alle ein paar Schuhnummern zu groß. Lieber normal. Ein normaler Mensch eben. Evangelische Christen sind doch ganz normal und ganz von dieser Welt. Ihr Zeitgenossen da draußen, Ihr glaubt gar nicht, wie normal wir sein können …
>
> Aufhören! So ganz normal bin ich nun auch wieder nicht. Nur ein bisschen. Ein bisschen normal. Wie die biblischen Gestalten: ganz gewöhnlich und doch irgendwie erwählt …
>
> Okay. Gewöhnlich und erwählt wie Mose, der den Auftrag scheut – und dann doch der Mittler wird zwischen Himmel und Erde.
>
> Gewöhnlich und erwählt wie Johannes der Täufer, der voller Zweifel war – und der doch auf den zeigt, der da kommen soll.
>
> Gewöhnlich und erwählt … Bekenner wie Petrus, Verräter wie Judas, Erbschleicher wie Jakob, Gottesflüchtling wie Elia oder, ach ja, Jeremia …
>
> Aufhören! Es langt. Basta. Bin Prediger, nicht Prophet. Bin Mensch, nicht Mose. Bin Jedermann, nicht Jeremia.[41] Bin überhaupt nicht „wie" irgendeiner, und sei er direkt der Bibel entsprungen. Ich bin nicht „wie". Ich bin ich. Und Du bist Du. Und Ihr seid, wie Ihr seid.[42]

Ich gebe den Move hier als Bonus, den es nicht bräuchte, der aber vielleicht doch die Thematik dieses Kapitels am Beispiel ganz gut beleuchtet. Meine Frage gilt dem „Ich", das diesen Move dominiert. Manfred Josuttis hat einst die Funk-

40 Aus einer Predigt zu Jer 20,7–11a, am Sonntag Oculi, 3. März 2013, St. Laurentius, Nürnberg-Großgründlach.

41 „Jedermann" in der Funktion als Eigenname empfiehlt sich durch die Alliteration mit Jeremia und natürlich durch Hugo von Hofmannsthals „Jedermann" aus dem Jahr 1911.

42 Zur Konjugation als Stilmittel: vgl. Erich Fried, Einzahl (1964), in: ders., GW 1, 336.

tionen des „Ich“ in der Predigt hilfreich sortiert.[43] Ich würde hier von einem „repräsentativen Ich“ sprechen. Es hat keine eindeutig biografischen Anteile und wird so verwendet, dass der Prediger wie auch die Menschen, die ihm zuhören, versuchsweise in diesem Ich unterwegs sein können. Wie also bildeten sich im Rollenspiel des Predigers die Anderen ab? Und wie der Prediger? Und wie, wenn überhaupt, treffen sie sich im schnellen Reigen der Figuren?

43 Josuttis, Der Prediger in der Predigt.

VI
Predigtmachen
Lust auf Handwerk

Dübeln und Denken
Pragmatik des Unmöglichen

Den Weg vom Eintrag in den Terminkalender bis zur gehaltenen Predigt nenne ich einfach „Predigtmachen". Das ist klar, nüchtern, pragmatisch. Problem: Als „Macher" verstehen sich Predigerinnen und Prediger nicht. Das hätte für viele von ihnen den Beigeschmack von Überheblichkeit, von mangelnder Demut in einer Sache, die zu groß ist, als dass ich sie „machen" könnte. Ist es nicht letztlich Gott selbst, der die Predigt „macht"? Und schon bin ich wieder bei jener religiösen Überhöhung des Weges vom Schreibtisch auf die Kanzel, die es vergangenen Generationen so erschwert hat, auf Augenhöhe mit der Gemeinde von Gott zu reden. Da machte Gott die Predigt und bediente sich dazu, so die Karikatur, eines Menschen, der, kanzelhoch über der Gemeinde, verkündete, was die Menschen zu glauben und wie sie zu leben hätten.

Dabei war die Predigt, die sich unter all der Stilisierung verbarg, dann doch auch recht normal, Ergebnis eben von Arbeit, mal schnell und routiniert, mal gemächlich und mit Muße. Über lange Zeit war das eine Predigt, die das, was sie zu sagen hatte, den Hörerinnen und Hörern verlässlich als Drei-Punkte-Päckchen zustellte. Warum, so frage ich, warum eigentlich war es so schwer, die Predigtarbeit des irdischen Personals auch ganz irdisch zu beschreiben?

Die Benennung „Predigtmachen" hat, wie ich finde, etwas wohltuend Pragmatisches. Man „macht" eben eine Predigt, wie man Mittagspause, einen Einkauf oder eine Bahnfahrt „macht". Zugleich sind in dieser Benennung der Film, die Musik und andere Künste präsent. Es gibt Filmemacher. Es gibt Liedermacher. Warum sollte es nicht auch Predigtmacher geben? Mit der nüchternen Benennung „Predigtmachen" setzt die Dramaturgische Homiletik nicht auf das Unmögliche, sondern aufs Machbare. Sie setzt nicht auf magische Momente der Kunst, sondern auf solides Handwerk. Nicht auf das exklusiv Teure, sondern aufs bezahlbar Schöne. Nicht auf den Kinohit mit Oscar, sondern auf das Probestück mit Potenzial.

Als der Feuilletonredakteur der *Süddeutschen Zeitung*, Christopher Schmidt, plötzlich gestorben war, schrieb seine journalistische Kollegin einen bewegenden Nachruf. Sonja Zekri schilderte den Kollegen als Handwerker: „Er konnte unangemeldet in einer vollgerümpelten, frisch bezogenen Wohnung auftauchen, zerkaute eine Begrüßung zwischen den Zähnen, stellte den Werkzeugkasten auf den Boden und schritt als Erstes mit Fahnderblick die Zimmer ab. Drückte Klinken. Schraubte Griffe. Fixierte Knäufe. Er hasste Pfusch und halbe Sachen. Schlampereien beim Dübeln oder beim Denken waren ihm gleichermaßen wesensfremd."[1]

Das Dübeln und das Denken lagen bei Christopher Schmidt offenbar nahe beieinander. Der Genauigkeit beim Bohren entsprach sein „obsessives" Verhältnis zur Sprache. „Kein Bild war schief", schrieb die Kollegin. Und meinte die Bilder der Sprache ebenso wie die Bilder an der Wand. Kein Bild war schief. Das wäre höchstes Lob nicht nur für das gelungene *Streiflicht* eines Journalisten, sondern auch für eine Sonntagspredigt auf der Kanzel.

Im Zweifel für das Handwerk

Professionalität beim Predigtmachen

Predigen ist Kunst unter Künsten, behaupte ich. Nein, wird eingewendet, eine solche Homiletik ist purer Ästhetizismus, fördert inhaltsfrei die schöne Verpackung, fordert Ausnahmekreativität und ist überhaupt viel zu elitär, um kirchenkompatibel zu sein. Gut, sage ich, dann also weniger Kunst und mehr Handwerk. „Handwerk" signalisiert professionelle Sorgfalt. Und es ist deutlicher lernbar als eine von den Künsten.

So ganz scharf freilich lassen sich Kunst und Handwerk nicht trennen. Denn die Wirkung steht auch beim gelungensten Stück Predigt-Handwerk nicht fest. Was es mit dem Glauben macht, kann ich nicht wissen. Das gilt für beide Seiten. Was weiß ich schon über meinen eigenen Glauben: ob ich im Moment des Predigens glaube, zweifle oder nicht glaube? Was weiß ich wirklich über Glauben, Zweifel oder Unglauben meiner Gemeinde? Das ist das Risiko bei diesem be-

---

1 Sonja Zekri, Der Sprachingenieur, in: SZ vom 02.03.2017.

sonderen „Handwerk“: dass auch der solideste Move rezeptionsästhetisch am offenen „Kunstwerk“ Predigt partizipiert. Eine sichere Sache ist das Predigen weder als Kunst noch als Handwerk.

Ob Kunst, ob Handwerk oder Kunsthandwerk, der Glaube jedenfalls ist immer mit im Spiel. Was aber, wenn der Glaube undeutlich wird, wegrutscht, bröselt? Soll ich mich dann krankschreiben lassen, Diagnose: Zweifel? Oder sehenden Auges schlechte Predigten halten? Oder einfach die Formeln vom Stapel lassen, die in der Kirche immer bereitliegen?

Nein, sage ich, ein Bibelwort öffnen und es begehbar machen, das geht immer. Oder fast immer. Das geht vor allem dann, wenn ich nicht ganz neu bin im Metier. Wenn mir Professionalität zuwächst und ich auf eine gewisse Routine bauen kann. Wenn ich weiß, wie ich mit dieser oder jener Textgattung der Bibel zu einer Predigt komme. Wenn elementare exegetische Vollzüge zum Handwerk gehören und sich der Griff zum Lexikon von selbst versteht. Wenn ich weiß, welche Predigthilfe mir am meisten ins Predigen hilft. Wenn ich Übung darin habe, undeutliche Ideen in anschauliche Moves zu verwandeln. Wenn ich eine Predigtsequenz aus dem Internet zum Kanzel-Move in meiner Sprache umarbeiten kann. Homiletisches Handwerk ist nützlich. Je mehr Übung man in guten Tagen erwirbt, desto sicherer kommt man auch durch Tage, die anders sind. Ich muss nicht mit meinem großen Glauben dem mutmaßlichen Kleinglauben der Anderen zu Wachstum und Größe verhelfen. Es genügt, ein Stück Bibel so zu präsentieren, dass Andere darin ihre Entdeckungen machen und auf ganz unspektakuläre Weise etwas für ihren Glauben gewinnen können.

Darüber lässt sich reden

Kollegiale Beratung

In der Seelsorge ist es seit dem Siegeszug von KSA (Klinische Seelsorgeausbildung) in den 1970er Jahren selbstverständlich, dass der Eigenwahrnehmung eine differenzierte Fremdwahrnehmung zur Seite tritt; Einzelsupervision und personzentrierte Arbeit in der Gruppe sind unbestritten Basiselemente der Aus- und Fortbildung. Dagegen war die homiletische Didaktik noch geraume Zeit auf den Schreibtisch als Symbol-Ort der Predigtarbeit fixiert. Dort setzte der Pastor oder die Pastorin theologische Gedanken in verständliche, mit Beispielen aus dem Leben angereicherte Kanzelrede um. Dieser Aufgabe stellte man sich vorzugsweise alleine.

Die Dramaturgische Homiletik hat durch ihr breites Methodenspektrum zur Auflockerung in der Aus- und Fortbildung beigetragen. Es war einer der entscheidenden Anstöße, die ich aus Chicago mitbrachte, dann in Erlangen und sehr schnell auch anderswo ausprobierte: dass man die Predigtarbeit sportlich nehmen könne. In Chicago habe ich die Formulierung zum ersten Mal gehört: *to coach somebody*. Nicht beim Handball, nicht beim Tennis, sondern beim Predigen! Dass überhaupt Arbeitsformen, die das Schreibtischformat sprengen, ganz anders zum Predigen inspirieren können als der akademische Seminarstil, das war damals doch noch einigermaßen neu, als in Braunschweig oder Wittenberg die Predigt-Werkstätten an die Arbeit gingen.

Zunehmend haben wir die Gruppenarbeit in der Fortbildung als eine Labor-Übung begriffen für den Ernstfall am Predigtort. Im geschützten Rahmen und am anderen Ort wird die Gruppe zum Resonanzraum für die Predigt. In der Gruppe bekommt der Prediger oder die Predigerin zu hören, was im gottesdienstlichen Ernstfall ungesagt bleibt und sich allenfalls in der Stärke des Händedrucks bei der Verabschiedung am Ausgang bemerkbar macht.[2]

Dass dann ausgerechnet die elementaren Parameter vom Teil und dem Ganzen (Moves & Structure) sowie von Inhalt und Form (Titel & Mittel) das kollegiale Miteinander in der Predigtarbeit so spürbar fördern würden, hat uns selbst überrascht. Es war der handwerkliche Charakter der Dramaturgischen Homiletik, der es ermöglichte, ideologisch Dampf abzulassen. Handwerklichkeit und Kollegialität traten in ein so nicht geplantes, dann aber mit Freude begrüßtes Wechselspiel: Je handwerklicher, desto kollegialer.

Dank der medialen Möglichkeiten kann man solche Kollegialität auch per Telefon pflegen. Über Predigten, die im Werden sind, spricht es sich sehr viel leichter, wenn an beiden Enden der Leitung das gleiche homiletische Werkzeug im Gebrauch ist. Es kann geschehen, dass man, an beiden Schreibtischen die Predigt ausgedruckt vor Augen, am Telefon einen Rat wie den folgenden bekommt: „Nimm doch mal Move 5, teile ihn genau dort, wo das sprachliche Mittel wechselt, und ordne dann die Teil-Moves anderen Orten in der Structure zu!"

Das ist Insider-Sprache und klingt kompliziert. Aber eigentlich ist alles ganz einfach. Es muss nur der Predigtentwurf so gestaltet sein, dass er schon auf den ersten Blick die Machart zu erkennen gibt. Etwa so, dass Absätze die Stellen markieren, an denen ein Move aufhört und der nächste beginnt. Dass jeder Move inhaltlich durch einen Titel profiliert ist und sprachlich durch ein Mittel. Dass dank der Nummerierung stets klar ist, von welchem Move gerade die Rede ist. Und dass ein variabler Gesamttitel, stets auf dem neuesten Stand, die Richtung angibt, in die es gehen soll. Auch wenn hier noch ein Move fehlen sollte, auch wenn ich dort mit dem sprachlichen Mittel noch nicht zufrieden bin und es hier noch theologisch grummeln sollte, auch wenn es ersichtlich noch keine fertige Predigt ist, sondern ein Werkstück … Wir blicken darauf, ich hier und die Kollegin dort. Ja, darüber lässt sich reden. Und die am Sonntag zuhören, werden

2 Vgl. die treffenden Beobachtungen von Birgit Dier zu einer liturgischen Sequenz, die auf eher stille Weise eine große Rolle spielt: Dier, Handschlag.

es uns danken, wenn schon im Vorfeld jemand probeweise zugehört und offen seine Meinung geäußert hat.

Kreativität im Indikativ

Und wie der Imperativ überfordert

Einen „kreativen Imperativ" hat Julia Koll in der gegenwärtigen Predigtlehre ausgemacht.[3] Insbesondere in der ästhetisch ausgerichteten Homiletik habe Kreativität die Bedeutung einer „Leitkategorie" erlangt. Die „Kreativität", einst ein Signalwort für Aufbruch, sei längst in einen breiten Prozess gesellschaftlicher Ästhetisierung gemündet. Dass sich dabei auch Druck aufbaut, dem das Individuum möglicherweise nicht standhalten kann, leuchtet ein. Die Rede vom „kreativen Imperativ" bringt diese Art von Nötigung einprägsam zum Ausdruck.

Julia Koll hat den allgegenwärtigen „kreativen Imperativ" zunächst einmal diagnostiziert. Schon das ist hilfreich. In der Tat sind neuere Homiletiken bisweilen zu selbstverständlich davon ausgegangen, dass die Predigt auf jeden Fall eines sein müsse: kreativ. Die Dramaturgische Homiletik als ästhetisch ausgerichtetes Konzept muss sich fragen, ob und inwiefern das auch auf sie zutrifft. Mir scheint, dass wir in unseren publizierten Texten und in unseren Fortbildungen die „Kreativität" gar nicht besonders auffällig im Munde führen. Dennoch kann die Idee, Predigt sei Kunst unter Künsten, durchaus als kreativer Imperativ wirken. Die gar nicht so seltene Reaktion, man sei schließlich Theologe und kein Künstler, lässt sich als Abwehr gegen den impliziten Imperativ und den entsprechenden Druck deuten.

Zwei Vorschläge präsentiert Julia Koll für die Predigtarbeit. Zum einen verweist sie auf die rituelle Einbindung der gottesdienstlichen Predigt; das Ritual wirke entlastend und intensivierend. Zum anderen stellt sie andere Weisen der Verkündigung und der gottesdienstlichen Kommunikation zur Diskussion. So sei etwa der Bibliolog gemeinschaftlich angelegt und böte dadurch die Chance, den Kreativitätsdruck auf das Individuum zu mindern. Beide Vorschläge sind sinnvoll, lenken aber den Blick von der monologischen Kanzelrede auf andere gottesdienstliche Handlungen und Vollzüge. Ich bleibe bei der üblichen Predigt und frage, angeregt durch die kollegiale Diagnose, nach der Rolle der Kreativität in einer ästhetisch ausgerichteten Predigtarbeit.

Ich denke, dem Erstickungstod im Gefolge des kreativen Imperativs sei nicht wirklich beizukommen, aber mindestens vorzubeugen durch das, was wesentlich zur öffentlichen Rede gehört: Lust an Sprache. Das würde im Prinzip den Imperativ ins Leere laufen lassen, weil die Kreativität, die er fordert, selbst-

[3] Vgl. Koll, Predigtkunst.

verständlich zum Leben des Predigers oder der Predigerin gehört. Ich will aus meiner Sicht und sehr subjektiv konkretisieren, wie das aussehen könnte. Wenn, beispielsweise, mit der *Süddeutschen Zeitung* die Kreativität schon früh am Morgen sehr konkret auf dem Tisch liegt. Vom *Streiflicht* auf der ersten Seite darf erwartet werden, dass eine Pointe dramaturgisch geschickt angesteuert, ein Phänomen mit dem anderen überraschend in Verbindung gebracht und bei jeder Gelegenheit die Sprungfähigkeit der Sprache getestet wird. An manchen Tagen nehme ich in, mit und unter Kaffee und *Streiflicht* eine Tagesration *Creatrix Retard* ein. Das sollte dann bis zum Abend reichen.

Noch in der Weise freilich, in der ich vom *Streiflicht* am Morgen erzähle, spiele ich dem kreativen Imperativ in die Hände. Denn ich finde das *Streiflicht* gut, weil es in morgentauglicher Dosierung die Kreativität anregt. Ich will dem Imperativ zuvorkommen. Und werde ihn nicht los. Wie es wäre, „unkreativ" zu sein, will ich mir gar nicht ausmalen. Irgendwie muss, auch wer die Diagnose von Julia Koll teilt, am Ende doch wieder kreativ sein.

Dabei kommt Kreativität letztendlich nie auf Befehl. Der „kreative Imperativ" ist ein Widerspruch in sich. Ein Imperativ, der fordert, was nicht gefordert werden kann, produziert Überforderung. Ich halte es für hilfreich, wenn sich diese Einsicht mit einer Theologie verbindet, welche die Kreativität lebensförderlich und im Gotteshorizont zur Geltung bringen möchte. Rudolf Bohren nimmt jene Schöpferkraft in den Blick, die einen Menschen erhebt und groß macht. Da werden meine eigenen Fähigkeiten aktiviert. Da verspüre ich auf einmal Rückenwind. Da gehe ich mit neuem Mut ans Werk. Da ist der Heilige Geist am Wirken, sagt Bohren. Mit Hilfe der Pneumatologie gelingt es ihm, menschliche Aktivität und Kreativität nicht zu entwerten, sondern zu würdigen. Er sieht, unter himmlischer Federführung, die Fähigkeiten des Menschen und den Schöpfergeist Gottes in Wechselwirkung. „Theonome Reziprozität" ist der monströs unkreative Begriff, mit dem Rudolf Bohren das Phänomen der Kreativität zu fassen suchte.[4]

Der Glaube an den Heiligen Geist, den *Spiritus Creator*, bringt gleichsam mit einem kreativen Indikativ den kreativen Imperativ in die Balance oder gar zu Fall. Wenn ich etwas nicht kann, es aber trotzdem tun soll (Imperativ), entsteht Überforderung. Wenn ich aber entdecke, was ich wider Erwarten doch alles kann (Indikativ), dann wird die Überforderung klein, kleiner, verschwindend klein. Gottes Geist macht nicht die Aufgabe klein, aber den Menschen groß. Im Deutehorizont der Pneumatologie, so Bohren, „ist alles Machbare auch wunderbar".[5] Das ist Theorie, mag man einwenden. Ja, es ist Theorie. Theologische

4 Vgl. Bohren, Predigtlehre 74–82 u. ö. Die „theonome Reziprozität" stammt zwar von Arnold A. van Ruler, aber Bohren hätte den Begriff, wenn er gewollt hätte, ersetzen können.

5 Ebd., 77.

Theorie. Sie markiert auf ihre begriffliche Weise ein Segment christlicher Spiritualität oder schlicht eine Lebenspraxis, in der ein Mensch mit seinen eigenen schöpferischen Kräften und Fähigkeiten ein wenig dazu beiträgt, dass, wie Bohren einst mit seinem Buchtitel imaginierte, Gott schön werde.

Und wenn die Kreativität ausbleibt? Dann muss ich noch immer keinen zweifelhaften Kreativitätspakt eingehen. Den Pakt mit einem Anbieter im Internet, dessen Predigt-Datenbank Zugriff gewährt auf die geballte Kreativität der Anderen. Den Pakt mit der örtlichen Wellness-Oase, in der professionelle Tiefenentspannung die eigene Kreativität wieder ins Fließen bringt. Oder eben gleich den Pakt mit dem Teufel, der in jedem Fall für Massenandrang bei meinen Predigten sorgen würde.

Wenn die Kreativität ausbleibt, dann sollte man nicht ausgerechnet in dieser Situation auf Kreativitätsschübe warten, sondern um den Heiligen Geist bitten, sich auf das Bibelwort konzentrieren und mit solidem Predigthandwerk die Zeit überbrücken.

Harte Botschaft Herrlichkeit

Joh 12,20–26

Lätare
30. März 2003
Christuskirche
Erlangen-Dechsendorf

1 Hart und herrlich

Es ist Frühling geworden. Die Sonne wärmt das Land. Die Kinder hält es nicht im Haus und die Blumen nicht unter der Erde.

Es ist Frühling geworden – mitten in der Passionszeit. Während bei uns die Blumen raus wollen und sich zeigen in bunten Farben, suchen anderswo Menschen Schutz in Kellern. Ich bemühe mich um Normalität. Aber im Autoradio, in der Zeitung, im Fernsehen stehen die Zeichen auf Krieg. Das Lachen meiner Kinder draußen in der Frühlingssonne mischt sich mit dem Heulen der Sirenen: Luftalarm über Bagdad.[6]

Dieser Sonntag ist ein Frühlingssonntag mitten in der Passion. „Laetare" heißt er, „Freue dich!" „Klein-Ostern" wird er auch genannt, und es klingt fröhlich. Unvermittelt stehen die Gegensätze nebeneinander. Hart und schrill die Töne der Passion: um des Lebens willen sterben, sein Leben hassen, dem Herrn nachfolgen bis ans Kreuz.[7] Und mittendrin, vorhin als Lesung zu hören, ein Osterklang aus der Hebräischen Bibel: *Es sollen wohl Berge weichen und Hügel hinfallen, aber meine Gnade soll nicht von dir weichen, und der Bund meines Friedens soll nicht hinfallen, spricht der Herr, dein Erbarmer.*[8]

Von diesen und anderen „Herrlichkeiten" spricht Jesus an diesem Sonntag. Er blickt voraus auf das Kreuz, richtet meinen Blick auf die Schädelstätte – und spricht von „Herrlichkeit": *Die Zeit ist gekommen,* so sagt er, *dass der Menschensohn verherrlicht werde.* Eine merkwürdige Mischung. Hart ist das. Hart und herrlich. Harte Botschaft Herrlichkeit.

---

6 Der zweite Irakkrieg hatte am 20. März 2003 begonnen. Die Bilder aus Bagdad waren allgegenwärtig, ebenso Parolen wie die „Koalition der Willigen", mit denen Präsident George W. Bush die Welt in sein wenig differenziertes Weltbild zwingen wollte.

7 Die Infinitive nehmen Motive und Wendungen aus dem Predigttext auf.

8 Der Abschnitt Jes 54,7–10, auf den ich mich in Move 1 beziehe, war und ist die alttestamentliche Lesung für den Sonntag Lätare.

2 Tod dem Weizenkorn

Herrlichkeit – kein schlechter Auftakt. Und dann, im Naturbild notdürftig gemildert, die harte Rede vom Sterben, vom Tod: *Wenn das Weizenkorn nicht in die Erde fällt und erstirbt, so bleibt es allein; wenn es aber erstirbt, bringt es viel Frucht.*

Wenn das Weizenkorn nicht in die Erde fällt und erstirbt ... Das kann banal klingen, erschreckend einfach. Etwa so: Ohne Winter kein Frühling. Oder: Ohne Anstrengung wirst du nicht zum Ziel kommen. Oder: Ohne Dunkel kein Licht. Dann ist das nichts anderes als eine Allerweltsweisheit.

Wenn das Weizenkorn nicht in die Erde fällt und erstirbt ... Das kann zynisch klingen und brutal. Etwa so: Wenn es nicht Bombennächte gibt, nicht Tod und Verwüstung, wird Frieden nicht blühen im Irak. Nur aus dem Krieg wächst die Freiheit.

Wenn das Weizenkorn nicht in die Erde fällt und erstirbt ... Das ist eine schwierige Rede. Sie kann banal klingen oder zynisch. Zugegeben. Aber ich habe Jesus noch nie für einen Phrasendrescher gehalten oder für einen Kriegstreiber. Auch die härtesten Worte meinen es gut mit mir, mit uns. Es lohnt sich, wieder und wieder hinzuhören; davon bin ich überzeugt. *Die Zeit ist gekommen, so sagt er, dass der Menschensohn „verherrlicht" werde.* „Herrlichkeit" ist das Vorzeichen vor allem, was da an harten Sätzen noch folgt.

3 Hass auf das Leben

Hart ist es, was Jesus sagt. Am härtesten ist jener Satz vom Hass auf das Leben: *Wer sein Leben auf dieser Welt hasst, der wird's erhalten zum ewigen Leben.* Kommentare sagen, da übertreibe Jesus. Er meine, ich solle mein ureigenes Leben nicht so furchtbar wichtig nehmen, mehr an die anderen denken und mich überhaupt ein wenig christlicher benehmen. Aber warum sagt er dann nicht, was er meint? Warum die schrecklichen Worte vom Hass auf das Leben? Mit dem Leben spielt man nicht, auch nicht mit Worten. Hass auf das Leben – ist nicht ein Demagoge, wer solches predigt? Ist das nicht Predigt für Glaubenskämpfer? Für Selbstmordattentäter? *Wer sein Leben auf dieser Welt hasst, der wird's erhalten zum ewigen Leben.* Eine gefährliche Sprache ist das. Ich könnte so einen Satz auch gut und gerne lesen als Parole derer, die sich in die Luft sprengen.

Wer sein Leben auf dieser Welt hasst ... Oder der Satz vom unbedingten Gehorsam: *Wer mir dienen will, der folge mir nach.* Vielleicht klangen solche Sätze in der Rede Jesu noch nie so hart wie in den Zeiten seit dem 11. September.[9] Ich

---

9 Gemeint ist der 11. September 2001, in den USA als 9/11 präsent. Damals wurden bei einem Terroranschlag mit entführten Flugzeugen in New York City die Zwillingstürme des World Trade Center zerstört und fast 3000 Menschen getötet.

muss genau wissen, wer solches sagt. Ein großer Vorschuss an Vertrauen ist nötig, damit ich mich bei solcher Rede nicht einfach wegwende. Sondern hinhöre, wieder und wieder hinhöre.

4 Vertrauen von weither

Ich habe Vertrauen. Und Ihr habt es auch. Wir wären sonst nicht hier: versammelt im Namen und in der Gegenwart dessen, der von den Toten auferstand am dritten Tage. Gleich werde ich die Sätze Jesu lesen, wie sie in der Bibel stehen. Ich habe Vertrauen in diese Sätze, weil sie von weither kommen. Aus einer Welt jenseits von Banalität und Zynismus. Aus jener Welt, in der das Leben selbst den Stein wegwälzt von den Gräbern. Aus jener Welt, in der die Kinder unbesorgt aus dem Haus können und die Blumen aus der Erde. Aus Gottes neuer Welt, in der der *Bund des Friedens* aufgerichtet ist wie ein gigantischer Regenbogen: über der Koalition der Willigen ebenso wie über den vielen Unwilligen und auch über denen, *die da wohnen im finstern Lande.*[10] Nur wenn die Botschaft von dort kommt, von weither, bin ich bereit sie zu akzeptieren: jene harte Botschaft Herrlichkeit.

5 Jesus sehen will ich nicht

→ Kommentar

6 Harte Botschaft Herrlichkeit

So wird die Begebenheit im Johannesevangelium erzählt:

> *Es waren aber einige Griechen unter denen, die heraufgekommen waren, um anzubeten auf dem Fest.*
> *Die traten zu Philippus, der von Betsaida aus Galiläa war, und baten ihn und sprachen: Herr, wir wollten Jesus gerne sehen.*
> *Philippus kommt und sagt es Andreas, und Philippus und Andreas sagen's Jesus weiter.*
> *Jesus aber antwortete ihnen und sprach: Die Zeit ist gekommen, dass der Menschensohn verherrlicht werde.*

---

10 Jes 9,1.

Wahrlich, wahrlich, ich sage euch: Wenn das Weizenkorn nicht in die Erde fällt und erstirbt, bleibt es allein; wenn es aber erstirbt, bringt es viel Frucht.
Wer sein Leben lieb hat, der wird's verlieren; und wer sein Leben auf dieser Welt hasst, der wird's erhalten zum ewigen Leben.
Wer mir dienen will, der folge mir nach; und wo ich bin, da soll mein Diener auch sein. Und wer mir dienen wird, den wird mein Vater ehren.

Joh 12,20–26 (Lutherbibel 1984)

Kommentar

Zeitansage

Laetare, lateinisch: Freue dich! Der Sonntag Lätare, „Klein-Ostern" mitten in der Fastenzeit, ein erster Frühlingshauch im gottesdienstlichen Raum der Passion: Vorösterlich intoniert der liturgische Ort die Predigt.

Die Texte, die diesem liturgischen Ort zugeordnet sind, schwanken zwischen der Nachfolge-Tonart der Passionszeit und dem vorösterlichen Klang des Sonntags Lätare. Das Evangelium[11], markant verdichtet im Wochenspruch, gibt den Ton an: Das Weizenkorn bringt viel Frucht – aber zuvor muss es in die Erde fallen und ersterben. Die Epistel[12] spricht den Trost Christi zu – denen, die in Bedrängnis sind. Am deutlichsten erscheint die alttestamentliche Lesung[13] in der Lätare-Tonart: Die Verlassenheit unter dem Zorn Gottes wird zum „Augenblick" angesichts eines Friedens, der, dem Regenbogen gleich, bis in die Ewigkeit reicht.

Gedämpfte, anfängliche Freude, Vorfreude ist es, die den Sonntag bestimmt. Ostern lässt sich nicht unterdrücken. Es kommt ins Jahr wie die Blumen aus der Erde. Der Sonntag Lätare eröffnet einen insgesamt hellen, freundlichen Klangraum für die Worte der Predigt. Wundersames in strenger Zeit. Ein Sonntag im Schwebezustand. Zeit zwischen den Zeiten.

Bei der Relecture der Predigt war ich erstaunt, wie gleich zu Beginn der Sonntag Lätare zum Leuchten kommt, ohne dass der beginnende Irakkrieg beschönigt oder verschwiegen wäre. Zugleich erfreute mich hermeneutisch, was in der Sache schrecklich war: wie der Irakkrieg einen johanneisch abständigen Text so brandaktuell werden ließ, dass der Predigt nichts zu tun blieb, als die mit der Situation gegebene Aktualität der biblischen Vorgabe zur Sprache zu bringen.

Hart und herrlich

Die Titel kommen der Gemeinde nicht zu Gehör, aber zugute. Sie spielen eine wichtige Rolle in der homiletischen Selbstreflexion des Predigers oder der Predigerin. Ich ging nun, Jahre später, die alten Titel noch einmal durch, fand sie nicht wirklich treffsicher und formulierte sie neu. Nach meiner Einschätzung wirkt die originale Titelreihe nun weichgezeichnet, während die modifizierte Titelreihe mit der „Härte" deutlich an Kontur gewinnt:

---

11 Joh 12,20–26. Aus dem Evangelium ist der Wochenspruch genommen: V. 24. Es handelt sich um die alte Perikopenordnung (vor 2017).

12 2Kor 1,3–7.

13 Jes 54,7–10.

Titel (original)	*Move*	*Titel (korrigiert)*
Fremde Botschaft Herrlichkeit		Harte Botschaft Herrlichkeit
Fremde Botschaft Herrlichkeit	1	Harte Herrlichkeit
Weizenkorn und Ostersonne	2	Tod dem Weizenkorn
Der fremde Jesus	3	Hass auf das Leben
Klänge von weither	4	Vertrauen von weither
Jesus sehen will ich nicht	5	[gestrichen]
Fremde Botschaft Herrlichkeit	6	Harte Botschaft Herrlichkeit

Der Grund für die unpassenden Titel von damals liegt in einer Schwäche, die alle kennen und der niemand sicher entkommt: Lieblingsgedanken. Ich habe eine Schwäche für die nicht mehr ganz neue, aber noch immer einigermaßen modische Kategorie des Fremden. Wo Gottes Zeit in der Weltzeit manifest wird, habe ich es mit Phänomenen von Fremdheit zu tun. Meine Gedanken waren bei dem Fremden, lange bevor ich mich an die Predigt machte. Gedanken, die mich nicht loslassen und sich auch in Zusammenhänge einmischen, in die sie nicht gehören, Lieblingsgedanken eben.

„Fremde Botschaft Herrlichkeit" titelte ich die entstehende Predigt, dachte bei der Formulierung unterschwellig an die „Fremde Heimat Kirche"[14], erfreute mich an dem „Fremden" – und übersah, dass es in Joh 12 um eine Rede Jesu geht, die nicht fremd ist, sondern hart. „Hart" ist hart; „fremd" ist zwar die Herkunft der Botschaft, aber die Fakten sind hart. Wenn ich „fremd" zum Leitwort mache, vermindert das potenziell den Härtegrad dessen, was da in Rede steht. Auch wer Jesus keine Härte zu attestieren bereit ist, der muss mir dann doch beim Irakkrieg, der die homiletische Situation massiv bestimmte, zustimmen: Krieg ist nicht fremd, sondern hart. „Harte Botschaft Herrlichkeit" – so hätte, wäre ich nicht einem meiner Lieblingsgedanken gefolgt, der Titel für die Predigt schon damals lauten müssen. In der hier vorliegenden Fassung habe ich konsequent „fremd" durch „hart" ersetzt.

Nett und deplatziert

Move 5 war Teil der Predigt. Ich trug ihn gerne vor, ging frohgemut nach Hause und freute mich über die Auflockerung, die der Move nach meinem Empfinden

[14] Vgl. Engelhardt u.a. (Hg.), Fremde Heimat Kirche. Die dritte EKD-Erhebung über Kirchenmitgliedschaft.

gebracht hatte. Erst Jahre später, als die Predigt im Oberseminar zur Besprechung anstand, wurde mir dieser Move fragwürdig. Meine Mitarbeiterinnen waren unbarmherzig. Ich könnte auch sagen: unbestechlich. Sie attestierten mir eine nette, leichtgewichtige und überflüssige Predigtsequenz.

Was sich offenbar locker und leicht anhörte, war ein recht voluminöser Move, der sich in der Rückschau und nach Streichung einer von der kollegialen Beratung besonders beanstandeten Passage dreigeteilt präsentiert:

> *[Move 5a]* 1994 war ich erstmals in den USA. Noch benommen vom Flug, war ich den ersten Tag unterwegs in Downtown Chicago. Nichts wie zu *Rose Records*, dem legendären CD-Geschäft! Als ich rauskam, eine Menschenmenge … „Was geht hier vor?", fragte ich. „The President is coming." Und schon fuhr er vorüber, Bill Clinton mit Hillary, freundlich winkend hinter gepanzerten Scheiben, unterwegs zum Stadion, Fussball-WM, wo die deutsche Elf am Nachmittag glanzlos verlieren sollte. Ich wollte Bill Clinton gar nicht sehen. Es geschah so. Ich traf ihn auf der Straße.
>
> *[Move 5b]* Den amerikanischen Präsidenten sehen, einfach so, beim Einkaufen – das ist nicht schlecht. Aber ich käme nicht auf die Idee zu sagen: Ich wollte Bill Clinton gerne sehen. Oder gar – Jesus. Das aber sagten die griechischen Touristen, die nach Jerusalem gekommen waren zum Fest: *Wir wollten Jesus gerne sehen.* Wie das damals genau war, weiß ich nicht. Aber heute, da bin ich mir sicher, möchte ich ihn nicht sehen. *Ich lebe lieber im Glauben als im Schauen.*[15] Nein, Jesus sehen will ich nicht. Jetzt noch nicht.
>
> *[Move 5c]* Ich bin froh, dass Jesus von sich aus eine Begegnung mit den Touristen ablehnt. Auf den Wunsch, der ihm überbracht wird, geht er gar nicht ein. Jesus ist kein Filmstar und kein Präsident. Mit denen, die ihn unbedingt sehen wollen, redet er nicht. Nur zu seinen engsten Jüngern redet er. Diesmal jedenfalls. Zu denen, die ihm vertrauen und zu denen er Vertrauen hat.

Diesen Move einfach streichen? Er war an sich nicht schlecht. Immerhin beleuchtet er eine Stelle im Bibeltext, die sonst keine Repräsentanz in der Predigt hätte: *Wir wollten gerne Jesus sehen.* Wenn ich ihn ersatzlos streiche, entsteht eine Lücke, die den Schluss in Gestalt der Lesung zu unvermittelt herbeiführt. Was also tun mit Move 5?

Meine Überlegung für eine Lösung des Problems beruht auf der Möglichkeit, den Move in drei Sequenzen aufzuteilen. Man könnte aus Move 5a und Move 5c einen kurzen Move gestalten, der noch einmal den Blick auf die Person richtet, die gleich reden wird: der vorletzte Move als retardierendes Moment und personale Fokussierung … Aber für Verbesserungen und Korrekturen sollte man nicht zuerst den Autor fragen, denn der könnte wieder, durch alle Kontrollen hindurch, einen seiner Lieblingsgedanken auf die Kanzel schmuggeln.

---

15 Vgl. 2Kor 5,7.

Öffnung zum Finale

Eine Eigenart dieser Predigt ist es, dass sie nicht einen verlesenen Bibeltext auslegt, sondern in einen zu lesenden Bibeltext mündet. Das Verfahren kommt bei den Predigten in diesem Buch mehrfach zur Geltung. Während mir beispielsweise bei der letzten Predigt (Kapitel X) das Verfahren absolut stimmig erscheint, bleibt es bei dieser Predigt ambivalent. Es war mein erster Versuch in dieser Sache. Was ungewohnt war für mich, musste für die Gemeinde erst recht ungewohnt sein. Deshalb wies ich, um Irritationen zu vermeiden, bereits zu Beginn des Gottesdienstes auf diese Besonderheit hin.

Das Verfahren lässt sich inspirieren von der rabbinischen „Peticha" (hebr. Eröffnung). Der Prediger „eröffnet" seine Predigt mit einem Text aus einem vom Zieltext weit entfernten biblischen Zusammenhang, um schließlich in die von der Gemeinde erwartete Sabbat-Lesung aus der Tora zu münden.[16] Ich rekurriere nur auf die finale Hälfte der Peticha, indem ich sozusagen in den Text hineinpredige. Der Bibeltext wird nicht vor und auch nicht nach der Predigt, sondern als ihr Höhepunkt gelesen. Die Peticha in der adaptierten Version kann nur funktionieren, wenn der Bibeltext als letzter Move der Predigt ein Finale liefert, in dem etwas geschieht, was ohne diesen Move nicht geschehen würde. In diesem Fall bestand der finale „Überschuss" in einem möglichst vertrauensvollen Hören der Worte Jesu, nachdem zuvor manchen Einwänden und Widerständen Raum gegeben worden war.

16 Vgl. Deeg, Predigt und Derascha, 475–528; Nicol / Deeg, Wechselschritt, 99.

VII
Zweisprachigkeit
Glaube und Theologie

- **Prinzipiell zweisprachig**
  Predigt und Homiletik
- **Einander voraus**
  Wettstreit der Sprachen
- **Diskurs und Divertimento**
  Was eine Programmschrift leistet
- **Predigt geht anders**
  Sprache und Layout

Prinzipiell zweisprachig
Predigt und Homiletik

Homiletik ist nicht Predigt. Die Homiletik denkt über das Predigen nach, aber sie predigt nicht. Wie Theologie überhaupt auf einer anderen Ebene stattfindet als der Glaube und all die Handlungen und Phänomene, die sie bedenkt. Natürlich hat man es auf beiden Ebenen mit Gott zu tun. Aber in der Theologie kommt der Gottesbezug anders zur Geltung als im Gottesdienst. Die Vorlesung zur Homiletik ist eine andere Redegattung als die Predigt. Wo im einen Fall das Amen erwartet wird, würde es im anderen Fall erheblich irritieren.

Wie also bezieht sich die Homiletik auf die Predigt? Dieser Frage näherte sich Johannes Greifenstein. Er machte auf ein Problem aufmerksam, das zur Homiletik gehört, aber von ihr in der Regel pragmatisch gelöst und nicht eigens bedacht wird: das Verhältnis von Praxisbeispiel und Theoriebildung.[1] In mehreren homiletischen Konzepten arbeitete Greifenstein diesen sensiblen Punkt heraus. Dabei öffnet sich dem Leser der Blick von einem homiletischen Detailproblem auf den größeren Zusammenhang der Theorie-Praxis-Relation. Diese ist seit Jahrzehnten immer wieder Gegenstand engagierter Debatten gewesen. Eigentlich sollte eine schlichte lineare Zuordnung der Vergangenheit angehören. Aber nicht nur Johannes Greifenstein wundert sich, wie ausgerechnet im Untertitel einer ansonsten überaus hilfreichen Zusammenschau von homiletischen Kon-

1 Greifenstein, Praxisbeispiel.

zepten so ungeniert von „Umsetzung“ gesprochen werden kann: „Aktuelle Konzepte und ihre Umsetzung“. Im Buch selbst wird differenziert argumentiert. So heißt es beispielsweise, Praxis und Theorie seien „wechselseitig überschüssig“.[2] Aber der Begriff „Umsetzung“, prominent im Untertitel und damit auf der Titelseite, sendet ein problematisches Signal. Demnach hätte die Predigtpraxis „umzusetzen“, was sich die Predigttheorie ausgedacht hat. Als ob nicht längst klar wäre, dass sich die Predigt ebenso wenig als „Umsetzung“ der Homiletik darstellt wie die Fahrpraxis beim Auto einfach als „Umsetzung“ dessen, was in der Theorie der Fahrschule zu lernen war. „Vorsicht, Herr Nicol,“ hätte mein Fahrlehrer gesagt, „das geht an den Baum!“

Predigt und Homiletik sind also anders ins Verhältnis zu setzen. Ich gehe von einer prinzipiellen Differenz aus: In der Predigt geschieht, was in der Homiletik reflektiert wird.[3] Dann hätte ich es mit zwei Sprechweisen zu tun, besser: Sprechebenen, kurz und praktikabel: Sprachen. Zweisprachig ist, wem die Sprache beim Predigen selbst wie auch die Sprache der homiletischen Reflexion in gleicher Weise zu Gebote steht.

In der Theologie des 20. Jahrhunderts begegnet solche Zweisprachigkeit mit fundamentaltheologischer Bestimmtheit. Gerhard Ebeling beispielsweise präsentierte seine „Theologische Sprachlehre“ (1971) und schlug eine konzeptionelle Zweisprachigkeit vor: Eine „Sprache des Glaubens“ und eine „Sprache der Theologie“ seien zu unterscheiden.[4] Eine ganz ähnliche Unterscheidung machte Friedrich Mildenberger Anfang der 1990er Jahre zur Grundlage seiner „Biblischen Dogmatik“.[5] Er postulierte eine „einfache Gottesrede“, die der Theologie als einer wissenschaftlichen Denkbemühung zugleich vor- und aufgegeben sei. Theologie und Verkündigung bleiben, je eigen geprägt und selbstbewusst, spannungsvoll aufeinander bezogen.[6]

Beide Theologen gehen davon aus, dass die Sprache des Glaubens nicht von der Theologie erzeugt wird, sondern ihr vorgegeben ist. Sie bildet sich, indem Lebenswirklichkeit mit Hilfe biblischer Texte, Textstücke oder auch nur Textfragmente zur Sprache kommt. Nicht das „fixierte und konservierte Bibelwort“[7], so Ebeling, mache schon die Sprache des Glaubens aus, sondern das Bibelwort, das in Situationen des Lebens „in besonderer Weise zum Klingen“ kommt.[8] Wenn sich die Sprache der Theologie reflexiv auf die Sprache des Glaubens bezieht,

2 Charbonnier u. a. [Hg.], Homiletik, 15.
3 Vgl. dazu auch Nicol, Ereignis und Kritik.
4 Vgl. Ebeling, Einführung in theologische Sprachlehre, bes. 219–233.
5 Mildenberger, Biblische Dogmatik. Vgl. auch ders., Kleine Predigtlehre.
6 Vgl. ders., Biblische Dogmatik I, 11–30.
7 Ebeling, Sprachlehre, 228.
8 Ebd., 229.

dann wird Theologie zur „Sprachlehre des Glaubens“[9]. Als solche begleitet sie konstruktiv und kritisch die Sprechbemühungen und Äußerungen gelebter Religiosität in und außerhalb der Kirche.

Die beiden Dogmatiker waren mit ihrem Konzept der Zweisprachigkeit nicht allein. Ich nenne Vertreter anderer Disziplinen und einen Nichttheologen, die ebenfalls zwei Sprachen bzw. Sprechweisen unterscheiden. Joachim Scharfenberg[10] beispielsweise ordnete der Theologie die Definition zu, dem Glauben aber das Symbol. Hans Weder[11] unterschied eine definitorische und eine bildhafte, Christian Link[12] eine begriffliche und eine erfahrungsbezogene Sprache. Unserer modernen Wahrnehmung kommt Paul Watzlawick[13] entgegen, wenn er eine digitale der analogen Kommunikation gegenüberstellt. Die Glaubenssprache der Predigt wäre damit eine symbolische, bildhafte, erfahrungsbezogene Sprache, die sich als analoge Sprechbemühung von der Digitalsprachlichkeit der theologischen Wissenschaft abhebt.

Ich wende die prinzipiellen Überlegungen zur Zweisprachigkeit auf das Phänomen Predigt an. Dann wäre es, folgt man Ebelings „Sprachlehre“, die Aufgabe wissenschaftlicher Homiletik, darauf zu achten, wie in der Predigt Glaube und Welterfahrung aufeinander bezogen sind.[14] Die Dramaturgische Homiletik versteht das sehr konkret und richtet ihr Augenmerk auf das Miteinander von Bibelwort und Kanzelsprache.[15] Sie fragt, wie in der gehaltenen oder geplanten Predigt die wörtlich zitierte Sprache der Bibel (Glaube) und die eigene Sprache des Predigers oder der Predigerin (Welterfahrung) ins Verhältnis gesetzt sind.

Zweisprachigkeit ist kein Spezialproblem der Homiletik. Es geht dabei immer auch um das fundamentale Problem, wie sich die wissenschaftliche Theologie auf Glauben und Kirche bezieht und wie sie sich mit ihrer Wahrnehmung von gelebter Religion in der Universität verortet. Es scheint, als stünde das Verhältnis der beiden Sprachen erneut zur Diskussion. Darauf deutet auch die Beobachtung eines katholischen Kollegen hin.[16] Es gebe, so Johannes Först, in der deutschen Universitätstheologie eine Tendenz, Gott lediglich „als semantische Größe“ zu behandeln. Das würde bedeuten, dass die als unwissenschaftlich geltende „Metafrage“ nach „Gott als Gott“ von Seiten der Theologie gar nicht mehr zu stellen sei. Einen „methodologischen Agnostizismus“ nennt Johannes Först ein solches Verfahren.

9 Ebd., 227 u. ö.

10 Scharfenberg, Einführung in die Pastoralpsychologie, 44 f., 92–94.

11 Weder, Sprache und Wirklichkeit, 174 f.

12 Link, Gleichnisse als bewohnte Bildwelten, 146 f.

13 Watzlawick u. a., Menschliche Kommunikation, 61–68.

14 Vgl. ebd., 232.

15 Vgl. Deeg / Nicol (Hg.), Bibelwort und Kanzelsprache.

16 Först, Gottesfrage, 8.

Wer homiletisch nach der Predigt fragt, kann „Gott" nicht lediglich als „semantische Größe" behandeln. Die Predigt begegnet genuin im gottesdienstlichen Kontext. Dort geschieht sie ausdrücklich „im Namen" und damit in der Gegenwart des dreieinigen Gottes. Der Gottesbezug gehört so wesentlich zur Glaubenssprache der Predigt, dass sich eine wissenschaftliche Homiletik, will sie ihren Gegenstand nicht verfehlen, um diesen Gottesbezug kümmern muss.

Einander voraus

Wettstreit der Sprachen

Predigt und Homiletik sind ein Paar. Sie sind ein Paar, das selten traumtänzerisch harmoniert, dafür aber verlässlich seine Differenzen kultiviert. Ihre Partnerschaft erwächst und lebt nicht aus problemlosem Einverständnis, sondern aus produktiver Spannung. Nur wenn sie unterschieden bleiben, sind sie füreinander interessant.[17]

Die Spannung bleibt produktiv, auch wenn auf der einen oder der anderen Seite Wünsche offenbleiben. So kann die Predigt des Homiletikers enttäuschend ausfallen. Das setzt seine Homiletik aber nicht zwangsläufig außer Kraft. Und gar nicht selten verwundert die homiletische Unbedarftheit dessen, der als guter Prediger gilt. Da entstehen interessante, bewegende, faszinierende Predigten mit einer enttäuschend unterbestimmten Theorie oder einer bis zur Unkenntlichkeit intuitiven Homiletik.

Man liegt dogmatisch nicht falsch, wenn man für solche Phänomene, dass etwas „trotzdem" gelingt, den Heiligen Geist verantwortlich macht. Da hätte dann der schöpferische Geist Gottes trotz praktischer Schwäche eine starke Homiletik und trotz homiletischer Schwäche eine starke Predigt in die Welt gesetzt. Aber man tut mit einer solchen Erklärung der Predigtarbeit nur bedingt einen Gefallen. Denn zur Wirkweise des Heiligen Geistes gehört selbst für den unerschütterlichen Wort-Gottes-Theologen Rudolf Bohren dies, dass Gottes Geist die Fähigkeiten des Menschen in Anspruch nimmt.[18] Die Pneumatologie fragt also primär nicht, wie Gottes Geist ein menschliches Defizit wundersam ausgleiche, sondern wie er, Defizit hin oder her, dem Menschen hilft, seine Gaben

---

17 Christian Albrecht und Bernd Schröder betonen in ihrem Profil-Text zur Reihe „Praktische Theologie in Geschichte und Gegenwart" (PThGG) als Kriterium für die Annahme eines Manuskripts, dass „die Arbeiten Praktische Theologie nicht verwechseln mit der Praxis, auf die sie bezogen ist" (vgl. die Bände der Reihe und die Präsentation des „Klappentextes" auf der Website des Verlags / mohrsiebeck.com). In meinem Konzept wäre die spannungsvolle Zuordnung ähnlich stark zu machen wie die klare Unterscheidung.

18 Vgl. Bohren, Predigtlehre, 73–82.

zu entdecken, zu kultivieren und für das öffentliche Reden von Gott solide bis glanzvoll einzusetzen.

Zwei Sprachen also, klar unterschieden, untrennbar aufeinander bezogen. Die Zweisprachigkeit lebt von der Spannung zwischen Predigt und Homiletik. Das bedeutet auch, dass Schrittfolgen und Schrittgeschwindigkeit unterschiedlich ausfallen.

Fall A: Die Homiletik ist der Predigt voraus. Beispielsweise dann, wenn die Homiletik eine Vision entwirft, wie Predigt sein könnte. Bei Ernst Lange war seiner visionären Homiletik des Hörers eine enorme Wirkung beschieden. Bei der Lektüre seiner Predigten dagegen stellt sich unweigerlich die Frage, wo denn „der Hörer" bleibe, der homiletisch so epochal wichtig geworden war, dass ihm im Prozess der Predigtarbeit sogar ein eigener „Anwalt" gestellt wurde.[19]

Fall B: Die Predigt ist der Homiletik voraus. Das geschieht regelmäßig in Fortbildungen zur Dramaturgischen Homiletik. Die Teilnehmenden erarbeiten im Laufe der Woche eine Kurzpredigt und liefern diese ab. Die Kursleitung hat, traditionell am Mittwochabend, die heikle Aufgabe, diese Texte einer ersten Beurteilung zu unterziehen. Natürlich dient als Kriterium das, was im Kurs dargeboten und erarbeitet wurde. Und fast immer ist das Erschrecken groß, wie wenig sich die Erkenntnis in den Köpfen auf dem Papier als Text niederschlägt. Am nächsten Tag werden die Texte in Kleingruppen nicht vorgelesen, sondern als Predigt vorgetragen: mit Glauben und Gestik der Person und mit einer Gruppe, die als Gemeinde fungiert. Und siehe da, die Texte vom Vorabend sind nicht wiederzuerkennen. Es sind dieselben Wörter und Sätze. Aber nun lese ich nicht, wie am Vorabend, abgegebene Texte, sondern erlebe gehaltene Predigten. Die sind noch lange nicht über jede Kritik erhaben; in der Gruppe werden denn auch Ungeschicklichkeiten oder Fehler mit handwerklicher Sorgfalt benannt. Aber diese Kurzpredigten haben zunächst einmal ihre eigene Würde und Wirkung. Da ist die Andacht der Analyse und die Predigt der Homiletik voraus.

Predigt und Homiletik sprechen ihre je eigene Sprache. Und bilden doch ein Paar, bei dem sich die Partner zu verstehen suchen. Jede der beiden Sprachen bringt eigene Erfahrungen und Fertigkeiten in den Dialog ein. Und immer ist eine der anderen voraus. Das darf nicht nur, das soll so sein. Nur so bleibt die Sache, um die es geht, in Bewegung.

19 Lange, Zur Theorie und Praxis der Predigtarbeit, 30: Bei den „Predigtstudien" sind die beiden Autorinnen oder Autoren als „Anwalt der Hörergemeinde" und als „Anwalt der Überlieferung" tätig.

Diskurs und Divertimento

Was eine Programmschrift leistet

Predigt und Homiletik sind die beiden Sprechebenen, die es zu unterscheiden und aufeinander zu beziehen gilt. Dazwischen gibt es eine Reihe weiterer Sprechebenen. Sofern sie näher bei der Homiletik sind als bei der Predigt, ordne ich sie der Sprache der Homiletik gewissermaßen als „Dialekte" zu. Die wichtigsten Dialekte sind die Predigthilfen in ihrer Vielfalt.[20] Dazu kommen Predigtbesprechungen in der Tagespresse oder Anleitungen für die Predigtpraxis. Zu den homiletischen Dialekten zählt auch eine Programmschrift, wie ich sie mit „Einander ins Bild setzen" intendiert und publiziert habe. Damals habe ich das Genus, das ich gewählt hatte, klar benannt:

> „Eine Programmschrift ist keine Dissertation und kein Lehrbuch. Vollständigkeit der wissenschaftlichen Information ist nicht angestrebt, und eine detaillierte Anleitung zur Predigtarbeit will ich nicht geben. Eine Programmschrift achtet aufs Modellhafte, zeichnet die Konturen dessen, was künftig Predigt sein könnte."[21]

Einer homiletischen Programmschrift kommt die Aufgabe der Vermittlung zu, und das in ganz unterschiedlichen Konstellationen. Wer eine Programmschrift publiziert, ermuntert und ermutigt Pastorinnen und Pastoren zum Predigen und macht Lust auf die homiletische Diskussion. Umgekehrt repräsentiert eine Programmschrift die erlebte, erlittene und ersehnte Predigt im homiletischen Diskurs. Sie erinnert die wissenschaftliche Analyse daran, dass sie nicht Analysen analysieren, sondern gelebten Glauben bedenken sollte.

So eine Programmschrift macht dem, der sie verfasst, Freude. Es macht Freude, der Wirkung auf der Spur zu sein, die, auch außerhalb der Universität, durch programmatische Bilder und Begriffe ausgelöst wird. Es macht Freude, die eigenen Ideen, die man als Programm in die Luft geworfen hatte, plötzlich bei Menschen vorzufinden, die damit etwas anfangen können. Und es macht Freude, irgendwo zwischen Wissenschaftsprosa, Abstract, Fußnote oder kleingedrucktem Exkurs nach einer Sprache zu suchen, die beweglich ist, Bewegung auslöst und den Leserinnen und Lesern etwas vermittelt von dem, was einem selbst vorschwebt.

Albrecht Grözinger hat die Kategorie der „Unterhaltung" akademisch und theologisch rehabilitiert.[22] Es ist nicht mehr ehrenrührig, auch auf unterhaltsame Weise für die Predigt zu werben. Wenn es eine homiletische Werkgruppe „Divertimento" gäbe, dann würde ich ihr eine Programmschrift wie „Einander

---

20 Vgl. Nicol, Im Ereignis den Text entdecken. Es geht in diesem Aufsatz um die Hermeneutik der im deutschsprachigen Raum angebotenen Predigthilfen.

21 Nicol, Einander ins Bild setzen, 15.

22 Vgl. Grözinger, Predigt als Unterhaltung [1987].

ins Bild setzen" zuordnen. Ein Divertimento in der Musik kann witzig sein, beschwingt, leicht, gelegentlich melancholisch. Die musikalische Referenz sagt nicht, dass man ein Buch schreiben könnte wie eine Musik. Aber der Vergleich erhöht den Mut, auch affektiv ganz bei der Sache zu sein, und die Freude, *in modo di divertimento* eine veränderte Praxis zu inspirieren. Predigen darf Freude machen. Wenn sich das auch in der Art und Weise bemerkbar macht, wie wir über das Predigen reden und zum Predigen anleiten, dann ist das nur sachgemäß.[23]

Das Genus „Programmschrift" hat in der Homiletik des 20. Jahrhunderts Markierungen hinterlassen, die man nicht gut übersehen kann. Ernst Langes initialer Vortrag „Zur Theorie und Praxis der Predigtarbeit" von 1967 lässt sich mühelos als Programmschrift kennzeichnen. Es gibt in der Praktischen Theologie wenige Texte, die so unmittelbar Wirkung zeigten wie Langes Programm; es entstand nämlich sehr rasch eine neue und neuartige Reihe von Predigthilfen, die „Predigtstudien". Gert Otto startete mit seinem schmalen Buch „Predigt als Rede" von 1976 einen Generalangriff auf eine rhetorikfeindliche Homiletik und eine lebensferne Bibelhermeneutik.[24] Lange und Otto wollten mit Homiletik die Predigt verändern. Sie suchten für ihre Schriften nach geeigneten rhetorischen Mitteln. Am auffälligsten sind die Thesen, mit denen beide ihre Absichten programmatisch zuspitzten.

Geschichte, Gehalt und Gestalt von praktisch-theologischen Programmschriften – eine interessante Perspektive, die mir erst durch die kritischen Anfragen an meine Programmschrift so richtig bewusst geworden ist. Was nun wiederum dafür spricht, die Debatte über Genus und Sprechebene, Machart und Wirkung homiletischer Beiträge sachdienlich weiterzuführen.

Predigt geht anders

Sprache und Layout

Predigt ist der hervorgehobene Ort, an dem sich, so Gerhard Ebeling, Glaube und Welterfahrung zu öffentlicher Rede verbinden. Die Art, wie das geschieht, kann nicht nur systematisch bestimmt, sie kann auch sehr konkret auf der Sprachoberfläche abgelesen und nachgezeichnet werden. Denn: Predigt geht anders. Predigt geht bis in Sprache und Syntax hinein anders. Friedrich Mildenberger beispielsweise verwies generell darauf, dass die Sprache der „einfachen

---

23 Wo sich Ruth Conrad und Martin Weeber mit dem Genus einer Programmschrift sichtlich schwertun (Prot. Predigtlehre, 296 A. 1), übt Hans Martin Dober fundamentale Kritik (Von den Künsten lernen, 159–165 u. ö.) – auf der äußerst dürftigen Textbasis des auszugsweisen Abdrucks bei Conrad / Weeber.

24 Vgl. Nicol, Predigt als Rede. Zur Homiletik von Gert Otto [2007].

Gottesrede" eher verbalen als nominalen Charakter trage. Sodann benannte er sehr konkret Sprechhandlungen, die zum Genus Predigt gehören: „Bekennen, Bezeugen, Bitten, Danken, Trösten, Ermahnen, Zurechtweisen, Belehren". Zwei solcher Sprechhandlungen hebt er eigens hervor: „Loben, die Doxologie, und Erzählen haben dabei noch einmal ihren besonderen Rang."[25] Die Sprache des Glaubens kann sich bis in Gegebenheiten bei Wortschatz und Grammatik von der Sprache der theologischen Wissenschaft abheben.

An dieser Stelle möchte ich eine Unterscheidung thematisieren, die in unserer Didaktik eine wichtige Rolle spielt: *RedenÜber* und *RedenIn*. Diese Unterscheidung ist nicht identisch mit der prinzipiellen Zweisprachigkeit von Glauben und Theologie, bildet sie aber in gewisser Weise ab. Beispiel Trost: Grundsätzlich soll die Predigt nicht über das Trösten reden (RedenÜber), sondern trösten (RedenIn). Das bedeutet aber noch lange nicht, dass das *RedenÜber* von der Kanzel zu verbannen wäre. Das *RedenÜber* ist die Sprechebene innerhalb der Predigt, die eher der Ebene wissenschaftlichen Redens zuzuordnen ist, aber primär auf die Kanzel und nicht in den Hörsaal gehört. Auch in der Predigt gibt es die Notwendigkeit, Gefühlslagen aus der Distanz zu betrachten und über Sachverhalte schlichtweg zu informieren. Dramaturgisch Predigen bedeutet nicht durchgängig lyrisches Raunen oder fiktionales Erzählen, monologisches Drama oder journalistischen Essay. Es würde alle Beteiligten überfordern, eine ganze Predigt im *RedenIn*-Modus durchzustehen. Schon gar nicht haben wir jemals den narrativen Dauerstress propagiert. Wie so oft ist es die Mischung, die überzeugt. Predigt ist eine Rede, die sich neugierig umschaut, Anregungen aufnimmt, Vielfalt der Ausdrucksweisen schätzt und dabei eine Sprache des Glaubens anstrebt, ohne dass die Theologie sozusagen auf Predigtzeit zum Schweigen verdammt wäre.

Selbstverständlich bemühe ich mich, in meinen eigenen Predigten eine Sprache des Glaubens zu sprechen. Dieses Bemühen manifestiert sich über den Wortlaut hinaus auch in der Weise, wie ich die Predigt-Rede schriftlich darstelle. Denn Predigt ist mündliche Rede, ist Kommunikation auf Augenhöhe. Auch die schriftlich fixierte Predigt bleibt, mit der schönen Unterscheidung von Bernard Reymond, *oraliture*, mündliche Rede, im Gegenüber zu *littérature*, die sich der geschriebenen Sprache widmet.[26] Darum sollte das Manuskript so beschaffen sein, dass bereits am Schriftbild die Mündlichkeit der Rede kenntlich wird:

25 Mildenberger, Biblische Dogmatik I, 20.

26 Vgl. Reymond, De vive voix. Das Buch entwirft ein Konzept von Predigt, das sich der *oraliture* verdankt und einer „Religion der Brillenträger" (une religion réservée aux porteurs de lunettes) Paroli bietet. Leider hat dieses weitsichtige, ungewöhnlich international angelegte Buch nie die Aufmerksamkeit gefunden, die es verdient hätte. Vgl. Nicol, Rez. Reymond.

- Die Predigt ist mündliche Rede. Ich spreche beim Schreiben die Sätze vor mich hin und versuche, die mündliche Sprechweise im schriftlichen Text annäherungsweise abzubilden.

- Hörerinnen und Hörer nehmen den Text nicht mit dem Auge wahr, sondern mit dem Ohr. Beispielsweise müssen Doppelpunkte vor wörtlicher Rede durch die Redeweise und gegebenenfalls durch die Wortwahl hörbar gemacht werden. Je besser ich insgesamt den Text durch Hörhilfen gliedere, desto besser kann er über das Ohr wahrgenommen werden. Als Hörhilfen können Wiederholungen dienen, Signalwörter, Signalsätze, auch Pausen.

- Die Sequenzierung in Moves überzeugt nur dann, wenn die Moves vergleichbare Länge haben. Für den Kanzelgebrauch begrenze ich seit geraumer Zeit einen Move streng auf eine DIN-A5-Seite mit Schriftgröße 13p und einfachem Zeilenabstand. Wo ein Move aufhört und der nächste Move anfängt, ergeben sich die sensiblen Schnitt- oder Scharnierstellen, die besonderer Sorgfalt bei der sprachlichen Gestaltung bedürfen.

- Bibelzitate und biblische Anspielungen erscheinen *kursiv*. Der Kursivdruck dient mir als optisches Signal im Wechselspiel von Zitat (Bibelwort) und eigener Sprache (Kanzelsprache) und hilft mir, meine Sprechweise auf das Zitat einzustellen.

- Drei Punkte markieren eine Auslassung. In schriftlichen Texten bin ich damit äußerst sparsam. Im Predigtmanuskript sind hier … Lücken, die dem Hörvorgang in besonderer Weise Raum gewähren sollen. Das wäre somit eine Schreibweise von rezeptionsästhetischer Bedeutung.

- Der Gesamttitel und die Zwischentitel für die einzelnen Moves werden beim Predigen nicht genannt. Für den Prediger oder die Predigerin selbst sind vor allem die Move-Titel unerlässlich, um sich von Move zu Move jeweils neu auf Tonart und Takt des nächsten Moves einzustellen.

- Eine Sache ist mir alternativlos wichtig, auch wenn sie keine Repräsentanz im Layout hat: Jede Predigt beginnt mit einer Anrede, in der Regel „Liebe Gemeinde“, und endet, wenn nichts anderes verzeichnet ist, mit „Amen“.

Ich habe einige Einsichten notiert, die mir für die schriftliche Darstellung mündlicher Rede wichtig geworden sind. Sie sollen das Layout der Predigten in diesem Buch erklären. Zugleich könnten meine Einsichten Leserinnen und Lesern Anstöße vermitteln, ihrerseits zu einer Weise der Darstellung zu finden, die die Predigt als eigentümliches Genus von Rede würdigt, die individuell stimmig ist und für den Ernstfall taugt.

Traumzeit mit Maria

Lk 1,26–38

Vierter Sonntag im Advent
24. Dezember 2017

Martin-Luther-Kirche
Erlangen-Büchenbach

> 26 Und im sechsten Monat wurde der Engel Gabriel von Gott gesandt in eine Stadt in
> Galiläa, die heißt Nazareth, 27 zu einer Jungfrau, die vertraut war einem Mann mit
> Namen Josef vom Hause David; und die Jungfrau hieß Maria. 28 Und der Engel kam
> zu ihr hinein und sprach: Sei gegrüßt, du Begnadete! Der Herr ist mit dir! 29 Sie aber
> erschrak über die Rede und dachte: Welch ein Gruß ist das? 30 Und der Engel sprach
> zu ihr: Fürchte dich nicht, Maria! Du hast Gnade bei Gott gefunden. 31 Siehe, du wirst
> schwanger werden und einen Sohn gebären, dem sollst du den Namen Jesus geben.
> 32 Der wird groß sein und Sohn des Höchsten genannt werden; und Gott der Herr wird
> ihm den Thron seines Vaters David geben, 33 und er wird König sein über das Haus
> Jakob in Ewigkeit, und sein Reich wird kein Ende haben.
> 34 Da sprach Maria zu dem Engel: Wie soll das zugehen, da ich doch von keinem Manne
> weiß? 35 Der Engel antwortete und sprach zu ihr: Der Heilige Geist wird über dich
> kommen, und die Kraft des Höchsten wird dich überschatten; darum wird auch das
> Heilige, das geboren wird, Gottes Sohn genannt werden. 36 Und siehe, Elisabeth, deine
> Verwandte, ist auch schwanger mit einem Sohn, in ihrem Alter, und ist jetzt im sechsten
> Monat, sie, von der man sagt, dass sie unfruchtbar sei. 37 Denn bei Gott ist kein Ding
> unmöglich. 38 Maria aber sprach: Siehe, ich bin des Herrn Magd; mir geschehe, wie du
> gesagt hast. Und der Engel schied von ihr.
>
> Lk 1,26–38 (Lutherbibel 2017)

1 Was für eine Geschichte

Was für eine Geschichte! Das ist die größte und die zarteste, die leiseste und die ungeheuerlichste, das ist die Geschichte von der Ankündigung der Geburt. Mehr Superlativ geht nicht. Schade.

Was für eine Geschichte! Eine Geschichte vom Anfang, vom allerersten Anfang: *Im Anfang war das Wort … Am Anfang schuf Gott Himmel und Erde … Und im sechsten Monat wurde der Engel Gabriel von Gott gesandt …* Mehr Anfang geht nicht. Vor aller Zeit beginnt die Geschichte. Sie umfasst die Schöpfung. Und zum Schluss trägt sie ein Datum.

Was für eine Geschichte! Da begegnen sich Himmel und Erde: Maria und der Engel. Für einen Moment steht die Zeit still. Und ich bin dabei. Traumzeit. Traumzeit mit Maria.

Was für eine Geschichte!

2 Wie mit den Freudenboten die Post abgeht

Bei Maria und dem Engel steht die Zeit still. Anders bei uns. Auch wenn wir noch so entschlossen vierten Advent feiern, es hilft nichts: Weihnachten kommt wie immer zu früh. Und auch dieser Sonntag, der 4. Advent, ist alles, nur nicht entschleunigt und schon gar nicht so leise, wie man den Advent vielleicht gerne hätte.

Es gibt Boten, Vorboten, Zeitungsboten und … Postboten. Früher, als die Postboten noch Liebesbriefe brachten, wurden sie sehnlichst erwartet. Heute wird die Liebe getwittert. Und der Postbote bringt Werbung und eine Rechnung nach der andern.

Es gibt Boten, Postboten und … *Freudenboten.*[27] Und, Gott sei Dank, wenn die Freudenboten auftreten, dann geht nach wie vor die Post ab. *Wie lieblich sind die Füße der Freudenboten! Die Frieden verkündigen, Gutes predigen. Mit lauter Stimme rufen die Wächter.* Und nicht nur Menschen jubeln. Auch Steine bekommen Gesicht und Stimme: *Ihr Trümmer Jerusalems!* Wie Menschen redet der Prophet sie an. Ihr Steine, ihr Trümmer, *seid fröhlich, rühmt, jubelt!*

Die Freude am 4. Advent kann man hören. So kommt Gott auch. Nicht zart. Nicht leise. Da kommt Gott. Und schon geht unter Jubel die Post ab.

3 Zwischen den Worten: Stille

Was für eine Geschichte! Die Geschichte von Maria und dem Engel ist völlig anders. Leiser geht's nicht. Und ein bisschen komisch ist sie übrigens auch. Denn der Engel redet viel. Von ungefähr 200 Wörtern in dem Wortwechsel kommen nur etwa 20 auf Maria. Alles andere redet der Engel. Und Maria? Äußert während der ganzen Begegnung lediglich zwei kurze Sätze. Aber die sind es, die Geschichte machen.

Gezielt, präzise die Frage: *Wie soll das zugehen, da ich doch von keinem Manne weiß?*

Da hat nun der Engel viel zu erklären: was der Plan sei und wie das alles vonstattengehen solle. Da gibt sich ein Engel Gabriel alle Mühe. Maria soll verstehen, was nicht zu verstehen ist. *Bei Gott ist kein Ding unmöglich*, seufzt schließlich der Engel und schließt seine Rede. Es wird ganz leise. Schweigen. Pause. Generalpause. Himmel und Erde halten den Atem an …

Und dann – einfach und klar die Antwort: *Siehe, ich bin des Herrn Magd; mir geschehe, wie du gesagt hast.*

---

[27] Bezug auf die Lesung aus dem Alten Testament: Jes 52,7–10.

Erst da ahnt man, was alles passiert sein muss in jener Generalpause. Als nicht einmal mehr der Engel zu hören war. Als Himmel und Erde den Atem anhielten.

In dieser Geschichte kommt Gott leise und sehr zart. Da kommt Gott so, dass man ihn leicht überhören kann.

4 Gegrüßet seist du, Maria

Was für eine Geschichte! Martin Luther hat die Zartheit der Szene sehr wohl gespürt. Aber den Katholiken gegönnt hat er sie nicht. *Ave Maria*, grüßte der Engel. Als *Ave Maria* gehört der Gruß fest zur katholischen Frömmigkeit. Auch das *Ave Maria* spricht man längst auf Deutsch: „Gegrüßet seist du, Maria, voll der Gnade". Das sei, bemerkt Luther, schlechtes Deutsch. Denn bei „voll der Gnade" müsse man an ein Fass voll Bier oder einen Beutel voll Geld denken. Sein eigener Vorschlag wäre gewesen: „du liebe Maria". Das ist rührend. Aber der theologische Volltreffer ist auch das nicht.[28]

Ich frage, ob es denn so ganz daneben ist, wenn man bei „voll der Gnade" an ein „Fass voll Bier" denkt. Oder vielleicht sogar umgekehrt, beim Bier an Gnade? Ganz vorsichtig frage ich, ob an Luthers schneller Bemerkung, die sich zudem nur auf die Sprache bezog, nicht doch ein klein wenig mehr dran sei.

5 Ave Maria in der Kneipe

Auf die Verbindung von Bier und Gnade wäre ich nie gekommen, wenn ich nicht dieser Tage von einer Begebenheit gelesen hätte. Man erzählt, der versoffene Stammgast von der Bar in der Hafenstraße habe am letzten Dienstag, früh um halb fünf, neben, ja, neben dem Engel gestanden … Gesehen, nein, gesehen habe er ihn nicht. Aber gehört habe er den Engel schon. Jedenfalls habe jemand vernehmlich zu der Bardame namens Mary gesagt: *Gegrüßet seist du* …

Ob es wirklich so oder so ähnlich geschah, weiß ich nicht. Da hätte einer nach einer Nacht an der Bar, nicht mehr sicher auf den Beinen und mit getrübtem Blick, noch immer bei Mary an Maria gedacht: *Gegrüßet seist du* … Und an den Engel. Und an eine Geschichte, die vor aller Zeit begann und in der Kneipe mit Sicherheit nicht endet. Wenn die Nachricht aus der Kneipe stimmt, dann wäre dort früh um halb fünf für einen kurzen Moment Traumzeit gewesen. Oder wenigstens die Erinnerung an eine Traumzeit.

Was für eine Geschichte!

---

28 Luther, Sendbrief vom Dolmetschen [1530], in: LD 5, 79–92, hier: 86.

6 Wie die Jungfrau zum Kind

Wie soll das zugehen? Fragte Maria den Engel. Antwort: Jungfrauengeburt. Steht so in der Geschichte. Steht so im Glaubensbekenntnis. Und dient mit schöner Regelmäßigkeit zum Beleg für die völlige Unzeitgemäßheit des christlichen Glaubens. „Geboren von der Jungfrau Maria" – was für ein Unsinn!

Einfache Frage: Wie kommen Götter zur Welt? In den meisten Fällen werden sie lustvoll und ziemlich normal gezeugt. In dieser Hinsicht lässt sich, wer ein kerniger Götter-Vater sein will, nicht lumpen. Wie die Götter-Kinder allerdings zur Welt kommen, verdient Aufmerksamkeit. Aus Götterkreisen werden hier drei besonders originelle Geburtsarten genannt: (1) Da werden Götter aus dem Schenkel des Vaters geschnitten wie Dionysos. (2) Sie entspringen dem väterlichen Kopf wie Pallas Athene. Oder (3) sie entsteigen, schaumgeboren wie Aphrodite, dem Meer. Wie originell! Zählt aber nicht wirklich am Medizinstandort Erlangen. Hier zählen nur Fakten und Fachbegriffe. Im Lehrbuch der Geburtskunde wäre nachzusehen unter: (1) Schenkelgeburt, (2) Kopfgeburt, (3) Meergeburt. Was, liebe Gemeinde, ist eine Jungfrauengeburt gegenüber so originellen Geburtsarten? Nichts. Oder fast nichts.

Wie soll das zugehen? Nicht so originell wie bei richtigen Götter-Kindern. Aber auch nicht normal. Ein gewisses Maß an Anormalität muss schon sein, wenn Gott in die Welt kommt.

Wie soll das zugehen? Fragte Maria. „Jungfrauengeburt", antworte ich, „wie denn sonst?"

7 Wie sich der Himmel verneigte

Was für eine Geschichte! Es ist die Urgeschichte der Marienverehrung. Natürlich schlägt da das protestantische Herz heftig und will gleich einen geharnischten Protest loswerden. Schließlich sei das Lutherjahr jetzt vorbei, man müsse keine ökumenischen Rücksichten mehr nehmen und könne endlich wieder klar sagen, was reformatorisch Sache ist.

Sicher, bei Maria gehen die Ansichten noch immer auseinander. Aber bitte, du lieber Protestant, warum so laut? Sieh doch lieber hin, wie leise hier Großes geschieht! Wann wäre denn je durch einen Engel ein Mensch so begrüßt worden: *Sei gegrüßt, du Begnadete! Der Herr ist mit dir! […] Fürchte dich nicht, Maria! Du hast Gnade bei Gott gefunden.*

Da neigte sich nicht, von oben und unnahbar, huldvoll ein Engel aus dem Himmel herab zu einem Menschen. Das hier ist anders. Das ist eine Verneigung. Da verneigte sich der Himmel vor der Frau.

Was für eine Geschichte!

Kommentar

Schwellensprache

Predigthilfen stehen auf der Schwelle zwischen der Sprache des Glaubens und der Sprache der Theologie. Sie sollen ausloten, was die Theologie für die konkrete Predigtarbeit austrägt, und, umgekehrt, die Theologie an ihre Verantwortung für die kirchliche Praxis erinnern. Es handelt sich also um ein literarisches Genus, dem die Aufgabe zukommt, in einer zweisprachigen Predigtkultur zwischen den Sprachen zu vermitteln. „Schwellensprache“ nannten deshalb Alexander Deeg und ich die Sprache, die uns für die spezifische Sprechebene von Predigthilfen vorschwebte.[29] Eine Sprache sollte das sein, die zu den Denkbemühungen der Theologie ebenso Zugang gewähren würde wie zu den Lebensworten der Predigt.[30]

Eigentlich war die Ankündigung der Geburt gar nicht an jenem vierten Advent 2017, sondern bereits im Vorjahr als Predigttext vorgesehen. Für den Advent 2016 hatte ich Lk 1,26–38 in einer *Göttinger Predigtmeditation* (GPM) homiletisch ausgelegt.[31] Nun wollte ich ein Jahr später die Gelegenheit wahrnehmen und mir von der eigenen Predigthilfe ins Predigen helfen lassen. Die Predigt würde mir, dachte ich, selten leicht von der Hand gehen. Schließlich war der Text-Raum der Geschichte ausgeleuchtet.

Es kam anders. Und zwar bereitete es mir Schwierigkeiten, bei dem Fokus zu bleiben, den ich damals ausfindig gemacht und für die GPM in einen klingenden Gesamttitel gefasst hatte: „Fanfaren der Freude und Ankunft im Pianissimo“.[32] Wer die GPM zur Hand nimmt und neben die Predigt legt, wird feststellen, dass aus den Erkenntnissen vom Sommer 2016 eine ganze Menge in die Adventspredigt 2017 eingeflossen ist. Manche Passage der Predigthilfe konnte ich wegen der Schwellensprache fast unverändert übernehmen.[33] Aber während damals Klangmetaphern wie „pianissimo“ oder „Fanfaren“ die Hauptrolle spielten, beschäftigte mich nun, eine konkrete Gemeinde vor Augen, besonders der Realitätsgehalt der Geschichte.

Die Predigt entwickelte sich also nicht so direkt aus der eigenen Predigthilfe, wie ich es erhofft hatte. Erstmals seit vielen Jahren war ich nicht meinem Grundsatz gefolgt, gleichzeitig an einer Predigthilfe und an einer Predigt zu demselben Bibeltext zu arbeiten. Eigentlich schade, denn in solchem Wechselspiel von Predigt und Predigthilfe wird die Zweisprachigkeit praktisch. Eine Predigthilfe

---

29 Nicol / Deeg, Auf der Schwelle zur Predigt. Was eine Göttinger Predigtmeditation leisten kann. Vgl. auch dies., Texträume öffnen.

30 Zu „Lebenswort“ vgl. Bub u. a. (Hg.), Lebenswort.

31 Nicol, Fanfaren der Freude und Ankunft im Pianissimo [Predigthilfe zu Lk 1,26–38].

32 Die „Fanfaren der Freude“ beziehen sich auf die Epistel Phil 4,4–7.

33 Vgl. Move 6.

hilft ins Predigen. Aber für den Autor von Predigthilfen gilt gleichermaßen die Gegenrichtung: Da hilft das Predigen, Inhalt und Sprache zu erproben für die Predigthilfe.

Sonntagmorgen und Heiligabend

Im Jahr 2017 hatte sich die Auffassung, was Gottesdienst sei oder sein könnte, angesichts der kalendarischen Gegebenheiten zum Jahresende zu bewähren. Gemeinden und Personal standen vor der Frage, ob am vierten Sonntag im Advent zur gewohnten Zeit Gottesdienst sein solle oder ob nicht die Vernunft gebiete, am Sonntagmorgen die Kräfte für Heiligabend zu schonen. Zwei liturgische Kasus fielen auf denselben Tag. Bei Dienst nach Vorschrift wäre am Morgen der vierte Advent und am Abend die Christnacht zu feiern gewesen. Das analoge Problem stellte sich eine Woche später. Da kollidierte der Sonntag nach Weihnachten mit dem Silvesterabend. Was also ist Gottesdienst: *service on demand* oder *officium de tempore*? Eine Veranstaltung, die man anbietet, weil es Nachfrage gibt? Oder eine Handlung, die man tut, weil sie an der Zeit ist? Die zwei möglichen Antworten stehen für das, was ich das „kasuelle" und das „offizielle" Verständnis von Gottesdienst genannt habe.[34]

Dass diesbezüglich in den Gemeinden Überlegungen angestellt wurden, ist nachvollziehbar. Man blickte auf die Ressourcen des Personals und die zu erwartenden Besucherzahlen. In einer Vielzahl von Gemeinden kam man zu dem Schluss, ein regulärer Gottesdienst am Morgen lohne sich nicht, wenn am Abend die bestbesuchten Gottesdienste des Jahres gefeiert würden. In meiner Gemeinde hatte ich angeboten, den Gottesdienst am Sonntagmorgen zu übernehmen. Ausfallen jedenfalls sollte er nicht.

Es kam anders, als wir vermutet hatten. Ich hatte mich auf zehn bis fünfzehn Unverdrossene eingestellt. Etwa fünfzig Menschen aus der Gemeinde nahmen die Gelegenheit wahr, den vierten Advent gottesdienstlich zu begehen, die letzte Kerze auf dem Adventskranz auch wirklich anzuzünden und noch einmal die Lieder anzustimmen, mit denen sich der Advent ins Herz geschrieben hat. Vielleicht hatten aber doch auch erstaunlich viele Menschen das Gefühl, am Sonntagmorgen sei es, Advent hin und Weihnachten her, schlicht und einfach Zeit für Gottesdienst.

---

34 Vgl. Nicol, Weg im Geheimnis, 302–304.

In der Kneipe, nicht von der Kneipe

In der Adventszeit las ich in den Gedichten meines praktisch-theologischen Kollegen Richard Riess.[35] Dabei fiel mir die Kneipen-Szene von Move 5 in die Hände. „Der Himmel über Berlin", jener wunderbare Film von Wim Wenders und Peter Handke, hatte es Riess angetan.[36] In seinem Gedicht waren nun ebenfalls Engel im Berliner Alltag unterwegs. Des Nachts. Und selbstverständlich auch in der Kneipe:

> [...] Und auch der versoffene Stammgast
> von der Bar in der Hafenstraße
> behauptet steif und fest
> dass er neben ihm stand
> als er zur Bardame Mary-Ann
> vernehmlich sagte
> Gegrüßet seist du ...
> Und das am letzten Dienstag
> früh um halb fünf
> früh um halb fünf, wie gesagt
> Er könne das
> vor jedem Gericht der Welt
> mit seinem Eid
> bezeugen [...]
>
> Richard Riess
> 2012

Was der Lyriker, vom Film inspiriert, komponiert hatte, konnte ich für die Predigt gebrauchen. Es war konkret genug, um in meiner Dramaturgie die gewünschte Funktion zu erfüllen. Und hinreichend schwebend, um in der Weltzeit der Kneipe die Gotteszeit, repräsentiert im Bibeltext, durchschimmern zu lassen.[37] Es war nicht meine Absicht, die Begegnung von Maria und dem Engel einfach in einer Kneipe lebensnah zu inszenieren. Vielmehr wollte ich einen zeitenthobenen, einen zwischenzeitlichen Moment evozieren, in dem Gotteszeit und Weltzeit füreinander durchsichtig werden. Man kann von Alltagstranszendenz reden. Oder von Epiphanie. Oder von einem mystischen Moment. Wichtiger als der Begriff ist mir noch immer die Frage, ob meine Gemeinde ausreichend Zeit hatte, sich am Sonntagmorgen imaginativ von der Kirche in die Kneipe und wieder zurück zu begeben.

---

35 Riess, Der Engel des Herrn, in: ders., Das leise Rauschen der Zeit, 23–26.

36 Der Himmel über Berlin (D 1987), Wim Wenders (Regie), Textvorlage von Peter Handke.

37 Man beachte auch die Titelformulierung „In der Kneipe, nicht von der Kneipe"; sie variiert das johanneische „In der Welt, nicht von der Welt" (Joh 15,19 u. ö.).

Schlussakkord

Der Schluss der Predigt lautete ursprünglich so:

> Da neigte sich nicht, von oben und unnahbar, huldvoll ein Engel aus dem Himmel herab zu einem Menschen. Das hier ist anders. Das ist eine Verneigung. Eine Verneigung voller Respekt. Da verneigte sich der Himmel vor der Frau. So begann die Verehrung Marias. Das ist der Anfang der Marienfrömmigkeit.
> Was für eine Geschichte!

Eine Mitarbeiterin äußerte Unbehagen am Schluss. Wir überlegten, wo der Grund dafür liegen könnte. Der Vorschlag, doch einfach drei Sätze wegzulassen, überzeugte. Der Vergleich beim lauten Sprechen fiel eindeutig aus. Ich hatte, sozusagen in den Schlussakkorden des Finales, mit dem Hinweis auf die Marienfrömmigkeit noch einmal ein neues Motiv ins Spiel gebracht. Ursprünglich war ich stolz darauf, dass mit dem Hinweis auf die Marienfrömmigkeit die Leitformulierung „Was für eine Geschichte!“ eine zweite Bedeutung erhielt: Nicht mehr nur der Geschichte von der Ankündigung der Geburt galt das Staunen, sondern zugleich der Marienfrömmigkeit, die davon ihren Anfang nahm. Das wäre grundsätzlich nicht falsch. Denn dass die gesamte Predigt als Beitrag zu einer evangelischen Marienfrömmigkeit gehört werden konnte, war durchaus erwünscht.[38] Aber wo sich in den Schlussakkorden der Blick zur Rezeption hin weitete, verengte sich zugleich der Blick auf die Geschichte selbst. Die Predigt sollte in die biblische Geschichte hineinführen. Sie präsentierte zum Schluss einen Gestus, der größer nicht sein könnte und in dem sich das unerhörte Geschehen verdichtet: Der Himmel verneigt sich vor der Frau. Ein derart ungeheuerliches Geschehen muss für sich stehen. Der Gestus kann nicht getoppt, nicht ergänzt, nicht erweitert werden. Jeder Versuch, etwas hinzufügen, mindert den Gestus. Und das erzeugte zu Recht Unbehagen.

---

38 Den Hinweis auf die Marienfrömmigkeit habe ich jetzt an den Beginn des letzten Moves gestellt.

VIII
Der erwartbare Gott
Wie Sprache Theologie macht

Der pastorale Schluss
No-Go in Kino und Kirche

Milena Jesenská war nicht nur die einfühlsame Briefpartnerin eines Schwierigen: Franz Kafka. Sie war Schriftstellerin, Journalistin, Kritikerin von eigenem Rang. Ihre Texte beteiligen den Leser feuilletonistisch facettenreich an Momenten aus dem städtischen Leben der 1920er Jahre. Sie hatte im Kino den Film „Eine Frau aus Paris" von Charlie Chaplin gesehen.[1] Am 22. Februar 1924 berichtete sie in der Zeitung von dem Kinoerlebnis:

> „Es ist ein schöner, ein unermeßlich schöner Film […]. Warum man jedoch diesem Film einen so häßlichen, pastoralen, kitschigen Schluß angeklebt hat, in dem wir gerettete Herzen, Wohlstand und Würde sehen, das weiß Gott."[2]

Beiläufig bekommt man eine Vorstellung, was ein „pastoraler Schluss" sei. Demnach folgt der Film einer kompromisslosen Ästhetik, bis er in einen Schluss mündet, der diese Ästhetik verlässt und unter „kitschig" zu verbuchen ist. Die Nahtstelle ist erkennbar; der Schluss sei „angeklebt". Würde man diesen Schluss neu konzipieren oder einfach nur wegnehmen, dann wäre, so verstehe ich die Journalistin, der Film bis zur letzten Einstellung „unermeßlich schön", künstlerisch kühn und schonungslos aufrichtig.

1 A Woman of Paris, USA 1923.
2 Jesenská, „Eine Frau aus Paris", 86.

In dem negativen Etikett vom „pastoralen Schluss“ bildet sich eine Predigtweise ab, die spätestens dann, wenn das Amen bereits in Sicht ist, der Versuchung nachgibt, möglicherweise aufgezeigte Spannungen mit ein paar schnellen Sätzen zu lösen oder zumindest den Eindruck zu erwecken, sie seien gelöst. Ein solcher Schluss ist „kitschig“, befand die Journalistin. „Erwartbar“ ist er, sage ich. Im Ergebnis kommen sich Kino und Kirche schmerzlich nahe. Analog zu dem „angeklebten“ Schluss im Film gibt es auch in der Predigt den Punkt, an dem das Finale einsetzt. Allzu oft ahnt, wer in der Kirchenbank sitzt, von „Liebe Gemeinde“ an, wie es geht, und weiß längst vor dem „Amen“, wie es ausgeht. Warum ist der Predigtschluss so erwartbar wie das Happyend in Hollywood?

Sinnstiftende Rede

Was im Land erwartet wird

In der *Neuen Zürcher Zeitung* gab es im Sommer 2015 einen Beitrag, der zu klären suchte, was das sei: ein „öffentlicher Intellektueller“.[3] Der Artikel von Urs Hafner bezog sich auf den Schweizer Dramatiker Lukas Bärfuss, den man in seinem Land mit diesem Prädikat bedenkt. Dass dessen Rolle als „öffentlich“ benannt wird, hat mit der Wirkung seiner Äußerungen zu tun und mit einer Art „Amt“, das ihm von eben jener Öffentlichkeit zuerkannt wird: „Bärfuss findet Resonanz nicht nur, weil er ein angesehener Künstler ist und sein Gerechtigkeitsempfinden gekonnt artikuliert, sondern auch, weil ihm die Öffentlichkeit – die Medien und das Publikum – das charismatische Amt des ‚öffentlichen Intellektuellen‘ verliehen hat.“

Was verschafft dem öffentlichen Intellektuellen das enorme Ansehen? Mit Sicherheit nicht seine Effizienz: „Der öffentliche Intellektuelle weiss nicht einfach nur Bescheid, er kennt nicht die ‚Lösung‘ für ein ‚Problem‘. Diese Funktion übernehmen die ‚Experten‘.“ Das Ansehen beruht darauf, dass er oder sie in großer Unabhängigkeit Meinungen äußert, Probleme benennt und gegebenenfalls auch Mahnungen ergehen lässt: „Der öffentliche Intellektuelle bohrt tiefer und blickt weiter. Er ist für die Demokratie das Salz in der Suppe, weil er die Fragen stellt, an die keiner denkt oder die niemand hören will. Glücklich darf eine Gesellschaft sich schätzen, in der viele Intellektuelle sich äussern: Sie heben das Niveau der öffentlichen Debatten.“

Das alles wusste man mehr oder weniger. Aber gegen Ende des Artikels fällt eine Bemerkung, die mich elektrisierte, weil sie ein Licht auf die Predigt wirft: „Die Figur des helvetischen Intellektuellen steht Zwingli näher als Zola. Er muss

[3] Urs Hafner, Von der hohen Kunst der Kritik. Der öffentliche Intellektuelle, in: NZZ vom 10.08.2015.

immer auch ein wenig Prediger sein, dessen Wortmeldungen bei aller Schärfe in eine Sinnstiftung münden, die nicht nur das ganze Land umfasst, sondern über das profane Diesseits hinausreicht." Explizit wird hier die Rede des „öffentlichen Intellektuellen" verglichen mit der Rede dessen, der auf der Kanzel von Gott und über die Welt redet. Die Bemerkung in der NZZ verdichtet sich im Begriff der „Sinnstiftung". Sie wird als etwas benannt, was vom öffentlichen Intellektuellen ebenso erwartet werden darf wie klassischerweise vom Kanzelredner. Einerseits ehrt es Predigerinnen und Prediger, dass man für die „Sinnstiftung" des öffentlichen Intellektuellen an ihrer Kanzelrede Maß nimmt. Andererseits ist die Kanzelvariante der „Sinnstiftung" etwas, wofür die Predigt auch belächelt oder karikiert wird.

Es geht bei der „Sinnstiftung" keineswegs nur um den Schlussteil der Rede. Aber in der Predigt bildet der Schluss die Sequenz, bei der in jedem Fall „Sinnstiftung" zu erwarten ist. Für den Einspruch des öffentlichen Intellektuellen formuliert Urs Hafner, was der Schluss leisten muss: Die Äußerung muss „in eine Sinnstiftung münden, die nicht nur das ganze Land umfasst, sondern über das profane Diesseits hinausreicht". Im Blick auf den Schluss der Kanzelrede spricht Frank Michael Lütze vom „Kameraschwenk in die Totale, wenn die Konkretion verlassen wird und der Horizont sich weitet bis in die Ewigkeit".[4] Wo der Intellektuelle behutsam die Lebenswelt transzendiert, blickt der Prediger über die vorfindliche Welt hinaus in die Gotteszeit. Gegen Ende der Rede können sich also die intellektuelle und die pastorale Sinnstiftung erstaunlich nahekommen. Ich frage mich, warum ich der Sinnstiftung des öffentlichen Intellektuellen prinzipiell Respekt entgegenbringe, während mich, wenn eine Predigt zu ihrer Art von Sinnstiftung ansetzt, das ungute Gefühl nicht loslässt, jetzt werde es „pastoral" oder „kitschig" im Sinne von Milena Jesenská.

Ein Unterschied in der Wahrnehmung liegt darin, dass der öffentliche Intellektuelle nicht von Gott reden muss; das gehört nicht ausdrücklich zu seinem Amt. Wenn er trotzdem eine Sinnstiftung mit Transzendenzbezug formuliert, ist es, auch wenn es insgeheim erwartet worden sein sollte, nicht erwartbar. In der Predigt dagegen ist Sinnstiftung dieser Art so erwartbar, dass man sie, wenn sie ausbleibt, sogar vermisst. Der öffentliche Intellektuelle geht ein Wagnis ein, während der Pastor tut, was er nicht lassen kann. Die Erwartbarkeit ihrer sinnstiftenden Sätze ist, so scheint mir, eines der größten Probleme der Predigt.

---

4 Zum Anfang und Schluss der Predigt: Lütze, Die forma formans der Predigt, 127 f.

Abschließend sinnstiftende Sätze

Zur Erwartbarkeit im Finale

Frank Michael Lütze hat einen erschreckend hilfreichen Beitrag zum Thema pastoraler Erwartbarkeit verfasst. Niemand, der berufsmäßig predigt, kann diesen Text lesen, ohne sich vielfältig ertappt zu fühlen. Lütze geht von der Beobachtung aus, dass die meisten Teilnehmerinnen und Teilnehmer am homiletischen Seminar „schon vor der ersten Sitzung wissen, wie man predigt".[5] Es besteht also eine vorgängige, weitgehend unbewusste Vorstellung, wie Predigt zu sein habe. Der Klischee-Transfer von einer Generation zur anderen scheint krisensicher zu funktionieren

Lütze benennt reichlich Elemente einer erwartbaren Predigtsprache.[6] Dazu gehören predigttypische Wörter oder Floskeln. Superlative beispielsweise: „das Schlimmste, was in unserem Leben uns passieren kann" bis hin zum Ausblick auf „völlige Vergebung, echte Freude, tiefen Frieden und eine herrliche Hoffnung". Oder Wendungen, die relativieren und verniedlichen: das „kleine Lächeln", das Wunder tut, und der „erste kleine Schritt", auf den der Nachbar schon sehnsüchtig wartet. Floskeln wie das „Geschenk", das es endlich „anzunehmen" gilt, oder das Handeln Gottes, das wir nur „geschehen lassen" müssen, gehören zum Alltag auf der Kanzel.[7] Dass es dann auf den Schluss zugeht, merkt die Gemeinde an bestimmten Signalen: am Tonfall etwa oder an der appellativen Zuspitzung, die das Amen in Reichweite rückt.[8] Begonnen hatte die Predigt bereits mit der „typischen Eingangsfigur" einer Distanzierung vom Predigttext: Als ich den Text zum ersten Mal las, war ich entsetzt ... Um dann, so füge ich hinzu, zum Schluss mit erwartbarem Staunen zu konstatieren, dass diese Botschaft der Bibel „auch heute noch" gilt.

Die Erwartbarkeit kulminiert in einem gewissen Drang, die Predigt in erkennbarer „Sinnstiftung" mindestens enden zu lassen. Eine Eigentümlichkeit finaler Sinnstiftung führt Lütze gar nicht eigens an. Ich meine den Satz oder Gedanken, in dem sich die Predigt zusammenfasst oder verdichtet. Den Satz, den man getrost mit nach Hause nehmen kann. Oder den Satz, der nach ausführlicher Schilderung einer Welt, die im Argen liegt, sozusagen auf den letzten Metern noch die Zuversicht des Glaubens wecken soll. Sätze dieser Art gehören zur Predigt und wären, wollte man ihr literarisches Genus bestimmen, irgendwo

---

5 Lütze, a. a. O., 133.

6 Lütze greift dabei auf ähnlich bedrückende Sammlungen zurück, v. a. Engemann, Homiletik, und Bub, Evangelisationspredigt. Vgl. weitere einschlägige Titel in den Anmerkungen bei Lütze, a. a. O., 124–132.

7 Vgl. Engemann, Homiletik, 211–220 u. ö. Allein schon der Engemannsche „Lassiv" erweist sich als eine Erweiterung der homiletischen Grammatik, die man kennen müsste und meiden sollte.

8 Vgl. Lütze, a. a. O., 128.

zwischen Abstract, Wochenspruch oder doxologischem bzw. trinitarischem Gebetsschluss anzusiedeln. Es sind erwartbare und offenbar unverzichtbare Sätze. Ich nenne sie: abschließend sinnstiftende Sätze.

Zur Erläuterung beziehe ich mich auf einen Jesus-Spruch, der zu den anstößigsten Sprüchen der Bibel gehört: „Ich bin nicht gekommen, Frieden zu bringen, sondern das Schwert."[9] Zwei Pole generieren Hochspannung: Frieden und Schwert. Aufzulösen ist die Spannung nicht. Wo das Bekenntnis zu Christus mit dem Tod bestraft wird oder wo man den Kampf um die Wahrheit der Religion mit Waffen austrägt, da erweist sich das Wort von Frieden und Schwert noch immer als brandaktuell. Hätte Jesus mit seinem Spruch lediglich in die Zukunft geblickt und die zu erwartenden Realitäten pointiert zur Sprache gebracht, dann wäre das noch nachzuvollziehen. Aber der Spruch und sein Kontext gestatten eigentlich keinen Zweifel, dass das Schreckliche, das er prophezeit, auch der Intention seines Urhebers entspricht. Die Hochspannung bleibt. Die Predigt hätte nicht die Spannung zu mindern, sondern sich fragend und protestierend zwischen den Polen von Frieden und Schwert zu bewegen.

Selbst Christian Geyer, seinerzeit in Nürnberg so etwas wie ein Starprediger, hält die Spannung nicht aufrecht und das Geschehen zwischen den Polen nicht offen. Die Predigt stammt aus einem der wirkmächtigsten Predigtbände der neueren Predigtgeschichte: „Gott und die Seele" von Christian Geyer und Friedrich Rittelmeyer, erstmals erschienen im Jahr 1906.[10] Geyers Predigt gilt nur dem Jesuswort von Frieden und Schwert; eigentlich handelt es sich um eine Spruch-Predigt. Er bemüht sich redlich, diesem Jesuswort Geltung zu verschaffen. Dann aber hält auch Christian Geyer die Spannung zwischen Frieden und Schwert nicht mehr aus und kommt mit einem gegenüber dem Predigttext völlig andersartigen Jesus-Wort zum Schluss: „In der Welt habt ihr Angst; aber seid getrost, ich habe die Welt überwunden."[11] Statt in die unlösbare Spannung von Schwert und Frieden hineinzuführen, wird die problematische Vorgabe durch ein Bibelwort abgelöst, das die Funktion des abschließend sinnstiftenden Satzes geradezu perfekt erfüllt. So bekommt man einen harmonischen Predigtschluss, aber keine genuin spannende Predigt.

Auch eine Predigt zur Frieden-Schwert-Perikope, die ich gehört habe und die mir schriftlich vorlag, rekurrierte, um das Jesus-Wort auszubalancieren, im Finale auf einen anderen Bibeltext.[12] Und zwar wurde, wegen seiner vorbildlichen Haltung im Glauben, Abraham ins Spiel gebracht. Dies geschah mit einer

9 Mt 10,34.

10 Geyer, Schwert und Friede. Predigt zu Mt 10,34, Sonntag Septuagesimä [vermutlich 1906]. Vgl. Raschzok zu Geyer und Rittelmeyer mit seinem liebevollen „Porträt einer homiletischen Freundschaft".

11 Joh 16,33b.

12 Mt 10,34–39 (21. Sonntag nach Trinitatis).

Geschichte, die zu den schrecklichsten Geschichten der Bibel gehört und deren alte, ungenaue Überschrift den Schrecken wenigstens nicht beschönigt: Isaaks Opferung.[13] Dass die Geschichte gut ausgeht, war wohl der Grund für ihre Verwendung im vorliegenden Fall. Aber auch der beste Ausgang kann die Schrecken, die ihm vorangingen, nicht ungeschehen machen. Sollte man meinen. Die letzten Sätze der Predigt versuchen es trotzdem:

> „Diese Haltung [scil. Abrahams] kann uns entspannen, Druck rausnehmen und helfen, das Leben allgemein gelassener zu sehen […]. Gott hat Abraham verheißen, ihn zu einem großen Volk zu machen – er hat es getan und ihm seinen Sohn gelassen.
> Jesus verspricht uns heute: ‚Wer sein Leben verliert um meinetwillen, der wird's finden.' Er wird seine Verheißung halten, liebe Gemeinde. Amen."

Hier liegt ein ganzes Bündel von abschließend sinnstiftenden Sätzen vor:

(1) Die Predigt zielt seelsorglich auf eine Haltung mit erheblichem Entspannungspotenzial: „Diese Haltung kann uns entspannen, Druck rausnehmen und helfen, das Leben allgemein gelassener zu sehen."

(2) Abraham ist bestes Beispiel dafür, dass sich Gottes Verheißungen trotz widriger Umstände erfüllen: „Gott hat Abraham verheißen, ihn zu einem großen Volk zu machen – er hat es getan und ihm seinen Sohn gelassen."

(3) Jesus wird gewiss halten, was er an unvergänglichem Leben verheißen hat: „Jesus verspricht uns heute: ‚Wer sein Leben verliert um meinetwillen, der wird's finden.'[14] Er wird seine Verheißung halten, liebe Gemeinde. Amen."

Starke Sätze sind das. Aber sie hätten weit stärker sein müssen. Denn sie stehen gegen biblische Vorgaben und gegen andere, ganz und gar nicht positive Erfahrungen:

(1) Jesu Rede vom Frieden und vom Schwert gehört zu den Sätzen aus Jesu Mund mit denkbar niedrigem, vermutlich durch keine Predigt optimierbarem Entspannungswert.

(2) Abrahams Nachkommen müssen sich vielerorts bis heute an Leib und Leben bedroht fühlen.

(3) Die Verheißung Jesu, man werde das Leben finden, ist angesichts der Voraussetzung, dass man es erst verlieren muss, nur bedingt tröstlich.

„Sinnstiftung" ist das, wie sie in einer ganz normalen Sonntagspredigt begegnet. Dabei bestimmt sich die Selbstverständlichkeit solcher Sinnstiftung keineswegs

---

13 Gen 22,1–19, Überschriften in Lutherbibeln: Opferung Isaaks (1912), Abrahams Versuchung (1984), Das Opfer Abrahams (2017).

14 Mt 10,39.

allein durch den Pastor oder die Pastorin. Vielmehr sind die Person, die predigt, und die Gemeinde, die hört, in komplementärer Einigkeit an der Fortschreibung dieses Musters beteiligt: Der Erfüllung von Sinnstiftung korrespondiert deren Erwartung.

Die „abschließend sinnstiftenden Sätze" kommen bei mir nicht gut weg. Dabei handelt es sich bei der inkriminierten Satzart zunächst einfach um Sätze, die im besten Glauben ihren hervorgehobenen Ort in der Predigt finden. Aber gerade deshalb wird es Predigerinnen und Prediger schmerzen, wenn ich ihre übliche und ernsthafte Weise der Schlussgestaltung so vehement in Frage stelle. Es tröstet wenig, wenn ich darauf verweise, dass der Terminus „abschließend sinnstiftende Sätze" ja nicht schon von sich aus negativ sei. Der Sachverhalt jedenfalls, den dieser Terminus zu fassen sucht, ist und bleibt höchst problematisch.

Vermutlich hat an dieser Art homiletischer Sinnstiftung ein theologischer Topos maßgeblichen Anteil, nämlich die Dialektik von Verheißung[15] und Erfüllung. Nach diesem Muster findet sich für jedes Einzeldrama der Heilsgeschichte in der Bibel passgenau das sinnstiftende Finale; selbst das Grunddrama von Paradies, Sündenfall und Erwählung kam in Jesus Christus zur vorlaufend verheißenen Erfüllung. Wo Erwartung der Gemeinde und Verkündigung von der Kanzel dergestalt zusammentreffen, bleibt im Predigt-Finale nichts offen. Man kann es, wenn man auf Fulbert Steffensky hört, auch klarer, einfacher und schroffer sagen: „Vielleicht sind unsere Predigten deswegen oft langweilig, weil wir Gott zu früh Recht geben."[16]

Ein Seitenblick auf die Seelsorge trägt, meine ich, zur Erhellung des Problems bei. „Sinnstiftung" scheint auch in der Seelsorge unvermeidlich. Henning Luther hat sich kurz vor seinem Tod mit einem bewegenden Text gegen die „Lügen der Tröster" gewandt.[17] Erfolglos. Denn eine gewisse Nötigung zum Trösten scheint bei der Seelsorge bereits in der Situation angelegt. Wäre, so frage ich, eine Seelsorge, die den erwarteten Trost verweigert, trostlos? Und eine Predigt, die der erwarteten Sinnstiftung nicht entspricht, sinnlos? Oder gibt es eine Predigt, die sich gerade darin als sinnvoll erweist, dass sie die erwartete Sinnstiftung verweigert? Eine Predigt, bei der sich die Person auf der Kanzel und die Gemeinde in den Bänken einem Gott jenseits der Erwartbarkeit zuwenden? „Darf", so Lützes wagemutige Weiterführung der Frage von Steffensky, „die Predigt sich so weit auf die Fragwürdigkeit Gottes einlassen, dass selbst an ihrem Ende offenbleibt, ob er Recht bekommt?"

---

15 Dabei geht es nicht nur um die prophetische Verheißung oder gar um die Verheißung der Propheten, sondern um alle Erwartung, Hoffnung oder auch nur Fragehaltung im Blick auf Gottes Zukunft.

16 Steffensky, Die katholische und die evangelische Predigt, 36.

17 Luther, Die Lügen der Tröster [1998].

Poetisch sprechen

Gegen-Leben durch Gegen-Rede

Wie kann ich anders Sinn stiften als, womöglich kurz vor Schluss, mit einem oder mehreren sinnstiftenden Sätzen? Die Dramaturgische Homiletik geht davon aus, dass die Worte, Bilder und Geschichten der Bibel selbst den Sinn stiften, den man in der Predigt mit gutem Recht erwartet. Von daher plädiere ich dafür, der Bibel im Wortlaut mehr zu trauen, als es herkömmlich geschieht.

Wenn ich an dieser Stelle auf den Poesie-Modus für die Predigt verweise, dann tue ich das, weil er in besonderer Weise geeignet scheint, den biblischen Wortlaut zur Geltung zu bringen. Poesie ist nicht die einzige, aber vermutlich die wichtigste Option, die Erwartbarkeiten der Kanzelsprache zu meiden und mit unerwarteten Wendungen mehr Gott zu wagen.[18] Zu solcher Poesie gehört nicht, dass ich auf der Kanzel lyrisch raune, unvollständige Sätze bedeutungsschwer von der Kanzel fallen lasse und im Manuskript für jedes Sprachfragment eine neue Zeile beginne. Dazu gehört, dass ich von einem Gott, der schlechterdings nicht erwartbar ist, in einer Sprache rede, die die erwartbaren Formeln überraschend variiert, unterläuft, karikiert, ersetzt, kontrastiert oder schlicht meidet. Und diese Sprache oder doch ihre tragenden Elemente bietet die Bibel selbst. Man muss sie nur als solche erkennen und das Potenzial in der richtigen Weise nutzen.

Es ist kein Zufall, dass in den USA die Anregungen in diese Richtung zunächst von exegetischer Seite kamen. Ein renommierter Alttestamentler hat sich schon vor Jahrzehnten in die homiletische Debatte eingeschaltet und sehr pointiert die Frage gestellt, ob denn nicht letztlich die Poesie den sprachlichen Wurzelgrund für alles Predigen abzugeben habe. Walter Brueggemann veröffentlichte 1989 mit seinem Buch „Finally Comes the Poet“ einen flammenden Appell zugunsten von „Poetry in a prose-flattened world“. Poesie in einer prosaverflachten Welt – das wäre, meine ich, eine Formel, mit der die Predigt wieder zur Sprache finden und die Exegese eine kirchliche Perspektive für ihre Arbeit gewinnen könnte. Aufgabe und Chance von Predigt sei es, so Brueggemann, „die gute Nachricht des Evangeliums zu eröffnen mit alternativen Weisen der Rede […]. Reduzierte Sprache führt zu reduziertem Leben. Der Sonntagmorgen bedeutet die Praktizierung von Gegen-Leben durch Gegen-Rede.“

Das sind große Worte. Sie eröffnen noch immer eine Vision. Sie öffnen den Blick dafür, dass Predigt eine Rede ganz eigener Art sein könnte. Ich frage Brueggemann, was er denn mit „Prosa“ meine.[19] Die Antwort ist von entwaffnender Klarheit: „Mit ‚Prosa‘ beziehe ich mich auf eine Welt, die in festen Formeln

---

[18] Vgl. zu weiteren Optionen: Lütze, a. a. O., 132–136.

[19] Das „Interview“ habe ich aus Texten seines Buches generiert.

organisiert ist in der Weise, dass Kirchengebete und Liebesbriefe gleichermaßen wie Memo-Notizen klingen." Und Poesie? Die Antwort braucht deutlich länger. Poesie ist „nicht Reim, Rhythmus oder Versmaß". Und ein Predigen im Poesie-Modus ist „nicht moralische Instruktion, nicht Angebot zur Problemlösung, nicht Klarstellung von Lehre. Sie ist nicht Verteilen von Ratschlägen, nicht romantisches Beschmeicheln, nicht Besänftigung durch gute Laune."[20] Was aber, so frage ich, ist Predigt dann? Brueggemann: „Die neuartige Kommunikation, von der unser Leben abhängt, bedarf des Poeten, nicht des Moralisten. Denn schließlich sind die Menschen in der Kirche wie andere Menschen auch: Wir werden nicht durch neue Gesetze verändert. Die Bereiche tief in uns – Bereiche, wo wir Widerstand leisten oder uns umarmen – diese Bereiche werden keinesfalls durch Belehrung erreicht. Diese Bereiche werden ausschließlich erreicht durch Geschichten, Bilder, Metaphern …"[21]

Geschichten, Bilder, Metaphern, kurz: Poesie. Einzig eine Sprache, die anders ist als die Sprache, die uns umgibt, taugt, so Brueggemann, zur Gegen-Rede gegen die prosaflache Welt. Poesie – das steht vor allem für Geschichten, Gleichnisse, Bilder und Metaphern. Zu lernen sei solche Sprache in der Bibel, im Alten wie im Neuen Testament. Brueggemann selbst zeigt in sorgfältiger exegetischer Arbeit auf, wie sich solche Sprache in der Bibel darstellt.

Der systematisch-theologische Kern solchen Bemühens ist die Metapher als die Sprachfigur, die dem Reden von Gott in besonderer Weise angemessen ist. In den Gleichnissen Jesu hat sie wegweisend ihre biblische Gestalt gefunden. Beim poetischen oder metaphorischen Sprechen geht es um eine Sprache, die in den Redenden und Hörenden etwas in Gang setzt. Poetische Sprache informiert nicht über Fakten, sondern sie schafft Wirklichkeit. Mit ihrer schöpferischen Kraft weist eine im weiten Sinne poetische Sprache nicht den einzigen, aber einen anspruchsvollen und biblisch begründeten Weg aus der Erwartbarkeit.

Wie allerdings eine solche Sprache konkret aussehen könnte, das lässt sich nicht auflisten, wie es Lütze mit den Mustern einer problematischen Tradition getan hat. In den Fortbildungen zur Dramaturgischen Homiletik probieren wir eine solche Sprache wieder und wieder aus. Und schon mancher Pastor, manche Pastorin hat im geschützten Rahmen und mit entsprechenden Anregungen im homiletischen „Atelier" zu einer Sprache gefunden, die nirgends gelistet war und alle Erwartungen übertraf.

---

20 Brueggemann, Finally Comes the Poet, 3.

21 Ebd., 109 f.

Eine unmoralische Geschichte

Joh 8,3–11

4. Sonntag nach Trinitatis
23. Juni 2013
St. Maria-Magdalena
Erlangen-Tennenlohe

1 Ein Lebensmittel von Satz

Wenn Geschwister total zerstritten sind, dann ist ein solcher Satz die Erlösung: … *aber Gott gedachte es gut zu machen.* Josef und seine Brüder.[22]

Wenn in der Kirche Streit herrscht und einer den andern verurteilt, dann könnte sich ein Satz wie dieser als heilsam erweisen: *Wir werden alle vor den Richterstuhl Gottes gestellt werden.* Paulus im Römerbrief.[23]

Ein erlösender Satz für Josefs Brüder, ein heilsamer Satz für eine zerstrittene Gemeinde. Was aber, wenn im nächsten Moment ein Mensch von der aufgebrachten Menge getötet werden wird? Was für ein Satz ist dann dran? Und ist dann überhaupt Zeit für Sätze?

Die Geschichte, um die es heute geht, wird – keine Sorge! – am Ende der Predigt feierlich und im Wortlaut verlesen. Das bloße Geschehen ist schnell erzählt:

Eine Frau, *in flagranti* erwischt mit einem anderen Mann, soll gesteinigt werden. Die aufbrachte Männermenge wendet sich an Jesus. Ein Satz genügt, die Menge zieht ab, die Frau kann zurück ins Leben.

2 Auf Tod und Leben

Die Geschichte ist schnell erzählt. Und bleibt doch merkwürdig fremd. In den frühesten Bibelhandschriften überhaupt nicht vertreten, ist sie mal zu Lukas gerutscht, dann doch zu Johannes. Obwohl sie dort eigentlich gar nicht hinpasst. Denn bei Johannes geht, was sich dort „Gespräch" nennt, doch immer haarscharf aneinander vorbei. Knurrt den Leuten der Magen vor Hunger, meint Jesus, er sei das Brot des Lebens. Geht es darum, wie man Wasser aus dem Brunnen kriegt, verkündet Jesus, er spende das Wasser des Lebens. Abgedreht

---

22 Gen 50,20. Beide Zitate waren gottesdienstlich bereits in den Lesungen präsent: Gen 50,15–21 (AT) und Röm 14,10–13 (Epistel).

23 Röm 14,10.

ist das. Und solche Gespräche oder Nicht-Gespräche können sich hinziehen im Johannes-Evangelium.

Völlig anders unsere Geschichte von der Frau, den Männern und dem Herrn Christus. Eine Geschichte auf Leben und Tod. Da ist Krisenmanagement gefordert. Jetzt. Jetzt, Herr Christus, bist du dran. Entweder Du handelst. Oder die Frau ist tot. Nein, nein. Nicht schon wieder: *Ich bin die Auferstehung und das Leben.* Jetzt keine frommen Sprüche. Sorg einfach dafür, dass sie aufsteht und am Leben bleibt!

3 Auf frischer Tat

Auf frischer Tat. In flagranti. Sagte man, als man noch gewählte Worte brauchte für etwas, was es zwar gab, aber nicht geben durfte.

Diese Frau ist auf frischer Tat beim Ehebruch ergriffen worden. Sagten die Männer. Schwere Gestalten. Standen geschlossen um die Frau. Und hatten Recht. So ungeheuer Recht. Ihre Haltung, ihre Gesichter, wie sie dastanden, ohne sich auch nur im Geringsten zu schämen – na, Meister, *was sagst du?* Fragten sie nicht wirklich. Nein, triumphierten sie. Und nahmen mit lustvollem Schauder zur Kenntnis, dass da eine Frau zitterte um ihr Leben.

Wenn so etwas doch nur Vergangenheit wäre! Aber noch immer erreichen uns Nachrichten aus Ländern, in denen das vorkommt. Dass Frauen die Steinigung droht. Dass sie gesteinigt werden, weil sie die Ehe gebrochen hätten. Oder dass Frauen zuerst vergewaltigt werden. Und dann „bestraft". Es kommt noch immer vor, dass eine Frau, allein, auf Gedeih und Verderb denen ausgeliefert ist, die so ungeheuer Recht haben. Und die ganze Macht. Und ein bestes Gewissen.

Auf frischer Tat. In flagranti. *Ehebruch.* Todesstrafe. Ja, du bist dran. Jesus, *was sagst du?* Fragten die Männer. Frage ich, ehrlich gesagt, auch. Herr Christus, *was sagst du?*

4 Was du nicht sagst

Er sagt gar nichts. Nicht sofort. Und auch nicht in wenigen Augenblicken. Sagt nichts, tut was. Etwas sehr Merkwürdiges.

Jesus hat Reden gehalten. Andere haben seine Worte weitererzählt. Und wieder andere haben sie irgendwann aufgeschrieben. Aber Jesus selbst hat nichts Schriftliches hinterlassen. Ich wusste gar nicht, dass Jesus überhaupt schreiben konnte.

Was sagst du? Fragten sie, standen um ihn, die Frau zitterte, die Männer triumphierten. *Was sagst du?*

Aber Jesus bückte sich und schrieb mit dem Finger auf die Erde.

Die Männer erwarteten, dass er etwas sagt. Und erlebten, was er noch nie getan hatte: Er schreibt. Mit dem Finger. Auf die Erde.

Was gäbe ich darum, wenn jemand gelesen und überliefert hätte, was er auf die Erde schrieb. Niemand weiß es. Der Wind verwehte, was er geschrieben hatte. In jedem Fall nahm er mit dieser merkwürdigen Handlung aus der aufgeheizten Stimmung ein wenig die Luft raus. Deeskalation – so würden wir das heute nennen.

5 Härter als Stein

Zweimal tat er das. Und dazwischen? Dazwischen der Satz, von dem alles abhängt: *Wer unter euch ohne Sünde ist, der werfe den ersten Stein auf sie!*

Klingt zunächst ein wenig wie: Wer im Glashaus sitzt, soll nicht mit Steinen werfen. Soll nicht. Aber kann. Wer im Glashaus sitzt, kann durchaus mit Steinen werfen. Man zerstört es damit, zugegeben. Aber man kann. In einem Anfall von Zerstörungslust geht das.

Nein, Jesu Satz ist radikaler, eher so: „Wer größer ist als 3 Meter, bekommt mein ganzes Geld." Das ist leicht gesagt. Weil es ganz und gar unmöglich ist: dass es irgendwo auf dieser Erde einen gäbe, der größer wäre als 3 Meter. Ich weiß, dass ich, wenn ich den Satz sage, mein ganzes Geld behalten kann. Und ebenso ist es ganz und gar unmöglich, dass es einen gäbe, der ohne Sünde wäre.

Wer unter euch ohne Sünde ist, der werfe den ersten Stein auf sie! Einer der präzisesten Sätze Jesu. Ein zielgenauer Satz. Zielgenau wie die Steine. Nur von der anderen Seite. Eine Art Steine-Abwehr. Abwehr von Steinen mit Worten. Wort, Gott sei Dank, Wort. Aber härter als Stein.

Und es hat funktioniert. Die Männer ließen die Steine fallen, verzogen sich, einer nach dem anderen, und die Frau kehrte zurück. Zurück? Ja, wohin eigentlich?

6 Und doch wieder Moral?

Die Geschichte könnte damit zu Ende sein: Satz überliefert, Frau gerettet. Aber irgendwie wäre das auch schade. Denn der Schluss der Geschichte ist der Stoff, aus dem die Filme sind: *und Jesus blieb*, so heißt es, *allein mit der Frau, die in der Mitte stand.* Ah, jetzt kommt's, endlich: Jesus und die Frauen. Unerschöpfliches Thema, Tummelplatz der Fantasie: Jesus allein mit der Frau. Was für eine Frau! Auf frischer Tat … Wird ja nicht das erste und einzige Mal gewesen sein …

Schluss. Denn jetzt werde ich moralisch. Am Ende kommt es noch so weit, dass tatsächlich jemand denkt, die Frau … Na ja, ein bisschen selber schuld ist sie schon auch. Gut, klar, nur gut, dass die Steinigung abgewendet wurde. Aber andererseits, die Männer, ganz Unrecht hatten sie ja auch nicht …

Geh hin und sündige hinfort nicht mehr! Man könnte meinen, Jesus habe nicht den geringsten Zweifel an dem Moralkodex der Männer. Die Frau hätte gesündigt, die Männer haben die Steine rechtzeitig fallen lassen. Die Frau wäre dann die einzige, die eigentlich Schuldige in der Geschichte. Dabei hatten doch die Männer bereits die Hände erhoben zum Töten. Aber nein, wer hingehen soll und *hinfort nicht mehr sündigen*, das ist die Frau.

Geh hin und sündige hinfort nicht mehr! Sollte Jesus mit einem so kleinlichen, so peinlichen Satz wieder den Deckel auf die Geschichte setzen und am Ende doch dem archaischen Moralkodex der Männer Recht geben?

7 leben und sündigen und leben und

Liebe Gemeinde, es könnte sein, dass Jesus damals mit dem Satz die Frau schützen wollte: vor sich selbst und vor den tödlichen Gefahren einer religiös aufgeladenen gesellschaftlichen Moral.

Bei uns freilich fällt dieser Satz in eine ganz andere Welt. Unsere Vorstellungen, was geht und was nicht geht, sind anders. Was wissen wir denn, was sich hinter dem „Ehebruch" der Geschichte verbirgt? Eine trotz bester Absichten zerbrochene oder einfach zerbröselte Ehe? Eine lebensfrohe Frau, die im Gefängnis einer zu frühen Bindung zu erstarren droht? *Geh hin und sündige hinfort nicht mehr!* In unsere Bemühungen, das eigene Leben stimmig vor Gott und den Menschen zu gestalten, fällt der Satz. Er trifft zusammen mit den anderen Sätzen dieses Sonntags: *Aber Gott gedachte es gut zu machen.* Oder: *Wir werden alle vor den Richterstuhl Gottes gestellt werden.* Oder auch der erste, der präzise Satz: *Wer unter euch ohne Sünde ist …* Wer möchte denn, alle diese Sätze im Ohr, im Ernst behaupten: „O ja, ich gehe hin und *sündige hinfort nicht mehr*"?

Jesus gibt der Frau einen Satz mit, von dem evident ist, dass sie ihn nicht erfüllen kann. Weil niemand ihn erfüllen könnte. Dieser Satz setzt nicht wieder den Deckel einer archaischen Moral auf die Geschichte. Dieser Satz hält die Geschichte offen. Offen für das Leben. Wer lebt, ist nicht ohne Sünde. Und wenn wir ehrlich sind, gilt auch die Umkehrung: Nur wer sündigt, lebt.

Der allmächtige Gott erbarme sich unser, er vergebe uns unsere Sünde und führe uns – mitten ins Leben.

8 Lesung

[Die Gemeinde erhebt sich zur Lesung von Joh 8,3–11 nach der Lutherbibel 1984]

Aber die Schriftgelehrten und Pharisäer brachten eine Frau, beim Ehebruch ergriffen, und stellten sie in die Mitte und sprachen zu ihm: „Meister, diese Frau ist auf frischer Tat beim Ehebruch ergriffen worden. Mose aber hat uns im Gesetz geboten, solche Frauen zu steinigen. Was sagst du?“
Das sagten sie aber, ihn zu versuchen, damit sie ihn verklagen könnten. Aber Jesus bückte sich und schrieb mit dem Finger auf die Erde.
Als sie nun fortfuhren, ihn zu fragen, richtete er sich auf und sprach zu ihnen: „Wer unter euch ohne Sunde ist, der werfe den ersten Stein auf sie.“ Und er bückte sich wieder und schrieb auf die Erde.
Als sie aber das hörten, gingen sie weg, einer nach dem andern, die Ältesten zuerst; und Jesus blieb allein mit der Frau, die in der Mitte stand.
Jesus aber richtete sich auf und fragte sie: „Wo sind sie, Frau? Hat dich niemand verdammt?“ Sie antwortete: „Niemand, Herr.“ Und Jesus sprach: „So verdamme ich dich auch nicht; geh hin und sündige hinfort nicht mehr.“

L: Ehre sei Dir, Herr. *G:* Lob sei Dir, Christus.

Kommentar

Unmoralische Geschichte und sinnstiftende Sätze

Eine Geschichte habe ich betreten und für die Gemeinde begehbar zu machen versucht. Es ist eine in der Kirche eher misstrauisch beäugte Geschichte. „Jesus und die Ehebrecherin" ist sie in der Lutherbibel (1984/2017) überschrieben. Was nach damaligem Verständnis der Anklage entspricht, aber durch das Etikett „Ehebrecherin" für heutige Ohren doch recht moralisch formuliert ist, ersetze ich für die Predigt durch einen Titel, der die damals wie heute mitschwingende Moral zielgenau thematisiert: Eine unmoralische Geschichte. Der Film „Ein unmoralisches Angebot"[24] lieferte der Predigt eine Vorgabe für den Titel, mehr nicht. Ein anderer Film aber hatte Einfluss auf meine Lesart der Geschichte: „Alexis Sorbas".[25] Die archaischen Bilder einer Steinigung habe ich, seit ich den Film kenne, in der Geschichte von der „Ehebrecherin" immer mitgesehen.

Diese Geschichte kann den Umgang mit Sätzen lehren. Denn es sind vor allem zwei Sätze Jesu, welche die Geschichte tragen. Satz I: *Wer unter euch ohne Sünde ist, der werfe den ersten Stein auf sie.* Und Satz II: *Geh hin und sündige hinfort nicht mehr!* Die Lebensrettung ist elementar: Die Frau bleibt am Leben (I). Und die Lebensrettung ist qualitativ: Ihr Leben ist nachher anders als zuvor (II). Die beiden Sätze Jesu gewähren Leben. Insofern sind es zweifellos Sätze, die Sinn stiften.

Dass Sätze aus dem Munde Jesu Sinn stiften, muss ich nicht erklären oder begründen. Aber ich muss mich der Aufgabe stellen, diese beiden Sätze so zu präsentieren, dass sie mit ihrem sinnstiftenden Potenzial angemessen zur Geltung kommen.

Mit Erwartbarem die Erwartungen übertreffen

Der bekannteste Satz in der Geschichte lautet: *Wer unter euch ohne Sünde ist, der werfe den ersten Stein auf sie.* Dieser Satz ist von sprichwörtlicher Bekanntheit und damit vollkommen erwartbar. Ich muss ihn aber als den Satz präsentieren, der alle Erwartungen übertrifft.

Das auffälligste Mittel ist dies, dass ich den Predigttext nicht vor der Predigt als Lesung präsentiere, sondern als letzten Move und Höhepunkt der Predigt. Mit Move 8 mündet die Predigt in die Liturgie. Da tritt der Prediger zurück, die Gemeinde steht auf, die Lektorin liest den Predigttext als Evangelium des Sonntags und die Gemeinde beschließt responsorial mit der Lesung zugleich auch die

24 Ein unmoralisches Angebot, USA 1993 (Indecent Proposal), mit Robert Redford und Demi Moore.

25 Alexis Sorbas, USA/GB/GR 1964, nach dem Roman von Nikos Kazantzakis, mit Anthony Quinn in der Hauptrolle und der Musik von Mikis Theodorakis.

Predigt. Mit dieser Dramaturgie habe ich als Prediger die Möglichkeit, Satz I erst dann zu zitieren, wenn er trotz sprichwörtlicher Bekanntheit möglichst neu und unerwartet Gehör findet.

Zitiert und parodiert

Zwei Sätze Jesu, auf die es ankommt. Spitzensatz I: *Wer unter euch ohne Sünde ist, der werfe den ersten Stein auf sie.* Der Satz ist, als die Männer die Steine fallen lassen und weggehen, gewissermaßen verbraucht. Spitzensatz II droht Opfer der Dramaturgie zu werden, die bislang ausschließlich dem ersten Satz galt: *Geh hin und sündige hinfort nicht mehr!* Welche Chance hat dieser sinnstiftende Satz (II), wenn der lebensrettende Satz (I) schon so aufwändig inszeniert wurde?

Satz II ist auch theologisch brisant. Das kann Moral sein aus dem Munde Jesu. Oder es wird gehört als die biblische Version dessen, was Luther 1521 mit seinem berühmten *Pecca fortiter* (Sündige kräftig!)[26] intendiert haben könnte. In jedem Fall steht der Konnex zwischen Sünde und Leben in Rede. Soll ich überhaupt versuchen, ohne Sünde zu leben? Oder geht das definitiv nicht? Ist vielleicht jede Interpunktion, die so etwas wie Logik in die Endloskette von „sündigen“ und „leben“ zu bringen versucht, unsachgemäß? So jedenfalls signalisiert es der interpunktionsfreie Titel zu Move 7.

Ich habe zum Schluss ein kräftiges Mittel gewählt, indem ich die ritualisierte Abschlussformel im Confiteor aufgriff und parodierte.[27] So spricht, wenn sie den liturgischen Vorgaben folgt, die Gemeinde: „Der allmächtige Gott erbarme sich unser, er vergebe uns unsere Sünde und führe uns *zum ewigen Leben.*“ So habe ich es abgewandelt: „Der allmächtige Gott erbarme sich unser, er vergebe uns unsere Sünde und führe uns – *mitten ins Leben.*“ Und so passt es in die biblische Geschichte. Denn die Frau soll in diesem Moment gerade nicht ins ewige Leben kommen, sondern wieder ins irdische Leben eintauchen. Meine Weise, das unmögliche Verbot der Sünde als ausdrückliche Ermutigung zu einem möglichen Leben mit der Sünde zu hören, muss man nicht nachvollziehen. Wahrscheinlich ist der Gedanke auch zu dicht, um auf den letzten Predigt-Metern gehört oder gar bejaht zu werden. Aber dass die Frau künftig ein Leben lebt, das nach wie vor nicht ohne Sünde sein wird, ist evident.

---

26 Luther in einem Brief an Philipp Melanchthon vom 01.08.1521, in: Cl. 6,54–57, hier: 55, 24f.: „Esto peccator et pecca fortiter, sed fortius fide et gaude in Christo, qui victor est peccati, mortis et mundi!“ „Sei Sünder und sündige kräftig, aber glaube noch stärker und freue dich in Christus, welcher der Sieger ist über die Sünde, den Tod und die Welt!“

27 Der Begriff der „Parodie“ ist hier nicht negativ gemeint, sondern wertneutral wie etwa beim „Parodieverfahren“ von Johann Sebastian Bach.

Die Auslegung tat sich mit dem Satz Jesu nie leicht. In seinem Kommentar zum Johannesevangelium lehnte es Christian Dietzfelbinger ab, die unmögliche Forderung Jesu irgendwie doch noch als möglich hinzustellen:

> „Es hieße, den Sinn der Erzählung verfehlen, wollte man daraus die Drohung hören: Von jetzt an hüte dich vor der Sünde des Ehebruchs, und wenn du das nicht tust, kann ich dir beim nächsten Mal nicht mehr helfen.“[28]

Die Deutung lässt mich aufatmen. Denn, so verstehe ich den Ausleger, Freiheit ist das Vorzeichen vor dem Leben, das Jesus jener Frau eröffnet. In der Fortführung jedoch, wo der Ausleger mit ein paar Begriffen die Konturen künftiger Lebensführung andeutet, wird die Freiheit wieder eingeschränkt:

> „Vielmehr entläßt Jesus die Frau in die Freiheit eines bewußten und verantwortlichen Lebens. Kraft der durch ihn gewährten Errettung vom Tod kann und soll sie ihr Leben verantwortlich gestalten.“

Zwei Adjektive betonen die Kopf-Steuerung bei der Lebensgestaltung: „bewusst“ und „verantwortlich“. Dem korrespondieren in der Fortführung des Gedankens die Modalverben: In solchen Koordinaten „kann und soll“ die Frau ihr Leben gestalten. Dass auch jenseits von Können und Sollen die Begegnung mit Jesus Christus die Initialzündung sein könnte für ein nicht immer nur verantwortlich geführtes, sondern auch affektiv erfülltes Leben mit Momenten oder Phasen glückhaften Gelingens – das kommt hier nicht in den Blick. Historisch und für einen wissenschaftlichen Kommentar geht das in Ordnung. Für eine biblische Geschichte, mit der wir uns in die Gegenwart und Wirklichkeit Gottes hineinsprechen, ist das zu wenig. Menschen führen ihr Leben bewusst und verantwortlich. Und über weite Strecken werden Menschen auch geführt, getrieben, hingerissen. *Geh hin und sündige hinfort nicht mehr!* Sagt Jesus zu der Frau. Und weiß genau, dass sie, da sie leben darf, auch sündigen wird.

---

[28] Dietzfelbinger, Das Evangelium nach Johannes, Bd. 4.1, 233.

IX
Zum Lachen fremd
Predigt und Humor

Nichts zu lachen
Die Welt von oben

Vor einigen Jahren fand ich im Nachlass meines Onkels ein Büchlein mit Sentenzen von Christian Morgenstern.[1] Er hatte es einst von einem Freund bekommen, eine Sammlung von kurzen Geleitworten für jeden Tag des Jahres. „Alles Große macht sterben und auferstehen", zitiert der Freund in seiner Widmung Christian Morgenstern, den Autor des Büchleins, und verzeichnet sorgfältig Zeit und Ort der Übergabe: „In Belgien, am 4. März 1941". An diesem Tag wurde mein Onkel zwanzig, es war Krieg und er war als Soldat in Belgien stationiert. Am Ende des Büchleins findet sich, in seiner Nachkriegshandschrift, ein persönliches Register von zehn Stichworten – Hinweise auf Stellen, die ihm beim Lesen Eindruck gemacht hatten. Und ganz oben, an erster Stelle: Humor.

Den, aus dessen Bibliothek und Biographie das Büchlein in meine Hände kam, kann ich nicht mehr befragen. Aber einen späten Blick hinter die Kulissen erlaubt es mir doch. Der äußerst disziplinierte Onkel, das Büchlein des Soldaten, der mörderische Krieg, das katastrophale Ende, die Gefangenschaft. Und dann: Humor. Ganz oben steht er, Nr. 1 unter den Top Ten und mit Verweis auf die Seite 118. Sicher ist, dass mein Onkel, als der Krieg vorbei war, mit dem Büchlein auch die Schreckensbilder in die Hand nahm, die sich ihm eingebrannt hatten. Humor? Oder vielleicht doch eher Ironie? Die bittere Ironie dessen, der als Ge-

1 Morgenstern, Wer vom Ziel nicht weiß, 118.

birgsjäger die Welt von oben sah und sehen musste? In den bayerischen Bergen mochte diese Perspektive noch ihren Charme haben. Aber als es dann galt, unmittelbar nach dem selbstmörderischen Einsatz der Fallschirmspringer im noch immer aktiven Abwehrfeuer der feindlichen Verteidigung auf Kreta zu landen, war der Blick von oben ein Blick in den Tod.[2] Wer da von oben heruntersah, hatte nichts zu lachen. Die Seite, auf die das Registerwort „Humor" verweist, behauptet das Gegenteil, nämlich dass zum Humor der Blick von oben gehöre. Denn das stand auf Seite 118: „Ich definiere den Humor als die Betrachtungsweise des Endlichen vom Standpunkte des Unendlichen aus." Nach herkömmlicher Himmel-Erde-Topographie würde Christian Morgenstern von oben nach unten blicken. An die Luftlandung im Krieg konnte er noch nicht gedacht haben. Aber dass es von welchem Oben auch immer oder gar vom Unendlichen aus beim Blick auf unser menschliches Treiben sehr viel zu lachen geben sollte, ist auch ohne Luftlandung, Belgien, Krieg oder Kreta wenig wahrscheinlich.

Ich kehre Morgensterns Blickrichtung um und beschreibe versuchsweise Humor als die Betrachtungsweise des Unendlichen vom Standpunkt des Endlichen aus. Dann ist es umgekehrt. Dann blicke ich von unten nach oben und halte in den endlichen Koordinaten der Welt Ausschau nach dem Unendlichen. Wenn sich in dieser Versuchsanordnung das Unendliche im Endlichen bemerkbar macht, wenn die Gotteszeit fremd in die weltzeitlichen Gegebenheiten fällt, dann ergeben sich Situationen, die beunruhigend sind. Oder verwunderlich. Oder auch ganz schön komisch.

Als Pastor oder Pastorin gerate ich nicht nur in solche Situationen, sondern ich provoziere sie von Berufs wegen. Es ist meine Aufgabe als Prediger, dass ich die Gotteszeit zur Sprache bringe. Von außen kann man das durchaus als eine Rolle sehen, die schon an sich ziemlich komisch ist; für viele bin ich als Pastor geradezu ein Berufskomiker. Auf diese Zumutung könnte ich kanzeltypisch reagieren: mit Pathos. Die natürliche Alternative wäre: Humor. Er entlastet die Predigt. Er sorgt dafür, dass ich nicht zum Zeloten werde, zum Moralapostel oder zum Retter von Kirche, Glauben und Abendland.

Es darf gelacht werden

Humor in der Kirche

Humor hatte es die längste Zeit nicht leicht in der Kirche und erst recht nicht auf der Kanzel. Mein Vater war lutherischer Pfarrer und ein humorvoller Mensch. Sein Talent zur Imitation und sein Gespür für komische Situationen machten ihn zum geschätzten Unterhalter bei geselligem Anlass. Er brachte Menschen

[2] Luftlandeoperation deutscher und italienischer Truppen auf Kreta im Mai 1941.

gerne und gut zum Lachen. Aber auf der Kanzel war damit Schluss. Denn im Gottesdienst gab es nichts zu lachen. Einmal kam während der Predigt ein großer Hund in die Kirche. Der Prediger schwieg und verfolgte mit der Gemeinde das Schauspiel, wie der Hund, ruhig und ohne Bellen oder Knurren, den Innenraum durchmaß, im gotischen Chor eine Runde drehte und dann die Kirche ebenso ruhig verließ, wie er gekommen war. Danach, in geselliger Runde, konnte mein Vater die Komik der Situation in immer neuen Anläufen mit Worten auskosten. Aber der Gottesdienst selbst vertrug keine launige Bemerkung, die Liturgie nicht und nicht die Predigt. Wobei ich mir heute sage, dass der religiös motivierte Humorverzicht von Gemeinde und Personal angesichts eines Tieres, das ungerührt seine Runde zog, zur Komik der Situation erheblich beigetragen haben dürfte. Heute ist ein lockeres Verhalten im Kirchenraum nichts Ungewöhnliches, sodass die komische Situation, wie ich sie aus meiner Erinnerung angeführt habe, in der Gegenwart vermutlich gar nicht mehr entstünde. Humor gedieh schon immer dann besonders gut, wenn man ihn nicht zulassen konnte oder wollte oder durfte. Heute erwartet man von einem Prediger oder einer Predigerin, dass sie auf einen Hund oder vergleichbare Unterbrechungen im Gottesdienst mit ein paar humorvollen Worten eingehen.

In älteren Standardwerken zur Predigt Nennenswertes zum Humor zu suchen, ist wenig ergiebig. Immerhin verzeichnet die *Concise Encyclopedia of Preaching*, 1995 in den USA erschienen, einen einschlägigen Artikel.[3] William H. Willimon skizziert die Rolle, die der Humor in den Denominationen und Frömmigkeitsrichtungen Nordamerikas spielt. In Europa hat Rudolf Bohren seiner „Predigtlehre“ einen Exkurs über den Humor mitgegeben, der dem wenig bearbeiteten Thema einen lesenswerten Weg bahnte.[4]

In jüngster Zeit haben sich die Chancen für Humor auf der Kanzel verbessert. Humor wird derzeit ganz generell großgeschrieben. Es darf also gelacht werden. In der Kirche, so scheint es, muss sogar gelacht werden. Ich werde den Eindruck nicht los, man wolle geradezu zwanghaft zeigen, dass Kirche, wie überall, so auch beim Lachen voll dabei ist. Das „Osterlachen“ muss herhalten, um die Kirche als Hort des Humors zu präsentieren. Und dass Sara lachte, als ihr die Schwangerschaft verheißen wurde, verschaffte ihr eine Wirkungsgeschichte als Ahnfrau des Kirchenhumors.[5] Der wiederum begegnet geballt an einem Sonntag, der im liturgischen Kalender mit gutem Grund nicht vorgesehen ist. Am, wie man ihn nennt, „Faschingssonntag“ kann es passieren, dass, wer sonst brav in Talar und Beffchen die Kanzel besteigt, nun eine Pappnase trägt und eine „Büttenpredigt“ hält. Mitunter ist das so lustig wie diejenigen Mainzer Büttenbeiträge,

---

3 Willimon, Art. Humor.

4 Bohren, Predigtlehre, 242–250.

5 Gen 18,12. Dass Abraham ebenfalls lachte (Gen 17,17), bescherte ihm keine vergleichbare Wirkungsgeschichte. Vgl. Barth, KD III/4, 765 f.

bei denen es ebenfalls nichts zu lachen gibt. Die verborgene Fähigkeit des Pastors oder der Pastorin, sich in gereimter Sprache zu äußern, offenbart sich bei solcher Gelegenheit einer staunenden Gemeinde. Der Homiletiker aber ist um eine Grenzerfahrung reicher. Die Banalitäten nämlich, um deren Vermeidung er sich so bemüht hatte, finden in büttengereimter Tarnung durchaus den Beifall der Hörerinnen und Hörer. Und die wollte der Homiletiker eigentlich verschont wissen.[6]

Dass am „Faschingssonntag" und bei anderen kirchlichen Gelegenheiten so etwas wie Humor produziert wird, beschränkt sich nicht auf diesen oder jenen Einzelfall. Selbst im *Streiflicht* der *Süddeutschen Zeitung* kam das Phänomen zur Sprache. Anlass war im Jahr 2018 die Koinzidenz von Ostersonntag und 1. April: „Wäre man einer dieser munteren jüngeren Geistlichen, würde man aus der Laune des Kalenders die Lizenz ableiten, im Gottesdienst die österliche Botschaft mit dem Aprilscherz zu verbinden." Eine Stegreifszene wird empfohlen, zur Legimitation der *risus paschalis* (Osterlachen) ins Spiel gebracht und zum Schluss noch auf eine *dpa*-Meldung verwiesen, nach der bei solchen Anlässen sogar Blondinenwitze auf der Kanzel präsentiert würden.[7] Humor ist dabei allenfalls das, was man macht oder sagt, um andere zum Lachen zu bringen.

Solche Versuche, ausgerechnet die Kirche als Hort des Humors zu präsentieren, wirken zuweilen recht deplatziert oder doch reichlich bemüht. Aber die Frage nach dem Humor halte ich grundsätzlich für berechtigt. Religion und Humor gehören, so die Prämisse einer Tübinger Ringvorlesung, weit enger zusammen, als man vermutet hätte.[8] Und eine homiletische Studie, im interkontinentalen Austausch zwischen Südafrika und den USA entstanden, bringt mit der „Narrenrede" eine biblische Kategorie eindrucksvoll zur Geltung.[9] Es scheint, als werde endlich eine Frage gestellt, welche die längste Zeit nicht zur Sache gehörte: Kann ich humorvoll von Gott reden?

Wahrhaft komisch

Kleine Homiletik des Humors

Die Frage, so meine ich, ist nicht länger: Wie kann ich Humor machen, sodass andere lachen müssen? Sondern: Wie kann ich eine Situation, die sich überaus komisch darstellt, als Gottessituation wahrnehmen? Humor ist nicht Handlung, sondern Haltung.

6 Vgl. Bücker (Hg.), Halleluja und Helau. Vgl. die hilfreiche Beschreibung und historische Einordnung der Phänomene: Pyka, Vom Sittlichkeitskampf zur Büttenpredigt, 281–313.

7 Streiflicht, in: SZ vom 29.03.2018.

8 Vgl. Dober (Hg.), Religion und Humor.

9 Vgl. Campbell / Cilliers, Was die Welt zum Narren hält.

Alfred Brendel, der Pianist, hat schon manch glühenden Bewunderer seiner Kunst dadurch in Verwunderung und Verwirrung gestürzt, dass er in einer Musik, die das große E wie „Ernst“ im Etikett trägt, Humor aufspürt und mit sichtbarer Freude ausspielt. In Aufsätzen und Vorträgen wirbt Brendel dafür, dass auch die so genannte „ernste Musik“ ihren Humor habe. Nicht nur dort, wo der Komponist ausdrücklich einen „Musikalischen Spaß“[10] vorsieht, steckt der Humor, den Brendel meint. Er steckt vor allem dort, wo man ihn gemeinhin nicht vermutet, nämlich in unmittelbarer Nachbarschaft des „Erhabenen“. Mit Berufung auf Jean Paul definiert Brendel den Humor als „das umgekehrte Erhabene“.[11]

Mit „wahrhaft komisch“ versuche ich meinerseits den Sachverhalt zu benennen. Das Komische erscheint in dieser Formulierung als Kehrseite von Wahrheit. Wobei die „Kehrseite“ keinen Gegensatz markiert, sondern eine gerne übersehene Zusammengehörigkeit. Diese Formulierung mag die Skeptiker beruhigen. Denn sie stellt klar, dass ich, wenn es komisch wird, nicht Urlaub nehmen muss von allem, womit es mir ernst ist. Und ich muss, was komisch ist oder sein könnte, nicht ausklammern, wenn ich im Auftrag des Herrn unterwegs bin. Das Komische gehört zur Wahrheit. Deshalb ist die Frage nach dem Humor in der Predigt keine Frage, die man stellen kann, sondern eine Frage, die man stellen muss.

Wie sich Situationen von Komik ergeben, die potenziell im Leben der Hörenden vorkommen könnten, lässt sich in den Kategorien von Intertextualität ganz gut beschreiben: Der Text der Bibel fällt in die Texte und Kontexte des Lebens, und ich sehe gespannt zu, was passiert. Das kann für mich schmerzlich, ärgerlich, befreiend, beunruhigend, tröstlich ausfallen. Oder komisch. Je disparater die Welten sind, die da aufeinandertreffen, desto größer ist die Wahrscheinlichkeit, dass es komisch wird.

Ich gebe ein Beispiel, wie so eine intertextuelle Komik aussehen könnte. Folgende Wendung fand sich im Predigttext (Jes 40,26–31):

> *Jünglinge werden müde und matt, und Männer straucheln und fallen; aber die auf den Herrn harren, kriegen neue Kraft, dass sie auffahren mit Flügeln wie Adler, dass sie laufen und nicht matt werden, dass sie wandeln und nicht müde werden.*

Die Predigt bot Variationen über die Müdigkeit.[12] Eine davon ging so:

> „Wenn unsere Kinder *müde* sind am Abend, dann ist das eine wunderbare Sache. So müde, dass sich der Kleine schon um sechs Uhr die Äuglein reibt. So müde, dass die Große kein einziges Puzzle mehr spielen will im Schlafanzug. Tropfmüde eben. Man

---

10 Vgl. Mozart, Ein musikalischer Spaß, KV 522.

11 Jean Paul, Vorschule der Ästhetik, § 32 (S. 125–129).

12 Nicol, Prophetische Weitsicht, Predigt zu Jes 40,26–31, St. Maria-Magdalena, Erlangen-Tennenlohe, Quasimodogeniti, 7. April 2002.

muss sie nur ins Bett tropfen lassen, und schon schlafen sie. Lieber Gott, gib jetzt nicht *den Müden Kraft!* Lass unsere Kinder jetzt nicht *auffahren*, bitte nicht, *mit Flügeln wie Adler!* Schliess die müden Äuglein zu! Lass sie schlafen, den Abend lang und eine ganze Nacht! Denn so ist das mit den Müdigkeiten von Eltern und Kindern: Wenn die Einen schlafen, *kriegen* die Andern *neue Kraft*."

Da fiel der Text, der den exilierten Israeliten von Gott her neuen Mut zusprechen sollte, in eine Familie mit kleinen Kindern, bei der sich die Eltern nichts sehnlicher wünschten, als endlich einmal wieder eine Nacht durchzuschlafen. Es war damals meine eigene Situation. Ich habe sie für die Kanzel so inszeniert, dass auch Menschen aus gänzlich anderen Situationen kommen und sich in dieser komischen Situation wiederfinden konnten.

Traditionell galt vorzugsweise oder fast ausschließlich das „Erhabene" als kanzelwürdig. Das „umgekehrte Erhabene" geriet aus dem Blick. Folge: Das „Erhabene", aus seiner Symbiose mit dem „umgekehrten Erhabenen" gerissen, mutiert zum Kanzelpathos. Da nehmen die Predigtworte, zu Übergröße aufgeblasen, den Hörenden die Luft zum Atmen. „Alles Pathos ist verdächtig", hatte Christian Morgenstern im Geburtstags-Bändchen meines Onkels vermerkt.[13] Nichts sei ihm „mehr verhaßt als Feierlichkeit ohne Tiefe". Nach diesem Diktum verstehe ich „Pathos" als eine Ansammlung von Großworten, die eine nicht vorhandene Tiefe beschwören: Operettenstoff, dargeboten als Oratorium. Solches Pathos macht, dass sich die Predigt verlässlich ihrer Karikatur annähert: großwortig, weltfremd, inhaltsleer, überraschungsfrei. Sonntagsrede eben.

Dagegen hilft Humor. Er weiß auseinanderzuhalten, was nicht vermischt gehört. Er entlarvt das Pathos in seiner Monotonie und Einseitigkeit. Er macht aufmerksam auf das, was ausgeblendet oder verdrängt wurde. Er bemerkt die Operette im Oratorium, weiß beides zu schätzen und freut sich, wenn eines in komische Nähe zum andern gerät. Dabei bleibt, in der ihm eigenen Leichtigkeit, der Humor dem gleichen Ziel verpflichtet, welches das Pathos so verbissen verfolgte: Gott nicht klein machen, sondern ihn groß sein lassen.

Nicht alle Theologiemodelle scheinen mir in gleicher Weise den Humor zu fördern. Vorerst vertrete ich die These, dass ein kanzeltauglicher Humor im Denkhorizont einer dialektisch angelegten Theologie noch immer am besten gelingen kann. Deren Polaritäten sichern die Fremdheit der Gotteszeit. Nur wenn Gott Gott bleibt, die Welt Welt und die Dogmatik hinreichend steil, kommt es zu der Situationskomik, die ich auf der Kanzel humorvoll zur Geltung bringe. Ein liberales Denkmodell dagegen bringt die Weltkompatibilität Gottes schon als Prämisse mit. Eine Predigt, die Gott tendenziell auf Menschenmaß formatiert, verfehlt den Humor. Denn wenn sich Gleich zu Gleich gesellt, ist es im Wortsinn witzlos, darüber zu reden. Aber das bleibt eine These, die sich gerne als falsch

13 Morgenstern, Wer vom Ziel nicht weiß, 67.

erweisen darf. Denn wäre sie falsch, gäbe es bei weitaus mehr Predigten etwas zu lachen.

Adagio und Scherzo
Versuch über die Leichtigkeit

Humor ist nicht das, was man macht, um andere zum Lachen zu bringen. Humor ist nicht nur Sinn fürs Komische. Humor hat auch zu tun mit Leichtigkeit. Mit einer Leichtigkeit, die in der Sache gründet. Humor auf der Kanzel wäre dann die Leichtigkeit, mit der ich mich in der Weltzeit gotteszeitlich zu Wort melde. In der musikalischen Analogie, die ich auch hier wieder bemühe, würde ich mich sozusagen *scherzando* einmischen ins Wechselspiel der Zeiten.

Wenn ich als Titel meines Versuchs über die Leichtigkeit „Adagio und Scherzo" angebe, so meine ich nicht im engeren Sinn Gattung oder Tempo, sondern so etwas wie die Gesamtstimmung von Moves.[14] Ich verstehe das *Scherzo* als spielendleichtes Pendant zum bedeutungsschweren *Adagio*. Wenn über einer ganzen Predigt *Adagio* stünde, dann wäre sie vermutlich in einem kaum erträglichen Maß pathetisch. Wenn aber eine Predigt lang ein *Scherzo* das andere jagte, dann würde ich eine Büttenpredigt im problematischen Sinn erwarten. Ich gehe davon aus, dass beides, Adagio und Scherzo, in einer Predigt vorkommt und dass die homiletische Dramaturgie für jede Predigt die geeignete Mischung findet.

Nun ist die Leichtigkeit, die ich intendiere, nicht das, was man sofort assoziiert, wenn es um Predigt geht. Leichtigkeit gehört weder zu den Erwartungen, die üblicherweise der Predigt entgegengebracht werden, noch zu den Erfahrungen, die man mit ihr machen kann. Es sind andere Etiketten, die der Predigt anhaften.

„Das war eine oberflächliche Predigt." Das Urteil bedeutet ein Verdikt. Denn was sich auf der Oberfläche dem Auge darbietet, das kann jeder sehen. Dazu muss ich mich nicht in die Kirche begeben. Oberflächlich, platt, seicht, belanglos … Nein, oberflächlich darf eine Predigt nicht sein!

„Das war eine tiefsinnige Predigt." Das Urteil bescheinigt dem Prediger oder der Predigerin, dass er oder sie Dinge sagte und Zusammenhänge zeigte, die man nicht so leicht einsehen kann und zu denen man sich erst durchgraben muss. Im deutschen Sprachraum bedeutet das Etikett „tiefsinnig" zunächst einmal ein Lob.

Glücklich macht mich beides nicht. Wenn ich an der Oberfläche bleibe, komme ich aus dem kleinteiligen Alltag nicht heraus. Und wenn ich mich in die

14 Vgl. Herzfeld (Hg.), Adagio und Scherzo. Über dieser Anekdotensammlung hätte statt „Adagio und Scherzo" auch einfach „Ernstes und Heiteres" stehen können.

Tiefe vergrabe, verliere ich das tatsächliche Leben aus dem Blick. Was aber bleibt dann? Seit ich mich mit der religiösen Rezeption von Beethovens Klaviersonaten befasse, beschäftigt mich die Einsicht, „dass das Tiefe nicht tief und das Oben nicht oberflächlich sein muss".[15] Die längste Zeit meines Lebens hatte sich mein religiöses Musik-Erleben an den langsamen Sätzen festgemacht. Ich spreche im Blick auf ein solches Hörverhalten von einer „Adagio-Religiosität". Inzwischen finden die Kopf- und Finalsätze, aber auch das Scherzo meine Aufmerksamkeit mindestens ebenso wie der langsame Satz. Die gesamte Topographie von Oberfläche und Tiefe ist mir in hohem Grad fragwürdig geworden. Wo ich vormals, wann immer mich ein Adagio in Weihestimmung versetzte, gerne auf das schönste Scherzo verzichtete, kommt es nun vor, dass ich den langsamen Satz wegklicke und mich der Bewegung und der Bewegtheit der anderen Sätze überlasse. So suche ich auch beim Predigen einen Weg, der mehr Abwechslung verspricht als die traditionelle Wegführung von der Oberfläche in die Tiefe oder, homiletisch deutlicher, vom Alltag zur Botschaft. Nicht oberflächlich also wäre die Predigt, auch nicht tiefsinnig, dafür aber von jener Leichtigkeit, die sich nur zögerlich einstellt.

„Das war eine leichte Predigt." Klingt gut. Aktuell mag man bei einer solchen Aussage an die „leichte Sprache", wie sie auch für kirchliches Sprechen propagiert wird, denken. Diese aber zielt auf Verstehen und Verständlichkeit, auf Reduzierung von Komplexität im sprachlichen Ausdruck.[16] Die Leichtigkeit hingegen, die ich meine, hat mit Gestus, Tempo, Klang und anderen Faktoren zu tun, die über einen schriftlich fixierbaren Text hinausgehen. Ich bemühe noch einmal die Analogie zur Musik.

Alfred Brendel verweist auf Merkmale, deren sich eine musikalische Komik bedienen kann, um „Gelächter und Gehüpfe, bekannte Begleiterscheinungen der Heiterkeit und des Übermuts" zu suggerieren: ein „kurzes *staccato*, weite Intervallsprünge und kleine voneinander getrennte Notengrüppchen". „Scherzklänge" nennt der Pianist solche Figuren, die viele seiner Kolleginnen und Kollegen als bloße Verzierungen oder als beiläufige Verbindung von einer wichtigen Note zur andern betrachten.[17] Nicht alle Pianisten haben den Humor, solche Hinweise im Notentext als Hinweise auf Leichtigkeit zu deuten und entsprechend zu Gehör zu bringen. Die kleinen Signale im Notentext klingen dann ernsthaft, seriös, elegant, aber kaum jemals spielerisch, witzig, leicht. Bei Alfred Brendel gehört gerade seine Freude an den kleinen „Scherzklängen" zu dem, was sein Mozartspiel und besonders seine Darstellung der Klavierkonzerte mit einer wunderbar verlässlichen Leichtigkeit erfüllt.

---

15 Nicol, Gottesklang, 18; vgl. insges. 18–20.

16 Vgl. etwa Gidion/Martinsen, Leicht gesagt!, 10–12 (Was ist „Leichte Sprache"?).

17 Brendel, Das umgekehrte Erhabene I, 154.

Als Analogie und zur Inspiration für die Predigtarbeit taugen die Verweise auf die Musik. Aber eine Predigt ist kein Klavierkonzert und die „Scherzklänge" eines Alfred Brendel werden auch künftig kein Mittel der Predigt darstellen. Dennoch hat mir die Musik mit Adagio, Scherzo oder den kleinen, reichlich über die Partituren gestreuten Scherzklängen eine Vision von Leichtigkeit beschert, die ich bei der Predigtarbeit nicht ausblenden will. Wenn ich nun von einer ähnlichen Leichtigkeit träume im Reden von Gott? Und wenn ich von den Träumen nicht lassen kann? Ich komme noch einmal auf die Leichtigkeit zurück.

Ich plädiere in diesem Kapitel für Humor in der Predigt. Für mich ist es eine inspirierende Vorstellung, ein oder zwei bewusst leicht gehaltene, humorvolle Passagen oder auch nur Bemerkungen könnten die Predigt leichter und das Reden von Gott insgesamt stimmiger machen. Wenn ich die Weltzeit zur Gotteszeit umdeklarieren und zurechtreden muss, wird es pathetisch. Wenn ich aber zulassen kann, dass die Gotteszeit mitunter in der Weltzeit „fremdelt", kann es humorvoll werden. Das wäre dann ein leichter Humor, der Gott groß macht und, vielleicht, bei diesem Hörer oder jener Hörerin die Sorge für den morgigen Tag ein wenig kleiner.

Ein Pfarrer, hauptamtlich als Religionslehrer tätig, schrieb mir. Ich kannte ihn nicht. Er hatte entsprechende Äußerungen von mir gelesen, meldete sich per Mail und bestätigte mich in meiner Ansicht, eine Predigt als öffentliche Rede von Gott müsse Leichtigkeit und Humor nicht scheuen. Seine Schülerinnen und Schüler beschrieb er so liebevoll, dass ich ihm hier das Wort gebe. Der Religionslehrer bemerkt in seinen Klassen „die tagtäglich in der Schule auftretende übersprudelnde Lebensfreude, den Übermut und den nicht selten skurrilen Humor". Er bedauert, dass, wenn es um Gott geht, solche Lebensäußerungen in aller Regel zurückzustellen seien. Und fragt, warum seine jungen Leute so oft an der Kirchentür abgeben müssten, was doch zu ihnen gehört: „Wo bleiben da Dank, überbordende Lebensfreude und Humor, Kraftmeierei und verspielte Koketterie, die allesamt das Leben bejahen?"[18]

Ich führe diese Beobachtungen nicht an, weil ich junge Leute milieuspezifisch „abholen" wollte, um sie dann folgerichtig irgendwo „abzuliefern". Es geht mir auch hier um Sprache und um den Reichtum an Ausdrucksmöglichkeiten. Es geht darum, unerwartet von einem nicht erwartbaren Gott zu sprechen. Es geht darum, dass die Sprache nicht eintönig werde, wenn ich sie dem Schöpfer des Himmels und der Erde entgegenschicke. Nicht milieuspezifisch will ich predigen, sondern gottestauglich. Deshalb versuche und übe ich mich auf der Kanzel auch in Humor und Leichtigkeit. Sollten dabei Milieugrenzen durchlässig werden, würde ich gewiss nicht protestieren.

---

[18] Aus einer Mail vom 17. April 2016, gerichtet an den Verfasser (MN).

Gott zu Gast

Gen 18,1–8

Universitätsvesper
Mittwoch 22. Juni 2016, 18 Uhr
Thomaskirche Leipzig

> 1 Und der HERR erschien ihm im Hain Mamre, während er an der Tür seines Zeltes saß, als der Tag am heißesten war. 2 Und als er seine Augen aufhob und sah, siehe, da standen drei Männer vor ihm. Und als er sie sah, lief er ihnen entgegen von der Tür seines Zeltes und neigte sich zur Erde 3 und sprach: Herr, hab ich Gnade gefunden vor deinen Augen, so geh nicht an deinem Knecht vorüber. 4 Man soll euch ein wenig Wasser bringen, eure Füße zu waschen, und lasst euch nieder unter dem Baum. 5 Und ich will euch einen Bissen Brot bringen, dass ihr euer Herz labt; danach mögt ihr weiterziehen. Denn darum seid ihr bei eurem Knecht vorübergekommen. Sie sprachen: Tu, wie du gesagt hast.
> 6 Abraham eilte in das Zelt zu Sara und sprach: Eile und menge drei Maß feines Mehl, knete und backe Brote. 7 Er aber lief zu den Rindern und holte ein zartes, gutes Kalb und gab's dem Knechte; der eilte und bereitete es zu. 8 Und er trug Butter und Milch auf und von dem Kalbe, das er zubereitet hatte, und setzte es ihnen vor und blieb stehen vor ihnen unter dem Baum, und sie aßen.
>
> Gen 18,1–8 (Lutherbibel 2017)

1 Angehaltene Erzählung

[Der Lektor las Gen 18,1–8 und ließ zum Ende erkennen, dass er eigentlich gerne weiterlesen würde …]

2 Verheißung schlägt auf den Magen

Diese Geschichte geht weiter. Als Heilsgeschichte natürlich. Denn so hat sie angefangen. So also geht sie weiter: bekannt, absehbar, verlässlich. Und immer im Zweitakt von Verheißung und Erfüllung. Verheißung für Abraham und Sara: Ihr werdet einen Sohn haben. Erfüllung: Sohn geboren, Kinder zu erwarten und Kindeskinder, wie Sterne am Himmel … Stopp.

Heute nicht. Für einen zögernden Augenblick halte ich die Geschichte an.[19] Nicht: Verheißung und Erfüllung. Sondern: Essen und Trinken. *Darum seid ihr*

[19] Zur Formulierung vgl. Gottfried Benn, Astern, in: ders., Gedichte, 268. Die erste Strophe des Herbstgedichtes lautet: „Astern –, schwälende Tage, / alte Beschwörung, Bann, / die Götter halten die Waage / eine zögernde Stunde an."

doch *vorübergekommen.* Meinte Abraham. Und der musste es wissen; er war ja dabei.

Aber die Geschichte geht doch weiter …

Richtig. Gerade darum halte ich sie an.

Die drei Männer kommen doch nicht einfach so zu Abrahams Zelt, sondern um zu …

Um zu … Ja, ich weiß: Um die Verheißung auszusprechen, dass … Stopp. Immer dieses „Um zu“! Als ob jeder Moment nur leben würde von dem, was kommt, von einem fernen Ziel, einem „Um zu“! Wo bleibt das Hier und Jetzt? Die Verheißung für morgen schlägt auf den Magen von heute.

Darum: Gegen die Zielführung der Bibel … Gegen die Erwartung der Bibelkundigen … Gegen den beruhigenden, bibelverlässlichen Zweitakt von Verheißung und Erfüllung … Darum also: Stopp! Für einen zögernden Moment halte ich die Geschichte an. Genieße den Duft vom Grill. Möchte sehen, was passiert, wenn die Geschichte nicht einfach weiterläuft. Stopp – und zwar sofort. Abraham, so heißt es, *blieb stehen vor ihnen unter dem Baum und sie aßen.*

3 Wer die Fremden sein könnten

Wer kommt da eigentlich zu Besuch? Wer ist es, der Abraham aus dem Mittagsschlaf klopft und es sich zum Rasten sehr bequem macht? Wer ist es, der einmal alleine ist – und dann wieder zu dritt? Ein Geheimnis ist um diese Fremden.

In der Geschichte der Auslegung hat man den einen Gott in Begleitung von zwei Engeln ausfindig gemacht. Gesamtsumme: drei. Man hat drei Engel gezählt; die wären dann sozusagen ohne Begleitung eines Erwachsenen unterwegs gewesen. Oder man hat, um drei und eins unter einen Hut zu bringen, die Trinität identifiziert. Das leuchtet ein (jedenfalls von den Zahlen her). Denn nach dem trinitarischen Dogma sind in dem einen Gott drei Personen zu unterscheiden. Das würde am besten erklären, warum hier Gott einmal allein auf dem Plan ist und dann wieder zu dritt.

Trinität? Im Alten Testament? Da war doch, sagen die ganz Klugen, die Trinität noch gar nicht vollständig. Am Anfang war Gott Vater. Es wurde Weihnachten; da kam der Sohn. Es wurde Pfingsten; da kam der Geist. Erst eins, dann zwei, dann drei … Wie in einer ganz normalen Familie? Nein. Hier ist nichts normal. Im Anfang war der dreieinige Gott. Vor aller Zeit. Wissen kann ich das natürlich nicht. Glauben schon. Denn die Kirche hat es zu aller Zeit bekannt. Fazit: Wenn Gott bei Abraham erscheint, dann muss das der dreieinige Gott sein.

4 Wenn Gott zum Grillfest kommt

Ob Gott, ob Trinität oder einfach Engel, in jedem Fall haftet an dem Besuch ein Hauch von Himmel. Ein Stück Himmel auf Erden. In einem Nomadenzelt. Um die Mittagszeit, als die Hitze am größten war.

Ich merke, wie ich jetzt gerne in die Pathoskiste greifen würde. Steinalt das Ehepaar. Kinder? Noch nie gehabt; jetzt geht nichts mehr. Gewaltig also die Verheißung: Übers Jahr werdet Ihr einen Sohn haben. Und dann – die Erfüllung, das Wunder, der Sohn … Stopp.

Ich hatte doch die Geschichte angehalten. Abraham, so heißt es, *blieb stehen vor ihnen unter dem Baum und sie aßen.*

Ja, da saßen sie und aßen, was man ihnen auftrug. Nicht schlecht. Aber auch nicht außergewöhnlich. Gastfreundschaft eben, wie es üblich war im Alten Orient.

Die Szene verliert an Normalität, je höher ich den Besuch einstufe. Schon ein paar Engel, kämen sie zu Besuch, wären besonders. Gott Vater, käme er allein, aber höchst selbst, wäre das eine Sensation. Aber soll ich mir wirklich die Trinität bei Abraham vorstellen?

Da ist, doch, da ist die Trinität zu Besuch. Vater, Sohn und Heiliger Geist sitzen auf dem Boden und verschlingen Brot, Sauermilch, frische Milch und gebratenes Kalb …

5 Wie fremd Gott ist

Wenn Gott sich bemerkbar macht … am Sonntag? Da haben die Geschäfte zu. Da ist ohnehin alles ein wenig anders. Da nehme ich alles hin, was geschrieben steht. Aber wenn Worte, Bilder oder Geschichten der Bibel in meinen Montag fallen oder in meinen Dienstag …

Dann wird es komisch. Wie hier, bei Abraham.

Oder tragisch. Wie dort, wo das Kreuz stand.

Oder auch mal unmoralisch. Wie dort, wo Simson, der Jüngling, vom Geist Gottes derart durchs Land getrieben wurde, dass Mädchen und junge Frauen in Deckung gingen.[20]

Das ist überhaupt nicht nett, niedlich oder normal. Fremd ist das. Überaus fremd. Wo Bibelworte in unsere Wochentage fallen, wird es unmoralisch, tragisch. Oder komisch. So wie heute, wenn Vater, Sohn und Heiliger Geist zu Besuch kommen, auf dem Boden sitzen und Kalb vom Grill essen … Zu komisch ist das; da schau ich doch glatt gleich noch einmal hin! Und Abraham? Selbst der hatte so etwas noch nicht gesehen. Er blieb … *Abraham blieb stehen vor ihnen unter dem Baum und sie aßen.*

---

20 Vgl. Mildenberger, Biblische Dogmatik III, 112–120 (mit Bezug auf Ri 13–16).

Kommentar

Wie es zu dieser Predigt kam

Es gab für mich einen glücklichen Zufall, die Hermeneutik des Humors zu erproben. In Leipzig wird immer am Mittwochabend um 18 Uhr, damals noch in der Thomaskirche, eine „Universitätsvesper" gehalten. Die Vespern eines Semesters stehen jeweils unter einem Thema. Im Sommer 2016 war es das Thema „Essen & Trinken". Nun bin ich ein überzeugter Gegner solcher Themenreihen.[21] Aber wenn dafür andere Personen die Verantwortung tragen? Und in der Thomaskirche? Einmal in unmittelbarer Nähe der Grabstätte Johann Sebastian Bachs tätig zu sein, war ein alter Traum. Also: Zusage.

Bei dem amerikanischen Literaturwissenschaftler und Literaturkritiker Harold Bloom, Sohn jüdischer Einwanderer, hatte ich schon vor geraumer Zeit einen Hinweis auf die Bibel gefunden, der mich nachhaltig beschäftigte. Es geht um den Besuch der Männer bei Abraham und Sara, in dessen Verlauf dem betagten Paar die unwahrscheinliche Geburt eines Sohnes verheißen wird (Gen 18,1–15). Dazu schreibt Bloom:

> „Jahwe erscheint Abraham im Hain Mamre; Abraham sitzt am Eingang seines Zeltes, als der Tag am heißesten ist. Er blickt auf, sieht drei Männer, einer von ihnen ist Jahwe, den er erkennt, und lädt sie zu einem sofortigen Mahl ein. Jahwe und seine Engel verschlingen Brot, Sauermilch, frische Milch und gebratenes Kalb, während Abraham daneben steht. Jahwe prophezeit dann, daß Sara, die weit über die entsprechende Zeit bei Frauen hinaus ist, einen Sohn haben wird. Sara, die hinter Jahwes Rücken am Zelteingang lauscht, lacht für sich. Jahwe, beleidigt, fragt rhetorisch, ob irgend etwas für ihn zu groß sei. Die arme, verängstigte Sara sagt, sie habe nicht gelacht, aber Jahwe antwortet: ‚Doch du hast.'
>
> Was kann man mit einem Jahwe anfangen, der auf dem Boden sitzt, Kalb verschlingt und vom verständlichen Lachen einer alten Frau beleidigt ist […]?"[22]

Den Bibeltext, zu dem die Kurzpredigt gehen sollte, konnte ich selbst aussuchen. Erst kurz zuvor hatte ich Harold Bloom gelesen und mich an seiner Lesart von Gen 18 erfreut. Kein Zögern also. Ich wählte Gen 18. Das aber nicht in der fürs Predigen vorgesehenen Abgrenzung[23]: Gen 18,1.2.9–15. In dieser gekürzten Fassung, die mit der neuen Perikopenordnung zur Regel geworden ist, fällt eine großartige Szene orientalischer Gastfreundschaft unter den Tisch. Ein großartiger, einmaliger und potenziell humorvoller Text darf in schmerzlich gekürzter Fassung kurz vor Weihnachten, am vierten Adventssonntag, liturgisch korrekt von der Verheißung des Sohnes erzählen; eine facettenreiche Begebenheit

---

21 Vgl. Nicol, Weg im Geheimnis, 55 ff.

22 Bloom, Der Bruch der Gefäße, 53 f.

23 Auch in dieser Begrenzung kam der Text erst bei der jüngsten lutherischen Perikopenreform überhaupt unter die Predigttexte; vorher fand er sich gar nicht als gottesdienstlicher Text.

aus dem Alten Testament wird christologisch enggeführt. Umgekehrt gewinnt, wenn man Essen und Trinken in der Geschichte belässt, das Verheißungsgeschehen an Bodenhaftung. Je höher ich den Rang der Himmelsdelegation ansetze, desto auffälliger wird die Sinnlichkeit der Erzählung. Dass man Fremde festlich bewirtet, ist orientalische Gastfreundschaft. Was aber, wenn da nicht nur Fremde, sondern Engel oder Gott (jüdisch) oder die Trinität (christlich) selbst zu Besuch gekommen wären?[24]

Angeregt durch das Thema „Essen & Trinken", konzentrierte ich mich auf Gen 18,1–8. Dass da der dreieinige Gott zu Besuch gekommen sei, ist eine dogmatische Prämisse: Nach dem Credo der Kirche hat es nie einen anderen als den einen Gott in drei Personen gegeben. In diesem Sinn deute ich, im Einklang mit einer breiten Wirkungsgeschichte, auch den Wechsel der Besucherzahl (mal drei, mal einer). Mit dieser steilen Prämisse die bekannte Geschichte neu durchzuspielen, war mir ein Vergnügen.

Hermeneutik vs. Humor

Wie ich erst im Nachhinein so richtig bemerkte, bot ich nicht einfach eine komische Geschichte, sondern ich wies in eine Hermeneutik ein, die eine bekannte Geschichte plötzlich komisch aussehen lässt. Dieser Wechsel zwischen Erzählen und Erklären schien mir unter anderem deswegen geboten, weil ich eine Geschichte der Bibel, die für die Frömmigkeit von einiger Bedeutung ist, sehr ungewöhnlich lese. So entstand, eher unterschwellig, eine hermeneutische Ebene, auf der ich meine Lesart begründe oder selbstironisch breche.

Genau da liegt aber auch das Problem dieser Predigt. Sie sollte durchgängig humorvoll sein. Das aber überfordert alle Beteiligten. Ich habe der Leichtigkeit, die sich mit der ungewohnten Lesart der bekannten Geschichte hätte einstellen können, offenbar nicht vorbehaltlos getraut. So ist eine Predigt entstanden, die zeigt, wie schwer es fällt, leicht zu sein.

---

24 Meine Bemerkungen stehen kritisch zu der Entscheidung der Perikopenrevision. Im Kontext der Revision und ihrer Argumente präsentieren ein Exeget und ein Homiletiker engagiert den „neuen" Predigttext: Deeg/Schüle, 4. Sonntag im Advent (Reihe III): Gen 18,1–2.9–15, in: dies., Die neuen alttestamentlichen Perikopentexte, 77–83.

Bonus-Moves

Wo Bonus draufsteht, ist Überflüssiges drin. So kann das sein, wenn etwa Filmszenen, die mit gutem Recht aus dem Kinofilm geschnitten wurden, nun als Bonus-Szenen noch einmal aus dem Wertstoffmüll geholt und einem Publikum präsentiert werden, das gut darauf verzichten könnte. Wenn ich hier Bonus-Moves biete, dann ist es genau umgekehrt. Denn einzelne Sequenzen zeigen möglicherweise besser als eine ganze Predigt, wie Humor auf der Kanzel tatsächlich aussehen könnte.

Die Moves haben in den jeweiligen Predigten unterschiedliche Positionen. Die ersten beiden Bonus-Moves dienen dazu, als Anfangs-Moves an einer Stelle den Fuß in die Tür des Bibeltexts zu bekommen. Ein kurzes Bibelzitat bildet die Pointe des Moves und die Tür zum Text. Im dritten Bonus-Move ist die Lage komplexer. Es handelt sich um einen Mittel-Move, der den Standort-Kontext der Innenstadtkirchen mit dem biblischen Text so schneidet, dass sich in den Köpfen der Hörerinnen und Hörer ein intertextuelles Spiel entwickelt. Das soll man bei der Lektüre auch im Detail nachvollziehen können. Deshalb wird im dritten Beispiel der Bibeltext abgedruckt, während mir das für die ersten beiden Bonus-Move nicht nötig schien.

Steig aus, Petrus, schlachte und iss!

Apg 10,21–35

Die Geschichte von Petrus und dem Hauptmann Kornelius gehört auch dann, wenn die aktuelle Perikope (Apg 10,21–35) von manchem Ballast befreit wurde, nicht zu den Geschichten, die beim Prediger oder der Predigerin auf Anhieb Entzücken auslösen.[25] In unserem Fall steht die Spannung zwischen jüdischen Speisegeboten und antiker Umwelt zur Debatte. Ich fand den Text gerade wegen seiner Abständigkeit interessant, war aber zunächst ratlos, wie ich die Gemeinde in eine so fremdartige Geschichte hineinlocken sollte. Die allabendliche Busfahrt nach Hause brachte die Idee, wie Prediger und Gemeinde mit einem schnellen Satz mitten in der Geschichte landen könnten:

> „Nein, meine Suppe ess' ich nicht!“ Sprach der Suppenkaspar und wurde dünn und dünner. „Nein, meine Suppe ess' ich nicht!“ Sprach noch immer der Suppenkaspar. Er wog vielleicht ein halbes Lot. Und war am fünften Tage tot. Wie tragisch.
>
> „Gegessen wird, was auf den Tisch kommt!“ Sagten unsere Eltern. Und wir Kinder sahen mit Schrecken den grünflüssigen Spinat, rührten lustlos im Freitagseintopf und drohten an Kartoffeln mit Quark zu ersticken.

---

25 Weltoffen und weltfremd, Predigt zu Apg 10,21–35, Neustädter (Universitäts-) Kirche Erlangen, 3. Sonntag nach Epiphanias, 24. Januar 2016. Der Bonus-Move nimmt Bezug auf die Epistellesung Röm 1,13–17 („Gotteskraft“).

Aber wer wollte schon an diesem Sonntagmorgen Unerfreuliches über Suppe und Quark hören? Vorhin befanden wir uns mit einer Kernstelle der Reformation bereits in einer ganz anderen Höhenlage: das Evangelium – *Gotteskraft, die selig macht alle, die daran glauben.* Wer derart hochgestimmt war, dem könnte es soeben ergangen sein wie einem Ortsunkundigen, der in Erlangen ankommt und voller Erwartung am Hauptbahnhof in den Bus steigt. Nächste Station: Altstadtmarkt. Mäßig alte Stadt, zu wenig Markt, aber geht schon. Dann: Martin-Luther-Platz. Höher schlägt das Herz, schlägt protestantisch, schlägt im Jubeltakt von 2017. Hier steht der Bus, er kann auch anders, fährt weiter – und dann: Schlachthof. Einfach: Schlachthof. Petrus, der Apostel, der Prediger, unterwegs im Auftrag des Herrn: Steig aus, *Petrus, schlachte und iss!*

Ich weiß nicht, ob bei den Hörerinnen und Hörern aus diesem ersten Move etwas hängenblieb. War auch nicht nötig. Hauptsache, der Sprung in die Geschichte war geglückt. Beim Prediger freilich hat dieser Move Langzeitfolgen. Wenn ich am Abend mit dem Bus nach Hause fahre, wird als reguläre Haltestelle der „Schlachthof" aufgerufen. Bisher war mir der „Schlachthof" das Signal, dass der Bus bis zu meinem Ausstieg noch einige Male halten würde. Nun sehe ich mich beim „Schlachthof" unwillkürlich um, ob nicht ein gewisser Petrus seine Sachen packt, um auszusteigen.

Überall nocht es

Hi 2,1–9a

Am wenigsten von allen Büchern der Bibel unter dem Stichwort „Humor" zu verorten ist das Buch Hiob. Der Grund ist einfach: Hiob ist, was er ist, genau dadurch, dass er nichts zu lachen hat. Absolut nichts. Bei einer Hiobsbotschaft gibt es nichts zu lachen. Andererseits hat eine Predigt nicht die Aufgabe, Hiobsbotschaften zu verkünden. Selten hat einer meiner Moves so leicht und humorvoll angefangen und so schwer geendet:

Überall „*nocht*" es. Beim Einkauf heißt es: „Schönen Tag *noch*". Im Zug, kurz vor dem Halt: „Sie erreichen *noch* den Regionalexpress nach Würzburg." Der Zug fährt an, der Schaffner kommt: „Ist hier *noch* jemand zugestiegen?" Ein Fahrgast muss *noch* einen Zuschlag zahlen, während eine freundliche Stimme *noch* auf den gastronomischen Service im Bord-Bistro verweist. Die Durchsage endet erwartungsgemäß: „Im Namen der Deutschen Bahn entschuldigen wir uns für die Verspätung und wünschen Ihnen – *noch* einen schönen Tag." Und wenn der Tag dann vorbei ist? Da hat mir neulich der Schaffner, nein, „mein freundlicher Zugbegleiter", als ich wenige Minuten vor Mitternacht in Erlangen aussteigen wollte, „*Noch* einen schönen Abend" gewünscht.

Plötzlich stehen sie alle vor mir. Die unzähligen Nochs. Die Schönen-Tag-Nochs. Die Schönen-Abend-Nochs. Die Noch-etwas-Nochs im Supermarkt, an der Käsetheke. Umzingelt von Nochs. Mitunter genügt ein einziges Noch. Und schon nagt der Zweifel am Normalen: Ist das *noch* tragbar so? Ein einziges Noch. Und das Selbstverständliche steht in Frage: Ob man sich heute *noch* so verhalten könne? Ein Noch, ein einziges Noch nur. Was unbegrenzt haltbar schien, trägt plötzlich ein Verfallsdatum. Und seine Frau sprach zu Hiob: *Hältst du noch fest an deiner Frömmigkeit?*[26]

Die ganze Perfidie der Frage von Hiobs Frau begann sich, als ich auf diese Predigt[27] zuging, in dem einsilbigen und unauffälligen Wörtchen „noch" zu konzentrieren.[28] Mit den humorvollen Beobachtungen, die sich bei dem Wörtchen „noch" und der Verbform „nochen" wie von selbst einstellten, war es möglich, in eine Hiobssituation einzuführen, ohne eine Hiobsbotschaft zu verkünden.

Schluss mit Laugrau

Offb 3,14–22

Der Text Offb 3,14–22, neuerdings Predigttext für den 1. Advent, war zu der Zeit, als ich diese Predigt[29] hielt, noch dem Proprium des Buß- und Bettags zugeordnet. Die Schwierigkeit: Wie kann ich zeitgemäß bußpredigen, ohne moralistisch, pastorenhaft oder schlicht überheblich zu erscheinen?

Humor ist eine wunderbare Weise, unangenehme Wahrheiten so zu sagen, dass der Andere lachen, ablehnen oder insgeheim zustimmen kann. Ich versuchte mich also im ungewohnten und ungewöhnlichen Genus einer humorvollen Bußpredigt. Dazu gehört, dass die Gemeinde weiß, was gleich über sie hereinbrechen wird. Humor in der Predigt ist geteilter Humor. Am Ende sollte nicht der Eine über die Anderen lachen können, sondern alle über sich selbst.

> 14 Und dem Engel der Gemeinde in Laodizea schreibe: Das sagt, der Amen heißt, der treue und wahrhaftige Zeuge, der Anfang der Schöpfung Gottes: 15 Ich kenne deine Werke, dass du weder kalt noch warm bist. Ach, dass du kalt oder warm wärest! 16 Weil du aber lau bist und weder warm noch kalt, werde ich dich ausspeien aus meinem Munde. 17 Du sprichst: Ich bin reich und habe genug und brauche nichts!, und weißt nicht, dass du elend und jämmerlich bist, arm, blind und bloß. 18 Ich rate dir, dass du Gold von mir kaufst, das im Feuer geläutert ist, damit du reich werdest, und weiße Kleider, damit du sie anziehst und die Schande deiner Blöße nicht offenbar werde, und Augensalbe, deine Augen zu salben, damit du sehen mögest. 19 Welche ich lieb habe, die weise ich zurecht und züchtige ich. So sei nun eifrig und tue Buße! 20 Siehe, ich stehe vor der Tür und klopfe an. Wenn jemand meine Stimme hören wird und die Tür auftun, zu dem werde ich hineingehen und das Abendmahl mit ihm halten und er mit mir.

---

26 Hi 2,9.

27 „Weg mit den Nochs!", Predigt zu Hi 2,1–9a, St. Maria-Magdalena, Erlangen-Tennenlohe, Sonntag Invokavit, 22. Februar 2015.

28 Mit sicherem Zugriff hat seinerzeit schon Otto Haendler die destruktive Macht des kleinen Wörtchens „noch" markiert: Haendler, Die Predigt [1941], 282.

29 Schluss mit Laugrau, Predigt zu Offb 3,14–22, Neustädter (Universitäts-) Kirche in Erlangen, Buß- und Bettag, 18. November 2015.

> 21 Wer überwindet, dem will ich geben, mit mir auf meinem Thron zu sitzen, wie auch ich überwunden habe und mich gesetzt habe mit meinem Vater auf seinen Thron. 22 Wer Ohren hat, der höre, was der Geist den Gemeinden sagt!
>
> Offb 3,14–22 (Lutherbibel 1984)

Für alle, die den Stadtplan von Erlangen nicht kennen: In der Innenstadt finden sich auf engstem Raum nicht wenige Kirchen. Die Konkurrenz, die ich anspreche, ist als Problem erkannt. Aber sie sitzt tief, kann mühelos aktiviert werden und betrifft unmittelbar die Altstädter und die Neustädter (Universitäts-)Kirche, beide lutherisch, sowie die Kirche der reformierten Gemeinde am Hugenottenplatz:

> Ich halte Euch jetzt eine Bußpredigt, die sich gewaschen hat. Ich mache nicht viel mehr, als dass ich die biblischen Worte und Wendungen aufgreife und versuchsweise nach Erlangen verpflanze. Eine Bußpredigt also, aber nicht ohne Augenzwinkern.
>
> Und wenn ihr tausendmal sagt, ihr *braucht's nicht*, so weiß ich, der Herr, doch sehr genau: Heute *braucht ihr's*. Und zwar: laut. Schluss mit *Lau*. Schluss mit Grau. Schluss mit Laugrau. Laut ist der Zorn. Und er gilt allen, ohne Ausnahme: Universität, Gemeinde, Gerechten, Ungerechten, Dozierenden, Studis … Verstecken ist nicht. Denn ich, Gott … *Ich kenne deine Werke …*
>
> Du, Neustädter- und Universitätsgemeinde! *Ich kenne deine Werke. Ach, dass du kalt wärest oder warm!* Aber du bist's nicht. Weder das eine noch das andere. Nicht kalt. Nicht warm. *Lau* bist du. Darum *werde ich dich ausspeien. Ja, ausspeien – aus meinem Munde.*
>
> Du sagst: *Ich bin reich und habe genug und brauche nichts!* Und weißt nicht, *dass du elend bist und jämmerlich, arm, blind und bloß*?
>
> Gibst dich als Universitätskirche. Neuerdings auch als Kulturkirche. Schau dich doch an im Spiegel! Siehst du nicht? Bist splitternackt. Und präsentierst dich auf dem Neustädter Kirchplatz wie auf einer Modenschau. Läufst stolz rüber zum Hugo[30]. Läufst? Nein, stolzierst. Meinst, du seist viel tausendmal schöner als die Kirche, die dort steht, wo doch nur die Busse halten … Soll ich dir, du Neustädter Kirche, vielleicht Kleider bringen? *Weiße Kleider, damit du sie anziehst und die Schande deiner Blöße nicht offenbar werde?* Soll ich dir vielleicht was besorgen aus der Apotheke? *Deine Augen zu salben, damit du sehen mögest?* Mit allen Risiken und Nebenwirkungen?

Rückmeldungen bestätigten, dass der Humor-Modus ankam. Ob das bei allen Hörerinnen und Hörern der Fall war, weiß ich nicht. Es kann einem, in der Kirche zumal, immer passieren, dass Menschen das Augenzwinkern nicht bemerken und eindeutig verstehen, was mehrdeutig gemeint war. Auch deswegen hat es der Humor in der Kirche schwer, weil viele Menschen die Leichtigkeit, die mir zum Stichwort „Humor" vorschwebt, überall erwarten, nur nicht bei der Predigt und schon gar nicht am Buß- und Bettag.

---

30 Gemeint ist der Hugenottenplatz, an dem, wenige Schritte vom Hauptbahnhof, die reformierte Kirche steht und an dem sich die Buslinien kreuzen.

X
Ins Ungesagte springen
Für eine Theologie mit Zukunft

- **Melancholie der Erfüllung**
  Wie die Verheißung wächst
- **Hier ist mehr denn Eco**
  Wie offen die Predigt wirklich ist
- **Das Prinzip Spannung**
  Dramaturgische Schrifterkundung
- **Sehnsüchtiglich gern**
  Doxologie als Sprache der Hoffnung

Melancholie der Erfüllung
Wie die Verheißung wächst

Ich rekurriere auf eine Theologie, die die zweite Hälfte des 20. Jahrhunderts weltweit prägte: Jürgen Moltmann mit seiner „Theologie der Hoffnung", erstmals 1964 erschienen. Unter vielen anderen Anmerkungen und Unterstreichungen habe ich eine Formulierung von Moltmann, als ich das Buch im Winter 1976/77 las, besonders auffällig markiert. Sie lässt mich bis heute nicht los: „Melancholie der Erfüllungen".[1]

Nirgends in der biblischen Verheißungsgeschichte, schreibt Moltmann, komme es zu einer solchen „Melancholie der Erfüllungen". Es zeige sich vielmehr der eigentümliche Sachverhalt, dass die Verheißung über Erfüllungserlebnisse hinaus „weiterwandert". Was dem Menschen Enttäuschung bereitet, seien üblicherweise nicht die Verzögerungen der Erfüllung, sondern die Erfüllungen selbst; sie bekommen einen „Beigeschmack von Traurigkeit". Für die Verheißungen der Bibel gelte das gerade nicht: „Menschliches Hoffen, Sehnen und Wünschen reicht, wo es einmal durch bestimmte Verheißungen angeregt ist, weiter als alle denkbaren und erlebbaren Erfüllungen. Wen, in welchen begrenzten Verheißungen auch immer, der Hauch der Zukunft getroffen hat, der bleibt unruhig, drängend, fragend und suchend über alle Erfüllungserlebnisse hinaus […]."

---

[1] Moltmann, Theologie der Hoffnung, 94 f. (dieses und die folgenden Zitate).

„Melancholie der Erfüllungen" ist ein romantisierender Ausdruck für einen problematischen Befund: Wenn ein sehnlich erwartetes Ereignis endlich da ist, dann weicht die kurze, heftige Freude alsbald milder Enttäuschung. Diese Erfahrung gehört zum Leben des Einzelnen wie zur Geschichte eines Volkes. Die Bibel spiegelt allein schon durch die Proportionen der Texte das Phänomen: Das Alte Testament dokumentiert mit einer Fülle von Texten eine lange Geschichte wachsender Erwartung, während das Neue Testament mit weit geringerer Textmenge die kurze Zeit der Erfüllung repräsentiert. So jedenfalls stellt sich die Geschichte dar, wenn sich in Christus die Verheißungen Israels abschließend erfüllt haben sollten. Die Frage ist, ob die Verheißungen auch über die Erfüllung in Christus hinaus „weitergewandert" sind oder ob die Kirche seit zweitausend Jahren geschickt die Enttäuschung überspielt, dass die Erfüllung so wenig durchschlagend ausfiel. Eigentlich dürften seit Moltmann keine Kanzel-Sätze mehr fallen, die eine Entwicklung abschließen. Denn die Verheißungen sind offen, die Geschichte geht weiter, und bis zur tatsächlichen Parusie müsste eigentlich Moltmanns schöne Formulierung gelten: „Das Noch-nicht der Erwartung überholt jede jetzt-schon eintreffende Erfüllung."

Die „Theologie der Hoffnung" führte auf ihre Weise weiter, was Ernst Bloch als „Das Prinzip Hoffnung" (1959) wenige Jahre zuvor so phänomenal beschrieben hatte. Er sah in der Geschichte nicht mehr so sehr das, was an Fortschritt bewundernswert erreicht war. Vielmehr entdeckte er überall, von der Philosophie über die Kunst bis hin zum Werbespruch im medialen Alltag, das Unabgegoltene und Ausstehende. Wo im Zweitakt von Verheißung und Erfüllung die Verheißungen klein und die Erfüllungen immer größer zu werden schienen, drehte sich das Verhältnis auf einmal um.

Ernst Bloch, der bekennende Atheist, hatte bei seinen Streifzügen durch die Kulturgeschichte auch das Erbe der Religion neu entdeckt und in die Debatten gebracht. Dabei gewann das Judentum mit seiner noch offenen Erwartung des Messias an Faszination gegenüber einem Christentum, das in Christus die Verheißungen der jüdischen Tradition prinzipiell erfüllt sah. Die Melancholie der Erfüllung im Christentum kehrte sich bei Bloch in brennende Erwartung dessen, was verheißen und keineswegs erfüllt war. So war der Boden bereitet für die „Theologie der Hoffnung". Mit ihr setzte Jürgen Moltmann nun auch dezidiert theologisch die Verheißung über die Erfüllung. Gegenüber einer existenzial zur „Geschichtlichkeit" verinnerlichten Geschichte betonte Moltmann unermüdlich, dass Gott wirklich Geschichte mache. Aus existenzialer „Zukünftigkeit" wurde wieder eine Zukunft und aus den Weltereignissen eine Geschichte, bei der man, mit diktaturerprobter und leidgeprüfter Vorsicht, Gott am Werk sehen konnte.

Hier ist mehr denn Eco

Wie offen die Predigt wirklich ist

Mit Gerhard Marcel Martin, Henning Luther und anderen hat auch die Dramaturgische Homiletik Umberto Ecos „Offenem Kunstwerk" viel Sympathie entgegengebracht. In der Tat lässt sich mit Umberto Eco bis heute recht gut erklären, in welcher Weise die Predigthörenden zur faktischen Dialogik einer monologischen Kanzelrede beitragen.[2] Sie springen sozusagen in die logischen und sprachlichen Lücken, die die Predigt lässt. Von theologisch hervorgehobenem Interesse sind dabei die Lücken, die sich an den Schnittstellen von Bibelwort und Kanzelsprache auftun. Die Hörenden beziehen die Worte, mit denen die Bibel Gotteswirklichkeit repräsentiert, und die Worte, mit denen die Person auf der Kanzel Weltwirklichkeit zur Sprache bringt, aufeinander und auf ihr eigenes Leben. *Filling the gaps* sagen nüchtern die Amerikaner und zielen damit auf die wundersame Eigenschaft des menschlichen Geistes, ins Ungesagte zu springen.[3] Ausgerechnet in den Lücken lässt sich, so die Rezeptionsästhetik, finden, was von der Kanzel für die versammelte Gemeinde allenfalls angedeutet und keinesfalls passgenau für die einzelnen Hörerinnen und Hörer gesagt werden kann: wie sich das je eigene Leben im Licht der Verheißung darstellt.[4] Als wir damals den Filmschnitt für die Dramaturgische Homiletik adaptierten, waren vor allem rezeptionsästhetische Überlegungen leitend. Zunehmend wurde uns bewusst, dass mit der Schnitttechnik, die wir beim Film gelernt und mit Filmbeispielen von Alfred Hitchcock demonstriert hatten, auch ein generelles Fragezeichen hinter die herkömmliche Logik der Kanzelrede gesetzt war. Nicht die Hypotaxe mit ihren Zuordnungen, sondern die Parataxe mit ihren Zumutungen macht den Kern der Kanzelsyntax aus.[5]

Die Offenheit im „offenen Kunstwerk" ist, so sehe ich es jetzt, noch nicht offen genug. Mir steht eine Entwicklung vor Augen, die vom offenen Kunstwerk weiterführt in eine offene Theologie. Das ist keine Theologie, die nichts zu sagen hätte und in diesem Sinn alles offenließe. Nein, das ist eine Theologie, die offenlässt, was der Zukunft Gottes vorbehalten bleibt. Eine solche Theologie braucht die Worte, Bilder und Geschichten der Bibel. Mit ihnen deuten wir unsere Gegenwart als Moment der Gottesgeschichte, blicken zurück auf Signaturen Gottes in vergangenen Wegführungen und halten Ausschau, wie die endzeitlich anwachsenden Verheißungen sich erfüllen könnten.

---

2 Vgl. den Überblick zur Rezeptionsästhetik: Grözinger, Homiletik, 87–98.

3 Vgl. Childers, Performing the Word, 52–55.

4 Vgl. Lange, Zur Aufgabe christlicher Rede, 65: Predigt ist „Rede mit dem Hörer über sein Leben im Licht der Verheißung".

5 Vgl. Nicol/Deeg, Im Wechselschritt zur Kanzel, 108–128.

Für die Predigt hätten Bloch und Moltmann mit ihren Anstößen aus Philosophie und Theologie einen veritablen Schub bedeuten können. Eine „Predigt der Hoffnung“ hätte die „Theologie der Hoffnung“ auch gottesdienstlich zur Geltung gebracht. Aber schon Moltmann selbst blieb als Prediger immer wieder hinter seiner Theologie zurück. Ich greife eine Predigt heraus, die Moltmann in den Jahren nach der „Theologie der Hoffnung“ gehalten hatte.[6] „Ist jemand in Christus, so ist er eine neue Kreatur“[7], heißt es im Predigttext. Die „neue Schöpfung“ steht in Rede, der Anfang des Neuen in Schöpfung und Geschichte. Wo denn das Neue zu sehen sei, fragt der Prediger zu Recht genau an den Brennpunkten, an denen das Alte triumphiert. Wie ist es mit dem Leiden kranker Kinder? Oder mit der Not der Menschen in anderen Weltgegenden? Die Antwort des Predigers: „Ja, auch dieses alles ist im Grunde und von Grund auf neu geworden.“ Man möchte noch als später Predigtleser dem Prediger ins Gesicht und Gott ins Ohr schreien, so könne die neue Schöpfung doch wohl nicht aussehen! In der Tat, befindet verständnisvoll der Prediger, „der gerechte Zorn ist realistisch …“ An dieser Stelle hätte der Prediger mit seiner Gemeinde mitten im Geschehen gestanden: zwischen der Verheißung des Neuen und den Fakten des Alten. Er hätte stellvertretend in zornige Klage ausbrechen können gegen einen Gott, der das Neue im Mund führt, aber alles beim Alten lässt. Stattdessen führt Moltmann den begonnenen Satz vom Zorn, der gerecht sei und realistisch, fort: „… und wenn einer Grund dazu hat, dann ist es wohl Gott selbst.“

Im Klartext: Da wird dem Menschen Zorn und Klage genommen und kurzerhand zur Sache Gottes erklärt: Gott habe im Kreuz Christi sich selbst gezürnt. Das sei „die große Umkehr in Gott selbst, die Revolution in Gott“. Der Prediger weicht, anstatt sich mit der Gemeinde mitten in der Gottesgeschichte der Gottesgegenwart zu stellen, in eine Formulierung aus, die an nominaler Schwere nicht zu über- und an Statik und Stillstand nicht zu unterbieten ist: „Im Sterben Christi ist der Protest seines Zornes gegen die Bosheit zum Opfer der Liebe für die Boshaften und die Verlassenen geworden.“ Einen solchen Satz bezeichne ich, auch wenn er mitten in der Predigt begegnet, „als abschließenden Satz“.[8] Da wird gedanklich und sprachlich ein Sachverhalt resümiert, fixiert und arretiert. Da kommt die Sprache zum Stillstand und mit ihr jede Bewegung in der Sache. Dass sich die auf Zukunft offene Gottesgeschichte in einer derart erstarrten Sprache festfahren würde, lag bestimmt nicht in der Absicht des Theologen, der da predigte. Moltmanns große und großartige Theologie hatte ihre Kanzelsprache noch nicht gefunden.

---

6 Moltmann, Siehe, es ist alles neu geworden. Predigt zu 2. Korinther 5,17–21. Der Band enthält Predigten aus dem Jahren 1965–1971. Alle Zitate finden sich ebd., 35.

7 2Kor 5,17.

8 Vgl. Luther, Frech achtet die Liebe das Kleine, 7–9. Er spricht in einem etwas anderen Sinn von „abschließender Rede“ im Unterschied zur „unterbrechenden Rede“, für die er eintritt.

Das Prinzip Spannung

Dramaturgische Schrifterkundung

Was macht eine Predigt spannend? Man kann eine langweilige Predigt rhetorisch so überarbeiten, dass sie am Ende doch noch spannend wirkt. Wirklich spannend jedoch wird eine Predigt erst dann, wenn sie Spannungen zur Darstellung bringt, die in der Sache selbst liegen und die genuin theologisch zu beschreiben sind.

Ich wende den Blick zurück und sehe Situationen, in denen die eigene Gegenwart als Moment in der fortlaufenden Geschichte Gottes vermutlich schwerer, strittiger, in jedem Fall aber gefahrvoller als heute zu bestimmen war. In Barmen beispielsweise wagte man 1934 ein Bekenntnis. Als Beispiel sei hier der Mittelteil aus These III angeführt:

> „Die christliche Kirche ist die Gemeinde von Brüdern, in der Jesus Christus in Wort und Sakrament durch den Heiligen Geist als der Herr gegenwärtig handelt. Sie hat mit ihrem Glauben wie mit ihrem Gehorsam, mit ihrer Botschaft wie mit ihrer Ordnung mitten in der Welt der Sünde als die Kirche der begnadigten Sünder zu bezeugen, dass sie allein sein Eigentum ist, allein von seinem Trost und von seiner Weisung in Erwartung seiner Erscheinung lebt und leben möchte."[9]

Auch diese These könnte man, wäre sie nicht so bekannt und würde anonym begegnen, möglicherweise lesen als ein Konzentrat von abschließend sinnstiftenden Sätzen einer Normalpredigt.[10] Aber schon der Indikativ ist hier nicht der Modus solcher Behauptungen, sondern Ausdruck der Bekenntnisgewissheit, in der man sich in Barmen zu Wort meldete und gegenseitig bestärkte. Mit dem Blick in die Zukunft Gottes oder, so Barmen III, „in Erwartung seiner Erscheinung" wagte man eine Zeitansage für die unmittelbare Gegenwart, in welcher der Herr „handelt" und die Gemeinde „ist", „hat" und „lebt". Hier evozierte der Indikativ Präsens eine spannende oder, besser, eine aufs Äußerste angespannte Gegenwart.

Sonntagspredigten verfahren oft anders. Nachdem wichtige Punkte im Umfeld des Predigttextes erörtert wurden, variiert, wenn es dem Schluss zugeht, die Predigt ihr zeitloses Generalthema: dass in Tod und Auferstehung Christi der Sinn des Ganzen bereits offenbar sei. Es entsteht der Eindruck, als lebten wir nach einer langen Geschichte der Erwartung und einer kurzen, heftigen Erfüllung nun in einer Zeit der Nacharbeit, in der es das in Christus Erreichte noch irgendwie zeitgemäß zu adaptieren gilt.

---

9 Vgl. Burgsmüller / Weth (Hg.), Die Barmer Theologische Erklärung, 36.

10 Zu den „abschließend sinnstiftenden Sätzen": vgl. o. S. 143–146.

Ein solches Szenario kann sich durch Sequenzen der Liturgie ungebührlich verstärken. Etwa wenn im Confiteor (Vorbereitungsgebet) die Gnadenzusage[11] vorgibt: „Der allmächtige Gott hat sich unser erbarmt …" Wenn, wie so oft, die Betonung auf „hat" liegt, entsteht der Eindruck einer zeitlichen Abfolge: Gott „hat" sich erbarmt, damals, in Christus. Je emphatischer und unnatürlicher die Betonung des Präteritums erfolgt, desto deutlicher entsteht der Eindruck, das *Extra nos* und das *Sola gratia* des göttlichen Erbarmens seien daran geknüpft, dass die Geburt Jesu in Bethlehem ungefähr zweitausend Jahre vor meiner eigenen Geburt in München stattgefunden hat. Die Differenz von Gotteszeit und Weltzeit wurde reduziert auf eine Differenz von Ort und Jahr der Geburt, das (eschatologische) Jetzt der Gnade wurde ersetzt durch ein (historisches) Damals, welches sich nun seinerseits (psychologisch) in der Innerlichkeit einzelner Subjekte aktualisiert. Mit diesem oder ähnlichen Szenarien implantiert sich das problematische Modell von Verheißung und Erfüllung in der Kanzelrede, im Gottesdienst der Gemeinde, in den Herzen der Menschen und in den pastoralen Genen.

Ein solches Szenario leuchtet auf fatale Weise ein. Durch jahrhundertelange Verabreichung von Glaubenswahrheiten in unterschiedlicher Stärke und Dosierung ist das pastorale Immunsystem gefährlich geschwächt. Abschließend sinnstiftende Sätze liegen allenthalben bereit. Nur eine Theologie mit Zukunft könnte, so meine These, die Immunabwehr gegen Sätze dieser Art stärken. Eine solche Theologie würde sich standhaft weigern, die Zukunft Gottes in die Innerlichkeit und Subjektivität des einzelnen Menschen zu verlegen. Sicher, die Verlockung ist groß. Denn in der eigenen Innerlichkeit kann man die Zukunft leichter für bereits geschehen erklären als in einer Welt, in der die fortlaufende Geschichte stündlich neue Fakten schafft. Wo Religion einzig als religiöse Bewegtheit neuzeitlicher Subjektivität konzipiert wird, fehlen die widerständigen Gegebenheiten, an denen sich abschließend sinnstiftende Sätze brechen und gegebenenfalls als leer erweisen müssten.

An vier Grundentscheidungen[12] der Kirchen- und Dogmengeschichte orientieren sich die vier Spannungsfelder, die, wenn es gut läuft, die Versuchung abschließend sinnstiftender Sätze mindern und mein Reden von Gott auf Zukunft hin offenhalten:

- Gott – Welt. Gegen Marcion bestand die Alte Kirche darauf, dass Schöpfung und Neuschöpfung das Werk ein und desselben Gottes sind. Die Zukunft

---

11 Zur „Gnadenzusage" und ihrer Verzichtbarkeit: vgl. Nicol, Weg im Geheimnis, 159, 242 u. ö.

12 Zum Verfahren: vgl. Nicol, Predigtkunst vs. Lehre von Gott? Zu drei „Grundentscheidungen": vgl. Mildenberger, Kleine Predigtlehre, 158; ders., Theologie der Lutherischen Bekenntnisschriften, 29, 46, 170. Zur vierten Grundentscheidung, die später hinzukam, vgl. Nicol, Einander ins Bild setzen, 95–99.

Gottes schließt die Welt ein, die Natur, den Kosmos und selbst die Dinge. Während man in guten Tagen geneigt ist, der Neuschöpfung nicht nur einen Anfang, sondern auch eine gewisse Entfaltung zuzugestehen, verstärkt sich in bösen Tagen der Eindruck, sie habe noch gar nicht begonnen. Beide Optionen sind als engagierte Weltwahrnehmung gerade in ihrer Gegensätzlichkeit sachgemäßer als eine Option, in der zwar die Seele bei Gott, aber die Welt auf der Strecke bleibt.

- Gott – Mensch. Gegen jede Spielart von Synergismus bestand die Reformation darauf, dass die abschließend sinnstiftenden Sätze über den Menschen und alles menschliche Tun von Gott selbst zu sprechen sind. Der klassische Topos dafür ist das Gericht, seine rechtliche Grundlage die Rechtfertigung. In dieser Perspektive ist meine Predigt keine Selbstvergewisserung des gerechtfertigten Menschen, sondern eine Zeitansage im Prozess, an dessen Ende eine Rechtsprechung mit Verhandlung und Freispruch stehen wird.

- Gott – Mächte. Gegen den braunen Versuch, mit messianischem Anspruch nach der Weltherrschaft zu greifen, bestand die Bekennende Kirche in Barmen darauf, dass einzig Gottes Zukunft die Machtverhältnisse klären werde. In diesem Sinn ist meine Predigt kein Christen-Knigge für sozialverträgliches Verhalten im persönlichen Umfeld, sondern eine politische Zeitansage angesichts der Machtverhältnisse, Machtspiele und Machtkämpfe zwischen Himmel und Erde.

- Gott – Religionen. Gegen den christlichen Alleinanspruch auf Wahrheit sprach das Zweite Vatikanische Konzil unumkehrbar positiv von den Religionen. Unsere Geschwisterreligion, das Judentum, weist mit seiner anhaltenden Messias-Erwartung auch auf christliche Verheißungen, die sich noch nicht erfüllt haben. Die Zukunft Gottes wird die Wahrheit der Religionen ans Licht bringen. Meine Predigt zielt nicht auf Konversion der Anderen, sondern, das versöhnliche Finale bereits von Ferne im Ohr, benennt und deutet sie, was hier und jetzt gespielt wird im Konzert der Religionen.

Alle vier Spannungsfelder identifizieren Entwicklungen, die aktuell im Gang sind, als Prozesse mit Zukunft oder, mit Ernst Lange, als Entwicklungen „im Licht der Verheißung“.[13] Da ist abschließend noch nichts entschieden. Meine Predigt kann nur in Spannungsfelder hineinführen und hindeuten auf Zeichen der Zukunft Gottes. Sie erzählt die Geschichte nicht zu Ende, sondern hält sie offen.

---

13 Lange, Zur Aufgabe christlicher Rede, 65: Predigt ist „Rede mit dem Hörer über sein Leben im Licht der Verheißung“.

Die genannten vier Spannungsfelder wirklich offenzuhalten, erfordert einige Kraft. Denn der Sog geht zur Lösung, nicht zum Offenhalten. Insbesondere muss, wer mit der Diagnose „Harmoniesucht" durchs Leben geht, an dieser Stelle besondere Vorsicht walten lassen. Denn nicht wo sich Beobachtungen harmonisch zum Gesamtbild fügen, bin ich auch schon bei dem, worum es geht. Brisant und wirklich spannend wird es vielmehr da, wo sich etwas nicht fügt, nicht passt, wo sich unter glatter Oberfläche Widerständiges meldet. Es fällt in den wenigsten Fällen leicht, das Finale meiner Predigt Gottes offener Zukunft zu überlassen.

Sehnsüchtiglich gern

Doxologie als Sprache der Hoffnung

„Ich lebe sehnsüchtiglich gern." Das bekundete Iris Berben, die Schauspielerin, bekannt vor allem durch ihre Mitwirkung bei Filmen und Serien im Fernsehen. In einer Lebensphase, die zum Ruhestand berechtigen würde, äußerte sie sich in einem Interview ausgerechnet über etwas so Unruhiges wie das Flirten.[14]

Natürlich ist es bemerkenswert, wie sie eine Weise des Sozialkontakts, die man bei jüngeren oder jungen Menschen erwarten würde, ganz selbstverständlich auch für sich reklamiert. Was mich aber bei der Lektüre des Interviews vor allem beeindruckte, war die Selbstverständlichkeit, mit der die Schauspielerin in die Zukunft blickt. Nicht was „noch" möglich sei, beschäftigte sie, sondern der nächste Augenblick. Sie beschrieb, in der Wortwahl fast unbeholfen, „eine unbestimmte, nicht näher zu definierende Sehnsucht": „Und wenn du nicht weißt, wohin, bist du ziemlich offen für alles, und diese Art von Sehnsucht ist wie eine Kraft, die dich vorantreibt." Und dann fällt der kurze Satz. Vier Worte nur. Eines davon ist jenes Wort, das klingt wie aus der Zeit gefallen. Keine Neuschöpfung von Iris Berben, gleichwohl unerwartet: „Ich lebe sehnsüchtiglich gern."

Das ungewöhnliche Wort „sehnsüchtiglich" lässt aufhorchen. Die Schauspielerin gebrauchte es zu einer Zeit, da sie als Rezitatorin mit Gedichten der ermordeten Jüdin Selma Meerbaum-Eisinger (1924–1942) durch deutsche Städte tourte. Ob sie in ihrem Alter die Texte einer so jungen Frau überhaupt angemessen lesen könne? Ob das nicht unpassend sei? Es passt, beschied Iris Berben. Und verwies auf „Sehnsucht" als das zentrale Motiv jener Gedichte und auf die wunderbare Bildsprache der jungen Frau. „Ich bin in Sehnsucht eingehüllt", hatte Selma Meerbaum-Eisinger im KZ geschrieben: Liebeslyrik im Todeslager. Auch das höre ich mit, wenn die Schauspielerin und Rezitatorin vom Flirten redet, von

[14] Iris Berben über Flirten, im Interview mit Harald Hordych, in: SZ vom 28./29.01.2017.

der ermordeten Dichterin erzählt und mit großer Selbstverständlichkeit den Satz wagt: „Ich lebe sehnsüchtiglich gern."

Hier zeigt sich eine „Haltung der Hoffnung". In unserem Kontext wäre das neben der „Theologie der Hoffnung" und einer „Predigt der Hoffnung" die dritte Spielart der Hoffnung. Wie, so frage ich, wäre eine solche Haltung auf der Kanzel zur Sprache zu bringen?

Ich erinnere mich an eine Predigt, auf die ich im Rahmen eines Predigt-Coachings einen Blick werfen sollte: Sonntag Invokavit, Gen 3,1–24. Es geht um den Sündenfall, ein Datum der Heilsgeschichte, das bei Predigerinnen und Predigern in der Regel keine Begeisterungsstürme auslöst. Es ist nur zu verständlich, dass die Predigt gleich zu Beginn auf das erfreuliche Ereignis einer Taufe verweist: „Wir freuen uns über ein Kind, das am Anfang seines Lebens steht und fröhlich und voll Hoffnung in die Zukunft blickt." Die Predigerin beeilte sich hinzuzufügen: „Nun hören wir von dem Sündenfall und davon, wie beschwerlich in seiner Folge das Leben ist." Die Auftaktambivalenz wird dann recht präzise auf den Begriff gebracht: „Hoffnung auf die Zukunft" und ein „realistischer Blick auf die Welt." Tenor der Predigt war die Art und Weise, wie wir mit Gottes Hilfe auch jenseits von Eden einigermaßen ordentlich leben können. „Einigermaßen" – das ist zu viel, um zu verzweifeln, und für die Sehnsucht zu wenig.

Die Predigerin wollte, wie sich im Gespräch ergab, keinesfalls den Anschein erwecken, sie sei lebensfern und blind für das wirkliche Leben. Noch in der Anfangssequenz bestätigte sich im Indikativ, was der „realistische Blick auf die Welt" befürchten ließ: „Das Paradies ist verspielt. Wir leben jenseits von Eden." Als ob das kleine Kind nicht auf Zukunft hin getauft worden wäre! Und das Paradies verspielt? An Weihnachten hatte das anders geklungen: „Heut schließt er wieder auf die Tür / zum schönen Paradeis; / der Cherub steht nicht mehr dafür. / Gott sei Lob, Ehr und Preis!"[15] In dem Lied verbindet sich die „offene" Tür zum Paradies mit der „offenen" Zukunft Gottes. Warum verläuft und endet die Predigt unentschieden zwischen Hoffnung und Realismus?

Problem war, wie so oft, die Unanschaulichkeit der Zukunft Gottes. Der „realistische Blick auf die Welt" hat stets die Fakten für sich. Was er sieht, sehen auch die Anderen. Darüber lässt sich reden. Die neue Schöpfung dagegen ist nicht oder jedenfalls nicht in gleicher Weise zu sehen. Mit welcher Sprache könnte ich sie dennoch in meiner Rede so zur Geltung bringen, dass die Sehnsucht nach ihr wächst?

Eine Antwort: Doxologie. In ihr hat, so meine ich, die Kirche einen genuinen Redemodus für die Zukunft Gottes. Freilich fällt sie in der Liturgie, wo die Doxologie dazugehört und der Wortlaut meist festliegt, leichter als in der Predigt, bei der zunächst niemand Doxologie erwartet. Ungeachtet mancher Schwierig-

---

[15] EG 27 Lobt Gott, ihr Christen alle gleich, Strophe 6.

keiten muss die Doxologie auch homiletisch probiert werden. Denn die Sehnsucht braucht ein Ziel oder mindestens eine Richtung, in die sie sich wenden kann. Doxologie stellt die Sprache bereit, mit der wir uns des Zieles versichern. Wir brauchen die Doxologie, ihre Sprache, ihre Bilder. Wir brauchen ihren Mut, mit dem sie es wagt, die Zukunft Gottes im Indikativ der Gegenwart darzustellen. Ohne doxologisches Reden verkümmert die Sehnsucht.

„Alle Lande sind seiner Ehre voll“, heißt es beispielsweise im Abendmahl beim *Sanctus*. Faktisch ist das keineswegs so. Ich sehe in der Welt vieles: Krieg, Tod, Katastrophen jeder Art. Die Welt ist von vielem voll. Aber dass sie voll sei der Ehre, der Herrlichkeit und des göttlichen Lichtglanzes, ist eine Behauptung ohne jede Evidenz. Trotzdem singen wir das *Sanctus* im Indikativ und bewegen uns damit in der Gegenwart. Wie alle Doxologie bespricht und besingt das *Sanctus* im Indikativ eine Wirklichkeit, die anders real ist als die Realität.

Ebenfalls im Indikativ Präsens singen wir uns ins Zentrum der Stadt, die Johannes visionär vom Himmel schweben sieht: das himmlische Jerusalem von Offenbarung 21. Nicht: Wir würden gern … Nicht: Wir werden … Sondern: Wir stehen. Für einen Moment gilt, dass „wir stehn im Chore / der Engel hoch um deinen Thron“.[16] Das ist die Zukunft Gottes im doxologischen Indikativ der Gegenwart. Hier hätte die Kirchenmusik eine ihrer vornehmsten Aufgaben: den Gesang der Gemeinde auch bei kleiner Schar so anzuleiten, dass er nicht zur Karikatur wird, sondern zur Doxologie.

Zwischen diesem Indikativ und dem Indikativ der abschließend sinnstiftenden Sätze bewegen wir uns auf einem schmalen Grat. Auch deshalb ist jedes Hantieren und Experimentieren mit der Doxologie ein Wagnis. Aber um dieses Wagnis kommt, wer wirklich Gott wagen will, nicht herum. Vielleicht lassen sich nur im Modus des doxologischen Indikativs diejenigen Sätze meiden, die abschließend Sinn stiften, und Sätze finden, mit denen ich … nein, die mit mir ins Ungesagte springen.

---

[16] EG 147 Wachet auf, ruft uns die Stimme, Strophe 3.

Bis ins Kleinste & Letzte

Offb 21,1–5a

Ewigkeitssonntag
20. November 2016

Neustädter (Universitäts-) Kirche
Erlangen

1 Göttlich große Geste

„Ich will Amerika wieder groß machen. Alles wird neu werden. Fortschritt, lächerlich, der war gestern: ObamaCare, Partnerschaft mit Europa, Achtung von Minderheiten, Toleranz oder globale Verantwortung. Schluss. Aus. Jetzt komme ich. Und ich mache alles neu." Leider nicht sehr fiktive Kandidatenrede in einem erbärmlichen Wahlkampf. Parolen fürs Große & Ganze.[17]

Und ich sah einen neuen Himmel und eine neue Erde. Vision aus dem letzten Buch der Bibel. Auch hier nur der Blick fürs Große & Ganze? Neuer Himmel, neue Erde – aber wo bleibt der Mensch, sein Leben, du und ich und wir, mein Leben und das Leben der Anderen?

Achtung, ich springe. Springe vom Ende der Bibel an den Anfang, von der Apokalypse zum Exodus. Keine Sorge: Am Schluss wird der Bogen sichtbar sein, der sich vom Anfang zum Ende spannt.

Aber vielleicht war die Warnung auch überflüssig. Denn nicht irgendwann, sondern heute, am Ewigkeits- oder Totensonntag, da viele Menschen an die Gräber gehen, heute erinnere ich an ein Grab. Ein Grab, von dem ich nicht sagen kann, wo es ist. *Und niemand,* so heißt es, *hat sein Grab erfahren bis auf den heutigen Tag.* Eine dürre Notiz. Sie kündet mit wenigen Worten von dem unglaublichsten Begräbnis, das es je gab. *So starb Mose, der Knecht des Herrn* … Und er, *Gott der Herr, begrub ihn,* eigenhändig. Gott begräbt seinen Mose.[18] Bettet ihn zur Ruhe. Was für eine intime, liebevolle, was für eine fürsorgliche Geste! Da sorgt sich ein Gott, zuständig fürs Große & Ganze, um das Kleinste & Letzte.

---

[17] Zum Zeitpunkt der Predigt war Donald Trump als Präsident der USA bereits gewählt, aber noch nicht im Amt.

[18] Vgl. Dtn 34,1–6.

2 Himmel Erde Stadt

Und ich sah … Die Rede ist von Johannes. Von dem, der die Visionen hatte. Dort, im blauen Mittelmeer, auf der Insel Patmos. Dort hat Johannes gesehen, geschaut. Bilder brachen über ihn herein, Bilder von einsamer Größe. *Und ich sah …*

Und ich sah einen neuen Himmel. Fern, am Horizont. Und ganz klar. Neu. Nicht Reparatur, nicht Generalsanierung. Und nicht Baustelle, Gott sei Dank. Erst recht nicht Dauerbaustelle. Und kein Stau.[19] Halleluja. Kein Stau mehr, in Ewigkeit. Neu der Himmel. Und sie, die Erde, unsere geliebte, geschundene Erde, neu auch sie. *Und ich sah einen neuen Himmel und eine neue Erde.*

Und noch etwas sah ich, fast noch verwunderlicher als Himmel und Erde, die da neu wurden. *Und ich sah …*

Und ich sah die […] Stadt […] von Gott aus dem Himmel herabkommen …

Ich lebe, Jahrzehnte sind es mittlerweile, in Erlangen. Großstadt, sicherlich. Mit ausreichend Einwohnern. Mit Oberbürgermeister und Stadtregierung. Mit Bahnhof, an dem gnädig der ICE hält, bevor er weiterrauscht Richtung Berlin oder München. Mein Erlangen. Großstadt, aber überschaubar. Stadt der kleinen Wege. Stadt, in der man weiß, wer mitfährt, am Morgen, im Bus. Meine große kleine Stadt Erlangen. Hier lebe ich gerne. Aber, bei aller Liebe, diese Stadt ist nicht vom Himmel gefallen. *Und ich sah …*

3 Heilige und Hure

Und ich sah die heilige Stadt […] von Gott aus dem Himmel herabkommen …

Und ich sah eine richtig große Stadt. In der die Lichter nie ausgehen. Die sich beruhigt allenfalls zwischen 3 und 4 Uhr am Morgen. In der die Gebäude am Himmel kratzen und die Adern der U-Bahn die Stadt mit Leben versorgen. Herbes und Heiliges hart nebeneinander. Kühne Architektur. Kriminalität steigend. Kunstwerke von Weltrang. Soziale Brennpunkte. Gottesklang im Konzert, während draußen nur das Martinshorn den tosenden Verkehr irgendwie zu gliedern vermag. So ist sie, die große Stadt, großartig, ich liebe sie. Aber, bei aller Liebe, auch diese Stadt ist nicht vom Himmel gefallen. Und heilig ist sie auch nicht. *Und ich sah …*

Und ich sah die heilige Stadt […] von Gott aus dem Himmel herabkommen …

In der Bibel, liebe Gemeinde, kommt die Stadt nicht gut weg. Durch die Geschichte der Kirche zieht sich eine breite Spur der Verachtung für die Stadt. Man

19 Erlangen war im Zuge der Ausbauarbeiten der Bahn im Fern- wie auch im Regionalverkehr über Jahre eine Großbaustelle mit erheblichen Behinderungen auf den Straßen der Stadt.

verklärte das Land und verteufelte die Stadt. Hort der Sünde sei sie. Babylon, die große Stadt im Alten Orient – biblisch gebrandmarkt als „Mutter der Hurerei“ (Offb 17,5). Aus der „Hure Babylon“ wurde das sprichwörtliche „Sündenbabel“. Klar, es gibt Probleme, die typisch sind für die Stadt. Aber das generelle Etikett „Sündenbabel“ ist absolut unangebracht. Gott hat nicht nur die Natur geschaffen. Auch die Kultur. Auch die urbane, die städtische Kultur. Sage ich. Bin überzeugt. Und staune trotzdem, dass, ganz am Ende der Bibel, Johannes ausgerechnet eine Stadt vom Himmel schweben sieht. *Und ich sah …*

4 Eine Stadt schwebt vom Himmel

Und ich sah die heilige Stadt […] von Gott aus dem Himmel herabkommen …

Da schwebt sie vom Himmel, die Stadt. Auf dem Ortsschild, mehrsprachig, lese ich: Jerusalem.

Jerusalem: Brennpunkt und Traumstadt. Stadt der Religionen. Stadt, in der sich das Schicksal der Menschheit verdichtet. Sehnsuchtsort für Juden in aller Welt. Pilgerort für Muslime. Und wenn deutsche Bischöfinnen und Bischöfe überlegen, wohin 2017, im Jubiläumsjahr, die ökumenische Reise gehen könnte, dann gibt es nicht viel zu überlegen.[20] Rom? Nicht mit uns Protestanten. Wittenberg? Zu viel Luther. New York? Da triumphiert Donald Trump. London? Fast schon Ausland. Jerusalem … Ja, das ist sie. Stadt der Städte. Stadt für die Menschheit. Stadt mit Bürgerrecht für alle. *Und ich sah die heilige Stadt …*

Halt!

5 Höllenfahrt und Hüttenzauber

Halt, Johannes, stopp. Ich folge gern deinem Blick. Aber ich muss dich bitten, dreh dich um! Einen Moment nur. Dreh dich um, Johannes! Kannst nicht immer nur in eine ferne Zukunft schauen. Dreh dich um!

Dann wirst du sehen, dass nicht nur der Himmel auf die Erde kommen will, sondern auch die Hölle. Deine Bilder, Johannes, sind schön. Ich wünschte mir so sehr, sie würden wahr. Aber wenn du dich umdrehst, dann siehst du nicht Bilder einer fernen Zukunft. Dann siehst du Gegenwart, harte, wirkliche Gegenwart. Während du auf den letzten Seiten der Bibel in die Ferne siehst, ermordet auf den ersten Seiten noch immer Kain seinen Bruder. Und Jerusalem? Bei aller Liebe,

20 Im Oktober 2016 unternahmen katholische und evangelische Bischöfe und, auf evangelischer Seite, selbstverständlich auch Bischöfinnen eine einwöchige Pilgerreise ins Heilige Land und nach Jerusalem.

aber Jerusalem ist ein Weltkrisenort und alles andere als *die heilige Stadt*, von der du redest. …

Aber Johannes dreht sich nicht um. Er hat alle Schrecken gesehen, die je über die Erde kamen. Im Buch der Offenbarung hat er sie notiert. Heute will sich Johannes einfach nicht umdrehen. Was ist los, Johannes?

Liebe Gemeinde, ganz einfach. Angesagt ist heute, am Ewigkeitssonntag, doch nicht Höllenfahrt, sondern – Verzeihung! – Hüttenzauber: *Siehe da, die Hütte Gottes bei den Menschen! Und er wird bei ihnen wohnen …* Wie wenn die Absperrungen um den Thronsaal im Himmel gefallen wären. Und der Himmel und Erde geschaffen hat, der *wohnt* in einem ganz normalen Haus, einer *Hütte … Siehe da, die Hütte Gottes …*

Und ich sah …

6 Wie das Ganze in die Geste mündet

Und ich sah …

… einen neuen Himmel und eine neue Erde …

Und ich sah … die heilige Stadt, das neue Jerusalem, […] aus dem Himmel herabkommen …

Siehe da, die Hütte Gottes bei den Menschen …

Ich wandte mich um. *Und ich sah*, wie Gott der Herr, eigenhändig, seinen Mose begrub.

Was am Anfang einem einzigen Menschen galt, gilt zum Schluss allen. Was am Anfang den Toten ehrte, tröstet zum Schluss Lebende. *Und ich sah …*

Und ich sah … mit meinen Augen mehr, als der Glaube glauben kann: *Und Gott wird abwischen alle Tränen von ihren Augen …*

Diese Geste, liebe Gemeinde, ist die rührendste, tröstlichste, wehmütig versöhnlichste Handlung der Welt. Mit dieser Geste segnet er, Gott, die Welt mit überwältigender Menschlichkeit.[21] Auf diese Geste zielte, von Anfang an, die Bibel. In diese Geste mündet die Weltgeschichte ebenso wie die Geschichte meines Lebens. Das Große & Ganze löst sich in diesem Kleinsten & Letzten: *Und Gott wird abwischen alle Tränen von ihren Augen …*

7 Predigttext als Lesung

[Die Gemeinde erhebt sich und die Lektorin liest als Epistel für den Ewigkeitssonntag den Predigttext Offb 21,1–5a nach Lutherbibel 2017]

---

21 Formulierungen nach Thomas Mann, Doktor Faustus, 76 (Kap. VIII); vgl. u. S. 191 f.

Und ich sah einen neuen Himmel und eine neue Erde; denn der erste Himmel und die erste Erde sind vergangen, und das Meer ist nicht mehr.
Und ich sah die heilige Stadt, das neue Jerusalem, von Gott aus dem Himmel herabkommen, bereitet wie eine geschmückte Braut für ihren Mann.
Und ich hörte eine große Stimme von dem Thron her, die sprach: Siehe da, die Hütte Gottes bei den Menschen! Und er wird bei ihnen wohnen, und sie werden seine Völker sein und er selbst, Gott mit ihnen, wird ihr Gott sein;
und Gott wird abwischen alle Tränen von ihren Augen, und der Tod wird nicht mehr sein, noch Leid noch Geschrei noch Schmerz wird mehr sein; denn das Erste ist vergangen.
Und der auf dem Thron saß, sprach: Siehe, ich mache alles neu!

L: Worte der Heiligen Schrift. *G:* Dank sei Gott!

Kommentar

Am Ewigkeitssonntag predigen

Für mich gehört der Ewigkeitssonntag zu den ganz wichtigen Sonntagen. Nirgends sonst im Kirchenjahr ergibt sich der Ausblick auf letzte Dinge so natürlich. Wenn die Blätter fallen, wenn das Laub unter den Füßen raschelt und der Gang an die Gräber zum Leben gehört, dann verwundert es nicht, wenn im Gottesdienst stärker als sonst die Ewigkeit beim Singen und Sagen den Ton angibt. „Totensonntag" hieß vormals der Tag und galt dem Gedenken an die Verstorbenen. Jetzt heißt er „Ewigkeitssonntag" und führt an den Rand der Zeit. Künftig wird man wohl beide Ausrichtungen in den Gottesdiensten am letzten Sonntag im Kirchenjahr antreffen.[22]

Ich hielt diese Predigt am Ewigkeitssonntag 2016. Mehrfach und „sehnsüchtiglich" sang im Eingangsteil die Gemeinde den Leitvers, der in Bayern diesem Sonntag zugedacht ist: „Wir warten auf einen neuen Himmel und eine neue Erde, nach seiner Verheißung, in denen Gerechtigkeit wohnt."[23]

Lesung I lässt radikal Neues in den Blick kommen: „Siehe, ich will einen neuen Himmel und eine neue Erde schaffen, dass man der vorigen nicht mehr gedenken und sie nicht mehr zu Herzen nehmen wird."[24] Sagt Gott. Und gewährt dann doch mit Jerusalem, Stadt der Städte und der Religionen, über den Bruch zwischen Neu und Alt hinweg so etwas wie Kontinuität.

Lesung II: Die klugen Jungfrauen sorgen, wie jedes Jahr um diese Zeit, eifrig für Öl, während die törichten mit gleicher Verlässlichkeit wieder alles tun, nur das nicht.[25]

Und dann Lesung III: Jerusalem kommt in den Blick, die hochgebaute Stadt, die nicht an den Wolken kratzt, sondern vom Himmel her sanft einschwebt.[26] Ich lasse die Lesung nicht offiziell mit V. 7, sondern bereits mit V. 5a enden: *Siehe, ich mache alles neu!* Da weist die biblische Sequenz eine Zäsur auf, der Höhepunkt ist erreicht. Da steht das Bild von der Stadt im Raum. Was jetzt noch käme, würde als Appendix wirken und die Sicht auf das Bild verstellen. Das Bild mit der Stadt, die vom Himmel kommt, ist ein Bild, das mich seit Jahrzehnten fasziniert, mit dem wir schon manche Gruppe im Braunschweiger *Atelier Sprache* ins Predigen lockten und das ich jetzt, als ich endlich selbst dazu predigte, noch einmal für mich entdeckte. Der biblische Text, oft bei Beerdigungen am offenen Grab gelesen, ist von einer solchen Größe, dass ich ihn, wollte ich im An-

---

22 Die Perikopenrevision von 2017 sieht für den letzten Sonntag im Kirchenjahr ein doppeltes Proprium vor: wahlweise Totensonntag oder Ewigkeitssonntag.

23 2Petr 3,13. Vgl. EG Bayern/Thüringen, Nr. 788.

24 Jes 65,17–19.24 f.

25 Mt 25,1–13.

26 Offb 21,1–5.

schluss an die Lesung predigen, nur klein reden würde. Meine Option in einem solchen Fall: den Bibeltext mit der Predigt in Puzzle-Stücken vorbereiten, um ihn dann im Finale der Predigt vollständig als Lesung zu präsentieren.

Ungesagtes trotzdem sagen

Wenn ich mit meiner Predigt ins Ungesagte springe, wird es danach nicht mehr in demselben Maß ungesagt sein wie vor der Predigt. Niemand kennt die Zukunft, schon gar nicht jene ferne Zukunft, die sich mit den letzten Seiten der Bibel am Horizont abzeichnet. Trotzdem ist an diesem Sonntag davon die Rede. Da lassen wir uns das Ungesagte gesagt sein, ohne dass danach alles gesagt wäre.

Die Spannung zwischen dem, was ungesagt bleibt, und dem, was trotzdem zu sagen ist, löst sich nicht einfach auf. Sie ist verwandt jener anderen Spannung zwischen Glauben und Schauen. So heftig wird Thomas ermahnt, dass er bis heute das Etikett „ungläubig" im Namen trägt. „Selig sind", sagt ihm der Auferstandene, „die nicht sehen und doch glauben."[27] Im letzten Buch der Bibel ist es umgekehrt. Da ist so viel zu sehen, dass man es kaum glauben kann.

Zwischen Glauben und Schauen liegt ein weites und spannungsreiches Feld, auf dem ich mich zu bewegen habe, wenn ich am Ewigkeitssonntag etwas von der Kanzel sage. Wie sonst selten ist die Predigt faktisch eine Bildpredigt. Dem Reden sind Bilder vorgegeben. Es handelt sich um Sprachbilder. Sie lassen mehr sehen, als jedes Gemälde zeigen könnte.

Am letzten Sonntag im Kirchenjahr gibt es für den Glauben so viel zu schauen. Das ist die Prämisse, die, so hoffe ich, meine Predigt bestimmte. Die Bilder sind vorgegeben. Es ist die Aufgabe der Predigt, gemeinsam auf sie zu schauen. Zwei Predigtweisen sollten damit ausgeschlossen sein. Es geht nicht an, im Schauen ständig das Schauen zu problematisieren. Und erst recht geht es nicht an, das Schauen zu unterlaufen, indem ich von dem rede, was die Bilder bedeuten.

Gottes Gesten

Das ist mir bei dieser Predigt aufgegangen: wie zärtlich sich Gott dem einzelnen Menschen zuwendet. Gott begräbt seinen Mose, eigenhändig. Und Gott wird die Tränen abwischen, alle, auch die letzten. Was für Gesten!

Plötzlich waren Worte zu hören, an die ich länger nicht mehr gedacht hatte. Thomas Mann fiel mir ein, wo er im „Doktor Faustus" einem einzigen Ton mit Worten den Weg bereitet, jenem Cis in einem der letzten Takte von Beethovens letzter Sonate, der Opus 111. Joachim Kaiser schrieb einst, im Konzert würden alle leise Thomas Mann mitsprechen, wenn sich die Sonate, wenn sich alle 32 So-

---

[27] Joh 20,29.

naten, wenn sich das Leben und Schaffen Beethovens auf jenen einen und einzigartigen Ton zubewege.[28] Wenn dieses Stück Literatur je so bekannt gewesen sein sollte, dann ist das heute mit Sicherheit vorbei. Ich denke, ich konnte die Worte des Schriftstellers in meine Predigtsprache integrieren, ohne dass Thomas Mann, Wendell Kretzschmar oder Ludwig van Beethoven den Blick verstellen würden für das, was es an diesem Sonntag zu schauen gibt. Mir jedenfalls hat Thomas Mann geholfen, jene Geste Gottes überhaupt zu entdecken. Und er hat mich zu großen Worten für eine kleine Geste nicht nur ermutigt, sondern mir gleich die Worte, die ich dazu brauchte, in den Mund gelegt.

28 Vgl. zu Thomas Mann, Joachim Kaiser und Beethoven: Nicol, Gottesklang, 170–174.

Ausblick

„Mehr Gott wagen“ steht über diesem Buch. Das klingt nach Ronja und Räubertochter (Astrid Lindgren): „Her mit den Gefahren!“ Und in der Tat will ich Mut machen, entschlossener von Gott zu reden.

„Wer wagt, gewinnt!“, sagen wir verheißungsvoll. Eine Verheißung steht auch mit dem Titel „Mehr Gott wagen“ im Raum. Natürlich wünsche ich mir, dass ein Mehr an Gotteswagnis auf der Kanzel die leeren Bänke in der Kirche füllt. Aber ein Wagnis bleibt ein Wagnis und die Formel „Mehr Gott wagen“ eine Verheißung ohne Garantie auf Erfüllung.

Garantien gebe ich keine. Wünsche dagegen versage ich mir nicht. Vier Wünsche sind es, die ich meinen Predigten und Reden mitgebe.

Lust am Predigen

Bei den Fortbildungen zur Dramaturgischen Homiletik wurde erfreulich oft zurückgemeldet, die Teilnehmenden hätten neue Lust am Predigen bekommen. Offenbar wirkt das Konzept der Dramaturgischen Homiletik mit all den Wandlungen, die es in den Jahren erfahren hat, noch immer motivierend. Für meine Programmschrift hatte ich damals Rückenwind aus den USA, war voller Tatendrang und genoss es, mich auch akademisch freier als zuvor zu Wort zu melden. Der Schwung von damals lässt mich, wenn ich in der Programmschrift lese, noch heute staunen. Dieses neue Buch erfordert vermutlich etwas mehr Geduld. Das Gelände für unsere Predigtwege wurde, so scheint mir, in all den Jahren unwegsamer.

Umso mehr ist es mein Wunsch, dass auch dieses Buch nicht nur das homiletische Problembewusstsein schärft, sondern vor allem die Lust am Predigen fördert.

Der Bibel trauen

In unseren Kursen haben wir mit immer größerem Nachdruck dazu ermutigt, dem biblischen Text bis in den Wortlaut zu trauen. Nirgends finde ich eine ähnlich bewährte und zugleich kühne Sprache für die Gotteswirklichkeit als in den eminenten Texten der Bibel. Meine Aufgabe ist es nicht, das, was die Bibeltexte angeblich meinen oder sagen wollen, mit eigenen Worten besser und treffender zu formulieren. Vielmehr will ich die Bibel selbst zu Wort kommen lassen, da sie sagt, was so nur sie sagen kann.

Es ist mein Wunsch, dass bei Predigerinnen und Predigern, stetig und von einem Kirchenjahr zum anderen, das Vertrauen in den fremden Wortlaut der Bibel wächst.

Zur Kunst verpflichtet

Als „Kunst unter Künsten" habe ich seinerzeit die Predigt ins ästhetische Paradigma eingezeichnet. Damit nahm ich sie aus binnenkirchlicher Isolation heraus und gab sie zurück in den weiten Raum einer Sprache, wie sie auch abseits von Kanzel und Kirche gesprochen wird. Deutlicher als zu Beginn markiere ich in diesem Buch die unverwechselbar eigenen Konturen der Predigtkunst. Was die *ars praedicandi* von anderen Künsten unterscheidet, ist die Aufgabe und die Verpflichtung, von Gott zu reden.

Es ist mein Wunsch, dass Predigerinnen und Prediger ihrer ureigenen Aufgabe mit Leidenschaft nachgehen und dabei neugierig über Kirche und Kanzel hinaus Ausschau halten, wie anderswo der menschlichen Existenz Ausdruck verliehen und ein Eindruck vom Himmel vermittelt wird.

Bleibend gepackt

Ich arbeite an meiner Predigt, weil ich am Sonntag als Prediger angekündigt bin, weil das Predigen als pastorale Kernkompetenz bereits das Studium bestimmte oder weil ich auf Wirkraum hoffe für die Worte, Bilder und Geschichten der Bibel. In alledem bin ich es, der anderen etwas geben will und zu geben hat. Predigtarbeit bedeutet aber auch, dass ich für mich selbst etwas tue und bekomme. Ich brauche das Predigen für meine eigene geistliche und theologische Existenz.

Es ist mein Wunsch, Predigerinnen und Predigern möge widerfahren, was bei Menschen, die sich einer der Künste verschrieben haben, immer wieder beeindruckt: Sie mögen von der Predigt-Kunst so gepackt werden, dass sie nicht mehr von ihr lassen können.

Grundbegriffe Dramaturgischer Homiletik

Erstmals in: Martin Nicol/Alexander Deeg, Im Wechselschritt zur Kanzel. Praxisbuch Dramaturgische Homiletik [2005], Göttingen [2]2013, 16f.

Moves & Structure

Ein Film besteht aus Szenen, ein Theaterstück aus Szenen und Akten, eine Symphonie aus Sätzen – und eine Predigt aus Moves. „Moves", das heißt: einzelne Sequenzen. *Bewegte* Sequenzen, so legt es der englische Begriff nahe. Wir finden kein besseres deutsches Wort dafür. „Abschnitt" oder „Einheit" erinnert an einen Vortrag oder Aufsatz, aber nicht an bewegte Sprachkunst. „Move" dagegen evoziert die bewegten Bilder des Films (moving pictures bzw. movie) und die Sätze in einem Musikstück (movements). Zugleich ist der Begriff in dieser Form („Move") noch nicht anderweitig verbraucht. Der Anschluss an die Welt der Künste *und* die Eigenart der PredigtKunst kommen damit in ein und demselben Begriff zum Ausdruck. Nicht zuletzt hat David Buttrick sein wegweisendes Werk so genannt: „Homiletic. Moves and Structures".

Wo es Moves gibt, darf die „Structure" nicht fehlen. „Structure" meint: die Verbindung der Moves zum Ganzen der Predigt, gewissermaßen das Szenario oder Drehbuch der Predigt. Beim Filmschnitt macht es viel Arbeit, aus einzelnen Szenen den fertigen Film zu machen. Manches Material, das beim Dreh entstand, fällt wieder weg, weil es sich als unbrauchbar für die Dramaturgie des Ganzen erweist. Regisseur und Cutter müssen fragen, ob sich der Film linear oder bewusst sprunghaft entwickeln soll. Es gilt zu reflektieren, wie die einzelnen Szenen so miteinander verbunden werden, dass ein Spannungsbogen entsteht. Das alles und noch viel mehr gehört zur Arbeit an der „Structure".

Titel & Mittel

Für die Praxis des Predigtmachens erscheint uns neben dem Wechselschritt von Moves & Structure ein zweiter Wechselschritt grundlegend: Titel & Mittel. Er bildet das Handwerkszeug, mit dessen Hilfe der ästhetische Wechselschritt von Form & Inhalt in die Predigtpraxis hinein umgesetzt werden kann. Das gilt sowohl fürs Predigtmachen als auch für die Predigtanalyse.

Beim Predigtmachen bietet es sich an, so unsere Erfahrung, den entstehenden Moves Titel zu geben: Titel, die die spezifische Bewegung eines Moves zum Ausdruck bringen und die Spannung andeuten, die im betreffenden Move steckt. Titel, die dem Prediger Lust machen, diesen Move zu formulieren. Titel, die zugleich auch ein sprachlich-gestalterisches Mittel andeuten.

Auch die entstehende Predigtrede insgesamt erhält einen Titel. Das Ganze, was da im homiletischen Atelier entsteht, die Structure, kommt dabei in den Blick. Es gilt zu fragen: Welche Bewegung entwickelt sich vom Anfang zum Ende? Ist diese theologisch sachgemäß? Entspringt sie dem Bibelwort? Haben Hörerinnen und Hörer eine Chance, hineinzufinden in diese Bewegung? Sofort lässt auch der Titel der Structure nach dem Mittel fragen: Wie sollen die Moves aufeinander folgen? Linear oder kreisend? Gibt es ein wiederkehrendes Leitmotiv? Wie werden die einzelnen Moves miteinander verbunden? […]

Dramaturgische Homiletik

Predigtarbeit zwischen Künsten, Kult und Konfessionen

Erstmals in: Erich Garhammer, Ursula Roth und Heinz-Günther Schöttler (Hg.), Kontrapunkte. Katholische und protestantische Predigtkultur, ÖSP 5, München 2006, 274–287. Ich danke dem Don Bosco Verlag, der gegen den Wiederabdruck keine Einwendung erhoben hat. Der Aufsatz wurde auch in den Anmerkungen so belassen, wie es die Druckfassung vorgab. Lediglich die Nummerierung der einzelnen Abschnitte wurde, da vom Autor nicht vorgesehen, weggelassen.

Dreifach kühn?

Dramaturgische Homiletik behauptet, sie sei dreifach kühn, indem sie vom Prediger Widerstand gegen eine dreifache Versuchung verlangt: den Text zu erklären, den Hörer abzuholen und sich selbst als Entspannungstheologen zu präsentieren.

Wann ist eine Unternehmung kühn? Unser Sohn, damals gerade vier Jahre alt, war mit im Urlaub auf Rügen. Es geschah im Hallenbad. Ich sehe, wie der kleine Mann am Beckenrand steht. Er wendet sich zu mir, macht auf sich aufmerksam, setzt an zu großer Tat, ruft laut: „Papa, die Ostsee" – und springt ins Planschbecken. Das war in seinen Augen kühn. Für den Zuschauer hielt sich die Kühnheit in Grenzen. Was der kleine Mann für kühn hielt, war in meinen Augen eher komisch.

Meine Dramaturgische Homiletik sei kühn, behaupte ich. Das ist eine Einsicht, die sich im Laufe der Zeit eingestellt hat. Erst als meine Programmschrift[1] auf dem Markt war und mir mein eigenes Konzept gleichsam von außen entgegenkam, wurde mir klar, dass es nicht nur einen Mix aus verschiedenen homiletischen Traditionen darstellt. Sicher, das tut es auch. Der Charme meiner Dramaturgischen Homiletik liegt auch darin, dass den europäischen Mixturen nun etwas US-Homiletik beigemischt wurde. Das ist interessant, aber nicht grundsätzlich neu. Zu meiner eigenen Überraschung aber enthält der Mix aus bekannten und ein paar neuen Elementen doch einiges, was mir in der Konsequenz als kühn erscheint. Ich versuche, einige Kühnheiten zu markieren. Die Leserinnen und Leser mögen selbst urteilen, ob das, was ich da hervorhebe, eher kühn oder nur komisch ist.

Drei Kühnheiten hebe ich hervor. Sie beziehen sich auf das klassische homiletische Dreieck von Text, Hörer und Prediger. Ich halte sie für kühn, weil sie drei Versuchungen widerstehen:

---

1 Martin Nicol, Einander ins Bild setzen. Dramaturgische Homiletik [2002], Göttingen ^{2}2005.

1. *Text:* Dramaturgische Homiletik widersteht der Versuchung, biblische Texte zu erklären.
2. *Hörer:* Dramaturgische Homiletik widersteht der Versuchung, den Hörer wieder und wieder in dessen vermuteter Welt abzuholen.
3. *Prediger:* Dramaturgische Homiletik widersteht der Versuchung, dem pastoralen Bedürfnis nach Spannungslösung nachzugeben.

Die vermuteten Kühnheiten bilden den Hintergrund, auf dem ich nun meine Homiletik als Konzept profiliere. Ich werde angeben, was, nach meiner aktuellen Sicht, den Kern Dramaturgischer Homiletik ausmacht. Dann werde ich die drei „K" des Themas homiletisch durchbuchstabieren: Kunst, Kult, Konfession. Zum Schluss werde ich die Trias meiner vermuteten Kühnheiten wieder aufgreifen und versuchen, sie auf so etwas wie eine „Grundkühnheit" zurückzuführen.

RedenIn statt RedenÜber

Dramaturgische Homiletik besteht darauf, dass Predigen etwas kategorial anderes sei als ein Vortrag oder eine Vorlesung. Predigen ist wesentlich nicht RedenÜber, sondern RedenIn.

Um meine Dramaturgische Homiletik zu charakterisieren, zitiere ich zunächst eine eher unscheinbare Passage aus Erich Kästners Kinderroman „Das doppelte Lottchen"[2]:

> „Jetzt sitzt Fräulein Ulrike in der Wiese und liest einen wunderbaren Roman, in dem auf jeder Seite von Liebe die Rede ist. Manchmal lässt sie das Buch sinken und denkt versonnen an Herrn Rademacher, den Diplomingenieur, der bei ihrer Tante zur Untermiete wohnt: Rudolf heißt er. Ach Rudolf!"

Zu Beginn des Zitats gewährt der allwissende Erzähler Einblick in die geheimen Seelenregungen von Fräulein Ulrike. Er ist es auch, der Herrn Rademacher, den Untermieter, ins Spiel bringt. Aber dann kommt der Punkt, da Erich Kästner, für einen Moment jedenfalls, seine enthobene Position aufgibt. Schon mit der Nennung des Vornamens, Rudolf, lässt er die Sache privater werden, intimer. Dann schlägt das Geschehen um. Nicht mehr der Erzähler erzählt, sondern Fräulein Ulrike wendet sich in direkter Rede an den Untermieter: „Ach Rudolf!" Das geschieht unmerklich, auf kürzestem Weg, von einem Satz zum andern. Und doch bedeutet es eine komplette Veränderung der Perspektive. Wo vordem der

[2] Erich Kästner, Das doppelte Lottchen. Ein Roman für Kinder [1949], Hamburg/Zürich 2003, 23.

Erzähler *über* Fräulein Ulrike und den Untermieter redete, gibt er nun das Geschehen aus der Hand. Die erzählte Geschichte gewinnt ihre eigene Dynamik.

Um das Kategoriale an diesem Vorgang zu markieren, habe ich eine etwas eigenwillige Terminologie erfunden. Ich sage, aus dem *RedenÜber* des allwissenden Erzählers sei ein *RedenIn* geworden. Plötzlich stehen der Erzähler selbst und seine Leser *in* dem zarten Geschehen einer beginnenden oder doch erträumten Liebe. Der, über den soeben noch geredet wurde, Rudolf, ist plötzlich präsent – jedenfalls in den Gedanken von Fräulein Ulrike. Der Literat greift zu einem einfachen sprachlichen Mittel, um die Schwelle von RedenÜber zu RedenIn erlebbar werden zu lassen: den Umschlag in die direkte Rede bzw. Anrede einer der Romanfiguren. „Ach Rudolf!“, heißt es plötzlich. Wobei Kästner subtil genug ist, für eine nur imaginäre Anrede die Anführungszeichen wegzulassen. Das ist RedenIn: Wenn nicht mehr über Dinge geredet wird, sondern die Dinge selbst sich ereignen. „To make things happen“, sagen, nicht ganz unpragmatisch, die Amerikaner.[3] Die Predigt wird vom Vortrag *über* den Glauben zum potenziellen Ereignis *im* Glauben.[4] Sie redet nicht mehr *über* Bilder, sondern setzt *ins* Bild, setzt *in* Szene, sie *in*szeniert.

Nicht jedes RedenIn ist auch an der Schriftversion einer Predigt zu verifizieren. Was sich ereignen soll, kann schlecht am Schreibtisch geplant werden. Aber an gewissen Sprachformen lässt sich doch ablesen, ob ein RedenIn wenigstens im Horizont der Predigerin lag.[5] Ich gebe zwei Beispiele:

- Wer sich im RedenIn versucht, gibt die Distanz zum Bibelwort auf: historisch, dogmatisch oder sonstwie abstrahierend. Geläufige Redewendungen sollten dann nicht mehr auftauchen.[6] „Der Text sagt …“ oder „Paulus meint …“ – solche Formeln signalisieren RedenÜber. Ein RedenIn dagegen wird nicht sagen, was der Text sagen will, sondern den Text oder Textfragmente selbst etwas sagen lassen. So etwas kann in harten, übergangslosen Schnitten von Bibeltext und diversen Kontexten geschehen. Das wäre dann, bloße Grammatik übersteigend, so etwas wie parataktische Rede: eines neben anderes stellend. Solch parataktische Rede meidet die pastorale Hypotaxe: die bis ins Grammatikalische hinein verifizierbare „Unterordnung“ des Bibeltextes unter den interpretierenden Kanzelredner.

---

3 Vgl. Martin Nicol, To Make Things Happen. Homiletische Praxisimpulse aus den USA, in: Uta Pohl-Patalong u. Frank Muchlinsky (Hg.), Predigen im Plural. Homiletische Perspektiven, Hamburg 2001, 46–54.

4 Vgl. ders., Preaching from Within. Homiletische Positionslichter aus Nordamerika, in: PTh 86 (1997) 295–309; ders., Ereignis und Kritik. Praktische Theologie als hohe Schule der Gotteskunst, in: ZThK 99 (2002) 226–238.

5 Vgl. ders., Mehr Gott wagen. Zur Sprachgestalt der Predigt, in: PTh 94 (2005) 262–272.

6 Vgl. Wilfried Engemann, „Unser Text sagt …“ Hermeneutischer Versuch zur Interpretation und Überwindung des „Texttods“ der Predigt, in: ZThK 93 (1996) 450–480.

- Kästners Rudolf ist nur gedacht präsent. Anders der, dessen Gegenwart im Ritual bezeugt und gefeiert wird: von der Salutation bis zum Segen, von „Der Herr sei mit euch" bis „... und gebe euch Frieden". RedenIn geschieht nicht in sicherer Entfernung zu dem, um den sich alles dreht: Gott. Das wäre sonst RedenÜber. RedenIn dagegen ist Reden in der Gottesgegenwart. Redeformen der Doxologie oder der Klage können, beispielsweise, solcher Präsenz Ausdruck verleihen.

Freilich, ein dauerndes RedenIn würde alle Beteiligten heillos überfordern. Grundsätzlich gilt: Predigen bewegt sich in der Polarität von RedenIn und RedenÜber. Aber meine derzeitigen Streifzüge in der Welt gedruckter Predigten machen deutlich, dass wir das RedenÜber nicht eigens zu lernen haben. Es ist in unserer akademisch geprägten Predigtkultur in erschreckender Monotonie präsent. Aufgabe wäre es, das RedenIn als den anderen Pol neu für die Kanzelrede zu gewinnen.

K wie Kunst: Predigt als Kunst unter Künsten

Dramaturgische Homiletik versteht Predigt als eine Kunst. Insbesondere der Film wird zum Paradigma der Kanzelrede. In Analogie zu anspruchsvollen Filmen werden auch auf der Kanzel Spannungen nicht gelöst, sondern mit den Mitteln der Sprache inszeniert.

Dramaturgische Homiletik konzipiert Predigen als Kunst unter Künsten.[7] Eine solche Predigt orientiert sich besonders an den *performing arts*, zumal am Film. Dramaturgische Homiletik ist überzeugt, dass beim Film einiges darüber zu lernen sei, wie Spannungen inszeniert werden. Wo freilich auch im Film Spannungen einfach gelöst werden, da schaut die Homiletik lieber weg. Hollywood mit seinen narrativen Plots scheint mir als Paradigma der Kanzelrede nur sehr bedingt geeignet. Orientierung am Kino heißt nicht: gefällig predigen. Orientierung am Kino bedeutet auch: harte Schnitte wagen.

Die *Süddeutsche Zeitung* zog Bilanz nach dem Filmfestival 2003 in Venedig.[8] Die Journalistin wendet sich vehement gegen die Tendenz, gefallsüchtige Filme zu zeigen und zu prämieren:

> „Selbst wenn der Wagemut auf einen totalen Irrweg führt, ist das immer noch besser als ein Film, der einen mit einem Achselzucken zurücklässt. [...] Eine Gleichförmigkeit der Festivals wäre so ziemlich das Letzte, was man sich wünschen sollte. Das Gleiche gilt fürs Kino an sich: Immer noch lieber schmerzhaft und anstrengend als gar kein

7 Vgl. Martin Nicol, Einander ins Bild setzen (Anm. 1), 29–37.
8 Susan Vahabzadeh, in: SZ vom 08.09.2003.

Profil. Venedig hat das gespiegelt, was man auch ansonsten im Kino zu sehen bekommt: Filme der Angst, nicht zu gefallen. Und am Ende wird es vielleicht das sein, was keinem mehr gefällt."

Am anspruchsvollen Film kann man lernen, dass sich Kunst nicht für einen Inhalt an sich interessiert, sondern auch und vor allem für das Material, mit dem es eine Inszenierung zu wagen gilt, für die Spannungen und Spannungsfelder, in denen eine Handlung sich bewegt, für die Mittel und Möglichkeiten, die handwerklich zur Verfügung stehen. Solche Filme mögen hart wirken. Aber sie wecken ein Interesse, das anhält.

Eine Predigt, die beim Film lernt, ist spannend, weil sie sich in Spannungen bewegt. Theologisch hängt das damit zusammen, dass die wesentlichen Spannungen zwischen Himmel und Erde, in dieser Weltzeit jedenfalls, Spannungen bleiben: Gott und Welt, Gott und Mensch, Gott und die Mächte, Gott und die Religionen.[9] Solche Spannungen werden auf der Kanzel nicht gelöst, sondern mit den Mittel der Sprache inszeniert.

In der Nähe von Film und Predigt liegt also homiletisches Potenzial. In Nordamerika wurde es bisher deutlicher genutzt als in Deutschland.[10] Was aber auch dort weit entschiedener ausfallen könnte, ist eine Würdigung des Films als Kunst, die über bloße Illustration von Gedanken hinaus geht. Noch stehen die narrativen Qualitäten des großen Kinofilms stark im Vordergrund. Sicher, auch *storytelling*, das die Analogie zur Kamera rhetorisch nutzt, ist eine gute Sache. Aber was zur homiletischen Erkundung ansteht, sind weit radikalere Qualitäten des Mediums Film.

Es lohnt sich, die vielfältige Literatur zu Kino und Film homiletisch zu lesen. Als Beispiel führe ich einen Satz aus der Frühzeit des Films an: „Die Grundlage der Filmkunst ist die Montage."[11] Der sowjetrussische Regisseur Wsewolod Pudowkin ging einst radikal den Möglichkeiten von Schnitt und Montage nach. Ich frage homiletisch: Was geschieht, wenn wir die Sequenzen einer Predigt nicht nach einem narrativen oder auch diskursiven *plot* zusammenfügen? Wenn wir harte Schnitte wagen? Wenn wir Fragmente aus dem Leben und Fragmente aus der Bibel zu einer Predigt montieren, die die Imagination des Hörers herausfordert, ihn verstört und bewegt? Was geschieht, wenn wir uns endgültig davon verabschieden, auf der Kanzel eine Wahrheit des Glaubens zu erklären oder zu

---

9 Vgl. Martin Nicol, Predigtkunst vs. Lehre von Gott? Zur Rolle von Dogmatik in der homiletischen Arbeit, in: Michael Krug, Ruth Lödel u. Johannes Rehm (Hg.), Beim Wort nehmen. Die Schrift als Zentrum für kirchliches Reden und Gestalten, FS Friedrich Mildenberger, Stuttgart 2004, 330–340.

10 Vgl. ders., Preaching as Performing Art. Ästhetische Homiletik in den USA: PTh 89 (2000) 435–453, hier 448–451.

11 Wsewolod I. Pudowkin, Filmregie und Filmmanuskript [1928], in: Franz-Josef Albersmeier (Hg.), Texte zur Theorie des Films, Stuttgart [4]2001, 70–73, hier 70.

propagieren (deduktiv)? Wenn wir die induktive Predigt, die Fred Craddock einst so eindrucksvoll präsentiert hat[12], wirklich ernst nehmen? Wenn wir nicht nur narrativ Erfahrungen des Glaubens teilen, sondern durch kühne Schnitte und Montagen auch neue Erfahrungen eröffnen? Erfahrungen, die ganz andere sein mögen als die des Predigers? Predigt als „offenes Kunstwerk“[13]?

Fragen sind das. Sie stellen sich, wenn man den Film als Paradigma der Predigt radikal ernst nimmt. Die Homiletik hat darauf noch kaum reagiert. Sicher, die Bedürfnisse und Hörgewohnheiten der Gemeinde sind sorgsam zu behandeln. Aber das alleinige Kriterium dafür, was auf der Kanzel gewagt werden darf, sind sie nicht. Ich bin überzeugt, dass in der Spur des Films die Diskussionen über eine neue Gestalt der Predigt vehement in Gang kommen würden. „Daher ist der Film gegenwärtig die lebendigste, erregendste und bedeutendste aller Kunstgattungen“ – schrieb Susan Sontag in ihrem antihermeneutischen Traktat „Against Interpretation“.[14] Und das bereits 1964.

K wie Kult: Predigt zwischen Ritual und Rede

Gottesdienstliche Predigt hat ihren Ort im Kult. Sie ist nicht einfach Ritual oder Rede, sondern oszilliert zwischen beiden Polen. Von der Rede hat sie die Auseinandersetzung mit Aktualität, vom Ritual die Feier der Gottesgegenwart.

Die protestantische Wahrnehmung von Predigt ist weithin noch immer bestimmt von einer kategorialen Differenz zwischen Predigt und Kult bzw. Predigt und Liturgie: Liturgie wäre demnach das im Gottesdienst, was nicht Predigt ist.[15] Ökumenisch ist dieser Sprachgebrauch nicht[16]:

> „Während Liturgie im Protestantismus weithin negativ definiert wird, nämlich als Terminus für diejenigen Teile des Gottesdienstes, die nicht zur Predigt zählen, fungiert sie im Katholizismus wie in der Orthodoxie als Oberbegriff, dem die Predigt als Teil des Ganzen zugeordnet wird.“

---

12 Vgl. Fred B. Craddock, As One Without Authority [1971], St. Louis (MO) [4]2001.

13 Vgl. Erich Garhammer u. Heinz-Günther Schöttler (Hg.), Predigt als offenes Kunstwerk. Homiletik und Rezeptionsästhetik, München 1998.

14 Susan Sontag, Gegen Interpretation [1964], in: dies., Kunst und Antikunst. 24 literarische Analysen, Frankfurt/M. 2003, 11–22, hier 19.

15 Das gilt faktisch noch immer, trotz der Vorgaben des neuen Gottesdienstbuchs. Vgl. Wolfgang Ratzmann, Liturgisch integriert, konfessorisch und doxologisch. Zum Verständnis der Predigt nach dem Evangelischen Gottesdienstbuch, in: Wilfried Engemann (Hg.), Theologie der Predigt. Grundlagen – Modelle – Konsequenzen, Leipzig 2001, 243–258.

16 Bernd Schröder, Die Predigt im Gottesdienst, in: Christian Grethlein / Günter Ruddat (Hg.), Liturgisches Kompendium, Göttingen 2003, 134–150, hier 144 A. 32.

Wenn Predigt wirklich eine liturgische Sequenz unter anderen ist, dann ist sie zwar noch immer Rede, aber Rede, die am Ritual partizipiert. Dabei bedeutet „Ritual": gebundene Sprache, alte Texte, Vielfalt der Zeichen, Spannungsfeld von Ordinarium und Proprium. „Rede" dagegen bedeutet: individuelle Sprache, Zeitgenossenschaft, Wort-Zeichen, Spannungsfeld von Tradition und Situation. Predigt ist nicht das eine und nicht das andere. Sie bewegt sich im Wechselschritt zwischen beiden Polen.

Zwischen Ritual und Rede besteht ein kategorialer Unterschied. Der freilich droht unterzugehen, wenn die Liturgie, wie Josuttis sagt, von einem „außerkultischen Praxismodell" dominiert wird.[17] Mit seiner Kritik zielt er auf eine Homiletisierung der Liturgie, die das kultische bzw. liturgische Spannungsfeld von Ordinarium und Proprium aufhebt in dem herkömmlich homiletischen Spannungsfeld von Tradition und Situation. Damit hat insbesondere die evangelische Liturgik heftig zu kämpfen. Aber auch die katholische Messe ist von Homiletisierung nicht frei. So jedenfalls sieht es der Journalist Matthias Drobinski[18]:

> „Die Liturgie ist […] vor allem der Ort für das Geheimnis des Glaubens: Ob einer katholischer Christ ist, zeigt sich nicht darin, dass er die kirchliche Sozialarbeit schätzt, den Papst verehrt, den Pfarrer nett findet oder sich in der Gemeinde wohl fühlt. Es zeigt sich darin, dass er glaubt, Jesu Tod verkünden und seine Auferstehung preisen zu können. Nichts anderes geschieht in der Liturgie – rational gesehen ein zweckloses Unternehmen. Gerade dieses Zwecklose aber macht den Geist der Liturgie aus, und je mehr ein Land verzweckt, desto stärker wird das spürbar."

Jesu Tod verkünden und seine Auferstehung preisen – das ist zwecklos. Solch rituelles Tun in der Eucharistie sperrt sich gegen jede Unterordnung unter ein Thema. Es entzieht sich dem Spannungsfeld von Tradition und Situation. Insofern die Predigt Teil des Rituals ist, hat sie teil an dessen Zwecklosigkeit. Als solche erörtert sie kein Thema, missioniert keine Kirchenfernen, erklärt nicht situationsgerecht alte Texte, sondern fügt sich „zwecklos" ein ins rituelle Wechselspiel der Texte und Zeichen.

Wie schwer ihr das, zumindest auf protestantischer Seite, fällt, zeigt das Verhältnis der Predigt zu den biblischen Lesungen. Ökumenisch bilden sie den natürlichen Kontext der Predigt. Eine nennenswerte Kultur der Lesung freilich gibt es derzeit im Protestantismus nicht.[19] Dass die Heilige Schrift „Wort Gottes" sei,

---

17 Vgl. Manfred Josuttis, Die Erneuerte Agende und die agendarische Erneuerung, in: PTh 80 (1991) 504–516, hier 515. Vgl. zu der Differenz von Ordinarium – Proprium vs. Tradition – Situation: ebd., 514f. Vgl. auch ders., Gottes Wort im kultischen Ritual. Das Verhältnis von Predigt und Ritual in der protestantischen Theologie, in: Predigt als offenes Kunstwerk (s. o. Anm. 13), 168–179.

18 Matthias Drobinski, Das Geheimnis des Glaubens, in: SZ vom 08.12.2003.

19 Vgl. Martin Nicol, Kult um die Bibel und Kultur des Lesens, in: Kultbücher, hg. v. Rudolf Freiburg, Markus May u. Roland Spiller (Hg.), Würzburg 2004, 1–13.

bleibt viel beschworene Behauptung. Sie hat in keiner rituellen Zeichensprache Ausdruck gefunden. Die wertvolle und schöne Altarbibel von damals hat ausgedient, und das Lektionar erfüllt, sofern überhaupt im Gebrauch, unauffällig seinen Zweck. Das Buch, Medium des Wortes Gottes, ist nicht Gegenstand des Rituals – im Unterschied etwa zu der Verehrung, die ökumenisch dem Evangeliar entgegengebracht wird.[20] Für unser ureigenes Medium, das Buch, fehlen entsprechende Rituale. Wir Protestanten können nur davon reden, dass in der Heiligen Schrift Gottes Wort zur Geltung komme. Aller Welt zeigen können wir es nicht. In der Zeichensprache des Rituals bleibt vom Wort Gottes im Wesentlichen die Predigt. Sie mit eigenen Ritualen hervorzuheben, waren wir erfinderisch. Die Lesungen bleiben, salopp gesagt, auf der Strecke.

Wenn die Predigt sich wieder stärker dem Pol des Rituals nähern soll, dann gilt es, sie entschieden und bescheiden den Lesungen zuzuordnen.[21] Vaticanum II hat der Predigt in der Messe neue Würde verschafft. Was auf evangelischer Seite gerne übersehen wird: Das Konzil wertete zunächst keineswegs die Predigt auf, sondern den Wortteil der Messe mit dem Zentrum der Heiligen Schrift.[22] Erst in diesem Kontext kam auch die Predigt oder, bescheidener, die Homilie zu neuer Geltung.

Eine Predigt, die sich auf das Ritual bezieht und einlässt, firmiert traditionell als „mystagogische Predigt“, eine Predigt also, die erklärend und deutend in das Geheimnis (Mysterium) der Liturgie einführt. Das kann eine Predigt sein, die einzelne liturgische Stücke zum Gegenstand hat.[23] In einem weiteren Sinn aber ist jede Predigt, die im prinzipiellen Wechselspiel zwischen Ritual und Rede deutlich dem Pol des Rituals gerecht wird, mystagogische Predigt. Romano Guardini wies einst eindringlich darauf hin, dass mit der „mystagogischen Predigt“ eine völlige Umorientierung der Predigt anstehe[24]:

---

20 Vgl. Hanns Peter Neuheuser (Hg.), Wort und Buch in der Liturgie. Interdisziplinäre Beiträge zur Wirkmächtigkeit des Wortes und Zeichenhaftigkeit des Buches, St. Ottilien 1995.

21 Vgl. Manfred Josuttis, Die Textpredigt, in: ders., Feste und Texte in der Predigtarbeit. Homiletische Studien 3, Gütersloh 2002, 19–30; Johannes Wachowski, Zur Ritualisierung der Lektüre heiliger Texte im liturgischen Vollzug. Plädoyer für eine Reästhetisierung der Lesungen im protestantischen Gottesdienst, in: Wolfgang Fenske (Hg.), „Die schönen Gottesdienste des Herrn“. FS Klaus Raschzok, Berlin 2004, 105–118.

22 Vgl. Jürgen Bärsch, „Von größtem Gewicht für die Liturgiefeier ist die Heilige Schrift“ (SC 24). Zur Bedeutung der Bibel im Kontext des Gottesdienstes, in: LJ 53 (2003) 222–241; Benedikt Kranemann u. Thomas Sternberg (Hg.), Wie das Wort Gottes feiern? Der Wortgottesdienst als theologische Herausforderung, QD 194, Freiburg / Basel / Wien 2002.

23 Vgl. Hans-Christoph Schmidt-Lauber u. Manfred Seitz (Hg.), Der Gottesdienst. Grundlagen und Predigthilfen zu den liturgischen Stücken, Stuttgart 1992.

24 Romano Guardini, Die mystagogische Predigt [1942], in: Paul Bormann u. Hans-Joachim Degenhardt (Hg.), Liturgie in der Gemeinde, Bd. 1, Salzkotten 1975, 102–115, hier 103.

> „Liturgie ist vor allem Handlung. Ihr entscheidender Akt ist der Vollzug. Der einzelne wird in diesen Vollzug hineingerufen; findet sich in ihm vor und versteht sich aus ihm heraus; wird von ihm erfaßt und geformt. Damit bekommt auch die Predigt einen neuen Sinn. Sie ist nicht bloße religiöse Lehre, die an sich überall dargelegt werden könnte, aber mit dem Gottesdienst verbunden wird, weil zu diesem die Gemeinde regelmäßig zusammenkommt und sich in besonders aufnahmefähigem Zustand befindet, sondern hängt aufs engste mit dem liturgischen Vorgang selbst zusammen. Sie führt zu ihm hin und geht aus ihm hervor, dient seiner Entfaltung, ja bildet selbst eine Form seines Vollzuges."

Im Kontext der Dramaturgischen Homiletik könnte man sagen, mystagogische Predigt sei eben nicht mehr *RedenÜber*, sondern *RedenIn*: in der Liturgie, im Ritual, im religiösen Vollzug, in der gefeierten Gottesgegenwart. Die eigentümliche Bewegung der Predigt wächst dann aus der Bewegung des Rituals heraus und führt wieder in die Bewegung des Rituals hinein.[25]

Insofern wäre eine Art von „mystagogischer Predigt" etwas, worauf Dramaturgische Homiletik abzielt: eine Predigt, welche die liturgische Bewegung nicht aufhält, sondern sich als eine liturgische Sequenz unter anderen versteht. Das gehört, wie ich meine, zu den vordringlichen Aufgaben gegenwärtiger Homiletik. Sofern … sofern dabei die Predigt nicht im Ritual aufgeht, sondern, hierin wieder dem Pol der Rede nahe, auch eine spezifische Differenz zum Ritual in die Liturgie einbringt. Ich nenne nur ein Beispiel: Humor. Im Ritual gibt es, freiwillig jedenfalls, nichts zu lachen. In der Rede schon. Hoffentlich.

K wie Konfession: Öffentlich Gott wagen

> *Predigt geschieht nicht länger zur binnenkonfessionellen oder auch nur binnenchristlichen Selbsterbauung. Predigt ist nicht einfach Gemeindepredigt. Sie ist aber auch nicht einfach Missionspredigt, die andere in ihren Binnenraum hereinholen will. Predigt ist Gotteswagnis in einer säkularen Gesellschaft und im Wettstreit der Religionen. Predigen heißt: Öffentlich Gott wagen.*

In der ZEIT gab der Journalist Jan Ross einen Kommentar zum ökumenischen Kirchentag 2003 in Berlin, und das unter einem bemerkenswerten Titel: „Mehr Gott wagen".[26] Mit Verweis auf religiösen Fanatismus in der Gegenwart meint er, die Religion stehe in ungeahnter Weise neu auf der Agenda: „Die Religion hat mitten in der Moderne wieder ihr Haupt erhoben, und das Gesicht, das sie

---

25 Vgl. Martin Nicol, Gestaltete Bewegung. Zur Dramaturgie von Gottesdienst und Predigt, in: Jörg Neijenhuis (Hg.), Liturgie lernen und lehren. Aufsätze zur Liturgiedidaktik, = Beiträge zu Liturgie und Spiritualität Bd. 6, Leipzig 2001, 151–163.

26 Jan Ross, Mehr Gott wagen, in: DIE ZEIT Nr. 23, 28.05.2003.

zeigt, wirkt grimmig und bedrohlich." Die Kirchen, so Ross, würden in dieser bedrohlichen Situation zu viel Energie auf binnenkirchliche Harmonisierung verschwenden:

> „Theologische Klarheit oder gar Schärfe, überhaupt das Strittige und Sperrige im Glauben sind kein Hauptbedürfnis des zeitgenössischen deutschen Christenmenschen. Man möchte sich untereinander versöhnen und verbrüdern, und draußen will man für das Gute eintreten, für die Mühseligen und Beladenen. [...]
> Jetzt, wo das Christentum nicht mehr selbstverständlich ist, muss es sich im herrschenden Pluralismus draußen vernehmlich machen, mit lauter und klarer Stimme. Für die Kirchen liegt darin die Chance größerer Freiheit. Und die anderen könnten etwas Interessantes zu hören bekommen."

Ich denke, Jan Ross hat Recht. Mit all dem pastoralen Bewusstsein, das auch Universitätslehrer prägt, stecken wir irgendwie noch immer in der alten Alternative von Gemeindepredigt und Missionspredigt[27]: Entweder dient die Predigt der Selbsterbauung der Gemeinde oder sie versucht, Außenstehende für Glauben und Kirche zu gewinnen. Beide Ausrichtungen verstehe ich noch als konfessionell in einem herkömmlichen Sinn. Fluchtpunkt der Predigt ist noch immer die eigene Gruppe oder Institution.

Das ist grundsätzlich auch in Zukunft nicht überflüssig. Es bleibt eine Aufgabe, neben der gemeindlichen auch die missionarische Dimension[28] von Liturgie im Auge zu behalten. Aber mit dem Statement von Jan Ross deutet sich doch auch eine andere Aufgabenbeschreibung von Predigt an: öffentlich Gott wagen. Das klingt unscheinbar. Aber schon das Epitheton „öffentlich" versteht sich derzeit nicht von selbst. Wie sehr die Predigt zur binnenchristlichen und binnenkirchlichen Rede geworden ist, zeigt sich an zum Teil vehementen Widerständen gegen eine Außenwahrnehmung von Predigt, etwa durch eine Predigtrezension in den Medien.[29]

Noch weniger versteht sich die Bestimmung „Gott wagen" von selbst. Gott wagen, das geschieht, so behaupte ich, derzeit zum wenigsten in Kirche und Theologie. Gott wagen, das geschieht beispielsweise in der modernen Literatur, wo mitunter außerordentlich kühn und ohne pastorale Rücksichten Gott ins

27 Vgl. zu Schleiermachers Unterscheidung: Friedrich Wintzer, Die Homiletik seit Schleiermacher bis in die Anfänge der ‚dialektischen Theologie' in Grundzügen, Göttingen 1969, 17–22.

28 Vgl. Wolfgang Ratzmann, Missionarische Liturgie? Überlegungen zu einem umstrittenen Phänomen, in: JLH 42 (2003) 49–63.

29 Vgl. Alexander Deeg/Daniel Meier, Gottesdienstkritik. Ein Werkstattbericht zur Neuentdeckung einer notwendigen journalistischen Form, in: PTh 92 (2003) 436–444; auch schon Dieter Voll, Gottesdienst-Rezension? Der Gottesdienst und sein Bedarf an Öffentlichkeit, in: PTh 80 (1991) 536–540.

Wechselspiel gebracht wird mit den Kontexten des Lebens und der Welt.[30] Gott wagen – experimentell wie in den Künsten, im besonderen Spannungsfeld von Ritual und Rede und prinzipiell öffentlich: Das wäre die Leitformulierung für eine Predigt, die ihren Ort sucht in der säkularen Gesellschaft und im Wettstreit der Religionen.

Dem Verstehen widerstehen

Dramaturgische Homiletik ist aus homiletischer Praxis erwachsen und führt in sie zurück. Immer wieder erweist sich bei allen Beteiligten eine tief sitzende „Wut des Verstehens" als größtes Hindernis auf dem Weg zu einer erneuerten Predigt. Es macht die eigentliche Kühnheit Dramaturgischer Homiletik aus, solchem Verstehen zu widerstehen.

Durch glückliche Zufälle entstand 2002 das „Atelier Sprache am Predigerseminar Braunschweig e. V." Seit 2003 laufen dort Kurse zur homiletischen Fortbildung von Pfarrerinnen und Pfarrern.[31] Ich habe dadurch die Chance, mein Konzept in verlässlichen Abständen auch über den akademischen Kontext hinaus didaktisch zu bewähren und weiter zu entwickeln.[32]

Es macht Spaß, in diesem Rahmen mit Menschen zu arbeiten, die längst in der Praxis sonntäglicher Kanzelrede stehen. Natürlich gibt es auch die ganz normalen Schwierigkeiten, die jeder kennt, der je Predigen zu lehren versucht hat, Schwierigkeiten etwa im Umgang mit Sprache. Es gibt aber auch Schwierigkeiten, die durch die Dramaturgische Homiletik selbst und ihre konzeptionellen Implikationen ausgelöst werden. Ich komme zurück auf die drei vermuteten Kühnheiten das Anfangs, indem ich sage, was nach meiner Einsicht Predigt und Homiletik wagen sollten:

1. *Text:* Dramaturgische Homiletik widersteht der Versuchung, biblische Texte zu erklären. Sie wagt es, die spezifische Fremdheit biblischer Texte herauszustellen.
2. *Hörer:* Dramaturgische Homiletik widersteht der Versuchung, den Hörer wieder und wieder in dessen vermuteter Welt abzuholen. Sie wagt es, den Hörer als Mitspieler in einem Wechselspiel der Texte ernst zu nehmen.

30 Vgl. Martin Nicol, To Live with the Hidden God: The Individual's Suffering in Modern Poetry, in: Rudolf Freiburg u. Susanne Gruss (Hg.), To Vindicate the Ways of God to Man: Theodicy and Literature, Tübingen 2004, 441–454.

31 Vgl. Ingrid Drost von Bernewitz / Gerd Zietlow, Von Metaphern, Spannungen und Eisenbändern. Oder warum es ein Atelier Sprache gibt, in: PrTh 39 (2004) 186–192. Vgl. www.atelier-sprache.de.

32 Vgl. das aus solcher Praxis entstandene Praxisbuch: Martin Nicol / Alexander Deeg, Im Wechselschritt zur Kanzel. Praxisbuch Dramaturgische Homiletik, Göttingen 2005.

3. *Prediger:* Dramaturgische Homiletik widersteht der Versuchung, dem pastoralen Bedürfnis nach Spannungslösung nachzugeben. Sie wagt es, Spannungen nicht zu lösen, sondern zu inszenieren.

Als Kernproblem, auf das sich alle Versuchungen und Wagnisse zurückführen lassen, wird mir immer deutlicher eine tief sitzende „Wut des Verstehens". Diese Metapher des frühen Schleiermacher[33] darf als solche nicht überstrapaziert werden. Sie ist einem romantischen Verständnis von Religion verbunden, das wir so nicht mehr teilen. Aber in neuerer Zeit hat sie sich als Leitmetapher einer fundamentalen Kritik an der neuzeitlichen, gar abendländischen Hermeneutik etabliert.[34] Darauf, nicht speziell auf Schleiermacher, beziehe ich mich, wenn ich von einer allgegenwärtigen „Wut des Verstehens" spreche.[35]

Es gehört zum pastoralen Selbstverständnis, vertieft und fundiert durch die akademische Ausbildungsphase, nach allen Seiten Verständnis zu zeigen: die Texte verstehend zu deuten, den Hörer verstehend abzuholen und sich selbst als verstehend zu präsentieren. Damit stehen Pfarrerinnen und Pfarrer nicht alleine. Auch Politiker wollen unter allen Umständen vermeiden, etwa als verständnislos wahrgenommen zu werden. Ein Journalist hat in der *Frankfurter Allgemeinen Sonntagszeitung* den Bundespräsidenten mit dessen Äußerungen zu den „Montagsdemonstrationen" des Sommers 2004 aufs Korn genommen[36]:

> „Man müsse die Demonstrationen gegen die Arbeits- und Sozialpolitik der Bundesregierung ‚ernst nehmen', ‚genau hinschauen' und dafür sorgen, ‚daß die Stimmung nicht weiter angeheizt wird'. Es kann nicht Aufgabe eines Bundespräsidenten sein, die unterschiedlichen politischen Lager im Land gegeneinander aufzuhetzen; aber gönnerhafter und zugleich pastoraler als dieser hat sich bisher niemand über die Front geäußert, die derzeit gegen das sogenannte Hartz-IV-Gesetz gemacht wird."

Insgesamt zeigen die Bemerkungen von Edo Reents, wenn man sie auf das Phänomen der Kanzelrede überträgt, wie im Bedürfnis nach Verstehen pastoraler Habitus und gemeindliche Erwartungshaltung einander auf fatale Weise entgegenkommen. Es ist nicht so, dass Hörerinnen und Hörer alle schon so mündig und selbsttätig wären, wie es die Rezeptionsästhetik gerne hätte. Meine Erfahrung ist, dass es vielen Menschen schwerfällt, offene Spannungen auf der Kanzel

---

33 Friedrich Schleiermacher, Über die Religion. Reden an die Gebildeten unter ihren Verächtern [Berlin 1799], hg. v. Rudolf Otto, Göttingen [6]1967, 106 (aus der dritten Rede).

34 Vgl. Jochen Hörisch, Die Wut des Verstehens. Zur Kritik der Hermeneutik [1988], erw. Nachaufl., Frankfurt/M. 1998; Manfred Josuttis, Über die „Wut des Verstehens" als homiletisches Problem, in: Theologie der Predigt (s. oben Anm. 15), 35–50.

35 Vgl. Martin Nicol, Fremde Botschaft Bibel. Homiletisches Plädoyer für eine hermeneutische Schubumkehr, in: PTh 93 (2004) 264–279.

36 Edo Reents, Spalten statt versöhnen!, in: FAS Nr. 36, 05.09.2004.

auszuhalten. Die Rolle des Mitspielers ist mindestens so schwer wie die Rolle dessen, der öffentlich ein Geheimnis zur Sprache bringen soll, ohne es zu erklären.

Edo Reents, der Journalist, hat den, wie er sagt, „pastoralen“ Habitus des Verstehens gründlich satt. In offenbar heftigem Affekt publizierte er sein „Plädoyer für Streit und klare Fronten“. Dem Bundespräsidenten Horst Köhler empfiehlt er, darin den Wahlspruch des Vorgängers Johannes Rau umkehrend: „Spalten statt versöhnen!“ Das ist polemisch. Eine Maxime praktischer Politik kann es nicht sein. Aber ich verstehe diese Äußerung angesichts der allgegenwärtigen Bezeugungen von Verständnis als einen Schrei nach Klartext.

Klartext wäre in unserem, dem pastoralen Fall, dass wir auf Kanzeln und am Katheder endlich einsehen: Die wesentlichen „Sachverhalte“ der christlichen Religion sind eben gerade nicht zu verstehen. Sie sind in geeigneter Sprache zu besprechen, auf vielfältige Weise auch zu erfahren, aber keinesfalls so zu verstehen, dass man, was sie bedeuten, auf den Satz und auf den Begriff bringen könnte. Man mag das begründen, wie man will, genuin theologisch oder allgemein hermeneutisch wie Jochen Hörisch. Theologisch, so behaupte ich, gehe es nicht darum, Rätsel zu verstehen und zu lösen, sondern mit dem bleibenden Geheimnis Gottes in verständlicher Rede umzugehen. Das hieße: Öffentlich Gott wagen.

Öffentlich Gott wagen. Wie soll man sich das vorstellen? Etwa so, dass ich die traditionellen Hilfsmittel zur Erschließung von Texten einfach wegwerfe? Nein, mit allen Mitteln die Rätsel, die es gibt, lösen, um dem Geheimnis, das in, mit und unter den Texten ist, näher zu kommen! Etwa so, dass ich den rezeptionsästhetisch tätigen Hörer nun überhaupt nicht mehr beachte? Nein, mit hoher Sensibilität für Zeitgenossen die eigene Zeitgenossenschaft ins Spiel bringen! Etwa so, dass ich als Prediger nur noch kunstvoll intertextuelle Spannungen inszeniere? Nein, mit großer Liebe zum Leben, wo nötig, auch lösende Worte wagen, aber die grundlegenden Spannungen mit den Hörenden bis ins Detail aushalten!

Öffentlich Gott wagen. Wie soll man sich das vorstellen? Vielleicht so, wie es ein großer Schauspieler scheinbar leichthin ins Gespräch gebracht hat. Der Burgschauspieler Albin Skoda bemerkte einmal zu einem jüngeren Kollegen, Schauspieler müssten nicht immer verstehen, was sie da gerade machen: „Verstehen brauchst Du's […] nicht, spielen sollst Du's.“[37]

Verstehen brauchst Du's nicht, spielen sollst Du's: Gott wagen auf der Kanzel – vielleicht sieht das so ähnlich aus. Ein solches Gotteswagnis wäre dann an der homiletischen Trias zu bewähren: an den biblischen Texten, an den Hörerinnen und Hörern und am eigenen pastoralen Selbstverständnis. Und das mit vollem Engagement, mit hoher Professionalität und mit tiefem Unverständnis vor dem Geheimnis, das es öffentlich zu bezeugen gilt. Vielleicht ist ein solches Unterfangen doch kühn – und auch ein bisschen komisch?

---

37 Interview von Juan Moreno mit Maximilian Schell, in: SZ vom 05.09.2003.

Literatur

Übersetzungen sind, wenn nicht anders vermerkt, vom Verf. (MN).

Achelis, Ernst Christian, Praktische Theologie [1893], Freiburg i. Br. / Leipzig / Tübingen [3]1899.

Agus, Aharon R. E., Heilige Texte, München 1999.

Ausländer, Rose, Die Sichel mäht die Zeit zu Heu. Gedichte 1957–1965, Gesammelte Werke in sieben Bänden, hg. v. Helmut Braun, Bd. 2, Frankfurt/M. 1985.

Bach-Fischer, Katharina / Romina Rieder / Franziska Grießer-Birnmeyer (Hg.), Einander ins Bild gesetzt. Predigten aus der dramaturgisch-homiletischen Werkstatt, Göttingen 2018.

Bachmann, Ingeborg, Ich weiß keine bessere Welt. Unveröffentlichte Gedichte, hg. v. Isolde Moser, Heinz Bachmann u. Christian Moser, München / Zürich 2000.

Baricco, Alessandro, Hegels Seele oder die Kühe von Wisconsin. Nachdenken über Musik [ital. 1992], München 2001.

Barth, Karl, Das Wort Gottes als Aufgabe der Theologie [1922], in: Anfänge der dialektischen Theologie, hg. v. Jürgen Moltmann, Teil 1, München [3]1974, S. 197–218.

–, Homiletik. Wesen und Vorbereitung der Predigt, Zürich 1966.

–, Kirchliche Dogmatik, 13 Bde. + Reg., Zollikon-Zürich 1932–1967.

–, Menschenwort und Gotteswort in der christlichen Predigt [1924], in: Wintzer (Hg.), Predigt, S. 95–116.

Bartlett, David L., Art. Authority, in: Willimon / Lischer (Hg.), Concise Encyclopedia of Preaching, S. 22 f.

Benn, Gottfried, Doppelleben. Zwei Selbstdarstellungen, Wiesbaden [3]1958.

–, Gedichte. In der Fassung der Erstdrucke, hg. v. Bruno Hillebrand, Frankfurt/M. 1982.

Bieberstein, Sabine / Dalia Marx, Maria aus Magdala (Joh 20, 1–18). Interreligiöse, kulturelle und interkulturelle Lektüren, in: BiLi 88 (2015), S. 36–47.

Bloch, Ernst, Das Prinzip Hoffnung [1959], 3 Bde., Frankfurt/M. 1976.

Bloom, Harold, Der Bruch der Gefäße [am. 1982], Basel / Frankfurt/M. 1995.

Bohren, Rudolf, Daß Gott schön werde. Praktische Theologie als theologische Ästhetik, München 1975.

–, Predigtlehre [1971], München [4]1980.

Brandt, Willy, Regierungserklärung vom 28.10.1969, in: Die großen Regierungserklärungen der deutschen Bundeskanzler von Adenauer bis Schmidt. Eingeleitet und kommentiert von Klaus von Beyme, München / Wien 1979, S. 251–281.

Braun, Herbert, Die Problematik einer Theologie des Neuen Testaments, in: ZThK.B 2 (1961), S. 3–18.

Brendel, Alfred, Alles und nichts. Zum Dada-Jahr 2016, in: ders., Die Dame aus Arezzo, S. 15–46.

–, Das umgekehrte Erhabene I. Gibt es eigentlich lustige Musik? [1984], in: ders., Über Musik. Sämtliche Essays und Reden, München [3]2010, S. 152–169.

–, Die Dame aus Arezzo. Sinn, Unsinn und Musik, München 2018.

–, Über Humor, Sinn und Unsinn, in: ders., Die Dame aus Arezzo, S. 127–136.
Brueggemann, Walter, Finally Comes the Poet. Daring Speech for Proclamation, Minneapolis (MN) 1989.
Brunner, Emil, Die Mystik und das Wort. Der Gegensatz zwischen moderner Religionsauffassung und christlichem Glauben, dargestellt an der Theologie Schleiermachers, Tübingen 1924.
Bub, Wolfgang, Evangelisationspredigt in der Volkskirche. Zu Predigtlehre und Praxis einer umstrittenen Verkündigungsgattung, CThM.PT 15, Stuttgart 1990.
– / Christian Eyselein / Günter R. Schmidt (Hg.), Lebenswort. Erlanger Universitätspredigten, FS Manfred Seitz, Erlangen 1988.
Bücker, Heinrich (Hg.), Halleluja und Helau. Karnevalspredigten und Ostergelächter, Regensburg 2012.
Burgsmüller, Alfred / Rudolf Weth (Hg.), Die Barmer Theologische Erklärung. Einführung und Dokumentation, Neukirchen-Vluyn 1983.

Campbell, Charles / Johan Cilliers, Was die Welt zum Narren hält. Predigt als Torheit [am. 2012], Leipzig 2015.
Charbonnier, Lars / Konrad Merzyn / Peter Meyer (Hg.), Homiletik. Aktuelle Konzepte und ihre Umsetzung, Göttingen 2012.
Childers, Jana, Performing the Word. Preaching as Theatre, Nashville (TN) 1998.
Conrad, Ruth / Martin Weeber (Hg.), Protestantische Predigtlehre. Eine Darstellung in Quellen, Tübingen 2012.
Conrad, Ruth, Weil wir etwas wollen! Plädoyer für eine Predigt mit Absicht und Inhalt, EKGP 2, Neukirchen-Vluyn / Würzburg 2014.
Craddock, Fred B., As One Without Authority [1971], Nashville (TN) [3]1979.

Deeg, Alexander / Martin Nicol (Hg.), Bibelwort und Kanzelsprache. Homiletik und Hermeneutik im Dialog, Leipzig 2010.
– / Michael Meyer-Blanck / Christian Stäblein, Präsent predigen. Eine Streitschrift wider die Ideologisierung der „freien" Kanzelrede, Göttingen 2011.
– / Andreas Schüle, Die neuen alttestamentlichen Perikopentexte. Exegetische und homiletisch-liturgische Zugänge, Leipzig 2018.
–, Predigt und Derascha. Homiletische Textlektüre im Dialog mit dem Judentum, APTLH 48, Göttingen 2006.
–, Von Pfarrern und Priestern in der evangelischen Kirche. Oder: Was Kirche ist und was das für ihr Personal und all die anderen bedeutet, in: Korrespondenzblatt, hg. v. Pfarrer- und Pfarrerinnenverein in der Evang.-Luth. Kirche in Bayern, Jg. 131 (2016), S. 104–112.
Dier, Birgit, Der Handschlag am Ausgang. Mehr als ein Tanz der Viren?, in: Der Sonntagsgottesdienst. Ein Gang durch die Liturgie, hg. v. Peter Bubmann u. Alexander Deeg, Göttingen 2018, S. 257–263.
Dietzfelbinger, Christian, Das Evangelium nach Johannes, 2 Bde., ZBK 4.1 u. 4.2, Zürich 2001.
Dober, Hans Martin (Hg.), Religion und Humor, Göttingen 2017.
–, Von den Künsten lernen. Eine Grundlegung und Kritik der Homiletik, APTh 83, Göttingen 2015.
Domsgen, Michael / Bernd Schröder (Hg.), Kommunikation des Evangeliums. Leitbegriff der Praktischen Theologie, APrTh 57, Leipzig 2014.

Ebeling, Gerhard, Einführung in theologische Sprachlehre, Tübingen 1971.
Engelhardt, Klaus / Hermann von Loewenich / Peter Steinacker (Hg.), Fremde Heimat Kirche. Die dritte EKD-Erhebung über Kirchenmitgliedschaft, Gütersloh 1997.
Engemann, Wilfried, Einführung in die Homiletik, Tübingen / Basel ²2011.
–, Kommunikation des Evangeliums. Anmerkungen zum Stellenwert einer Formel im Diskurs der Praktischen Theologie, in: Domsgen / Schröder (Hg.), Kommunikation des Evangeliums, S. 15–25.

Fechtner, Kristian, Performative Homiletik in rhetorischer Perspektive. Eine Ortsbestimmung der zeitgenössischen Predigttheorie, in: Meyer-Blanck u. a. (Hg.), Homiletische Präsenz, S. 87–100.
Först, Johannes, Zwischen Gottesfrage und „kosmologischem Fiasko" (Th. Luckmann). Plädoyer für eine neue „kosmologische Solidarität" und Kirchlichkeit, in: BiLi 89 (2016), H.1, S. 4–21.
Fried, Erich, Gesammelte Werke, 4 Bde., hg. v. Volker Kaukoreit u. Klaus Wagenbach, Berlin 1993.
Fritsch, Roland, „Auf beiden Seiten des Vorhangs". Die Göttliche Liturgie – alles (nur) Theater?, in: Im Dialog mit der Orthodoxie. FS für Reinhard Thöle, hg. v. Petra Bosse-Huber, Martin Illert, Roland Fritsch u. Philipp Walter, ÖR.B 104, Leipzig 2016, S. 15–26.

Garhammer, Erich / Ursula Roth / Heinz-Günther Schöttler (Hg.), Kontrapunkte. Katholische und protestantische Predigtkultur, ÖSP 5, München 2006
Geyer, Christian, Schwert und Friede. Predigt zu Mt 10,34, Sonntag Septuagesimä [wohl 1906], in: Christian Geyer / Friedrich Rittelmeyer, Gott und die Seele. Ein Jahrgang Predigten [1906], 5. u. 6. Auflage, Ulm 1908, S. 132–140.
Gidion, Anne / Raute Martinsen (Hg.), Leicht gesagt! Biblische Lesungen und Gebete in Leichter Sprache, GGG 22, Hannover ²2017, S. 9–17.
Gnilka, Joachim, Das Evangelium nach Markus, EKK II/2, Zürich u. a. 1979.
Goethe, Johann Wolfgang, Faust. Der Tragödie erster Teil [1808], Stuttgart 1969.
Gräb, Wilhelm, Leben deuten, in: Charbonnier, Lars u. a. (Hg.), Homiletik, S. 215–230.
–, Predigtlehre. Über religiöse Rede, Göttingen 2013.
Greifenstein, Johannes, Das Praxisbeispiel in der Homiletik. Erwägungen zur Didaktik der Predigtlehre, in: PTh 106 (2017), S. 359–379.
Greminger, Ueli, Leo Jud trifft Hugo Ball. Die Zürcher Reformation im Fegefeuer des Dada, Zürich 2019.
Grözinger, Albrecht, Homiletik, Gütersloh 2008.
–, Predigt als Unterhaltung. Bemerkungen zu einer verachteten homiletischen Kategorie, in: PTh 76 (1987), S. 425–440.

Haendler, Otto, Die Predigt. Tiefenpsychologische Grundlagen und Grundfragen [1941], Berlin ³1960.
Hake, Joachim, Ohne Gott leben, in: BiLi 89 (2016) H. 1, S. 1 f.
Hermelink, Jan, Die homiletische Situation. Zur jüngeren Geschichte eines Predigtproblems, APTh 24, Göttingen 1992.
–, Von der Bildpredigt zur bildbewussten Predigt, in: Predigende Bilder. Was die Homiletik von Kunstwerken lernen kann, hg. v. Jan Hermelink u. David Plüss, Leipzig 2017, S. 113–130.

Herzfeld, Friedrich (Hg.), Adagio und Scherzo. Kleine Geschichten um große Meister, Wien 1941.
Hörsch, Daniel / Hans-Hermann Pompe (Hg.), Indifferent? Ich bin normal. Indifferenz als Irritation für kirchliches Denken und Handeln, Leipzig 2017.

Jean Paul [Johann Paul Friedrich Richter], Vorschule der Ästhetik [1804], hg. v. Norbert Miller, München [2]1974.
Jesenská, Milena, „Eine Frau aus Paris" von Charlie Chaplin, 22.02.1924, in: dies., Alles ist Leben. Feuilletons und Reportagen 1919–1939, hg. v. Dorothea Rein, Frankfurt/M. [3]1990, S. 84–86.
Josuttis, Manfred, Der Prediger in der Predigt. Plädoyer für das Ich auf der Kanzel [1974], in: Wintzer (Hg.), Predigt, S. 221–234.
Jüngel, Eberhard, Gott als Geheimnis der Welt. Zur Begründung der Theologie des Gekreuzigten im Streit zwischen Theismus und Atheismus [1977], Tübingen [4]1982.
Jürgens, Udo / Michaela Moritz, Der Mann mit dem Fagott [2004], München [11]2011.

Kafka, Franz, Briefe an Milena, hg. v. Jürgen Born u. Michael Müller, Frankfurt/M. 1986.
Kaiser, Joachim, Wilhelm Kempff, der witzige Preuße, in: ders., Erlebte Musik von Bach bis Strawinsky, Hamburg 1977, S. 571–574.
Kästner, Erich, Gesammelte Schriften für Erwachsene, 8 Bde., Zürich 1969.
Kerner, Hanns, Die Predigt. Wahrnehmungen zum Gottesdienst aus einer neuen empirischen Untersuchung unter evangelisch Getauften in Bayern, hg. v. Gottesdienst-Institut der Evang.-Luth. Kirche in Bayern, Nürnberg o. J.
Kirsch, Sarah, Ich Crusoe. Sechzig Gedichte und sechs Aquarelle, Ebenhausen / Stuttgart 1995.
Koll, Julia, Predigtkunst in Zeiten des ästhetischen Imperativs, in: PrTh 52 (2017), S. 169–176.
Korsch, Dietrich, Konstruktive Dekomposition. Das Thema von Karl Barths Römerbrief und seine Variationen, in: Gestalteter Klang – gestalteter Sinn. Orientierungsstrategien in Musik und Religion im Wandel der Zeit, hg. v. Ingolf U. Dalferth u. Stefan Berg, Leipzig 2011, S. 169–186.
Kunze, Reiner, ein tag auf dieser erde. gedichte, Frankfurt/M. 1998.
–, eines jeden einziges leben. gedichte, Frankfurt/M. 1986.

Lange, Ernst, Predigen als Beruf. Aufsätze zu Homiletik, Liturgie und Pfarramt, hg. v. Rüdiger Schloz, Edition Ernst Lange 3, München 1982.
–, Zur Aufgabe christlicher Rede, in: ders., Predigen als Beruf, S. 52–67.
–, Zur Theorie und Praxis der Predigtarbeit, in: ders., Predigen als Beruf, S. 9–51.
Lavant, Christine, Die Bettlerschale. Gedichte, Salzburg 1956.
Leiner, Martin / Michael Trowitzsch (Hg.), Karl Barths Theologie als europäisches Ereignis, Göttingen 2008.
Link, Christian, Gleichnisse als bewohnte Bildwelten, in: Metapher und Wirklichkeit. Die Logik der Bildhaftigkeit im Reden von Gott, Mensch und Natur, FS Dietrich Ritschl, hg. v. Reinhold Bernhardt u. Ulrike Link-Wieczorek, Göttingen 1999, S. 142–152.
Lütze, Frank Michael, Die forma formans der Predigt. Zur vernachlässigten Rolle der Predigttradition, in: Deeg / Nicol (Hg.), Bibelwort und Kanzelsprache, S. 115–136.
Luther, Henning, Die Lügen der Tröster. Das Beunruhigende des Glaubens als Herausforderung für die Seelsorge, in: PrTh 33 (1998), S. 163–176.

–, Frech achtet die Liebe das Kleine. Biblische Texte in Szene setzen. Spätmoderne Predigten, Stuttgart 1991.
Luther, Martin: D. Martin Luthers Evangelien-Auslegung, hg. v. Erwin Mühlhaupt, hier: Bd. 4, bearb. v. Eduard Ellwein, Göttingen 1954.
–, Luther Deutsch, hg. v. Kurt Aland, 10 Bde. (= LD 1–10), Göttingen [3]1983.
–, Luthers Werke in Auswahl, hg. v. Otto Clemen, 8 Bde. (= Cl 1–8), Bonn / Berlin 1912–1933.

Mann, Thomas, Doktor Faustus. Das Leben des deutschen Tonsetzers Adrian Leverkühn, erzählt von einem Freunde [1947], Frankfurt/M. 1967.
Martin, Jeannett, Mensch – Alltag – Gottesdienst. Bedürfnisse, Rituale und Bedeutungszuschreibungen evangelisch Getaufter in Bayern, bayreuther forum Transit 7, Berlin 2007.
Meyer-Blanck, Michael / Jörg Seip / Bernhard Spielberg (Hg.), Homiletische Präsenz. Predigt und Rhetorik, ÖSP 7, München 2010.
–, Gebildete Routine. Das Evangelium in der pastoralen Berufspraxis, in: Domsgen / Schröder (Hg.), Kommunikation des Evangeliums, S. 101–110.
Mildenberger, Friedrich, Biblische Dogmatik, 3 Bde., Stuttgart 1991–1993.
–, Kleine Predigtlehre, Stuttgart 1984.
–, Theologie der Lutherischen Bekenntnisschriften, Stuttgart u. a. 1983.
Möller, Steffen, Vita Classica. Bekenntnisse eines Andershörenden, Frankfurt/M. 2009.
Moltmann, Jürgen, Siehe, es ist alles neu geworden. Predigt zu 2. Korinther 5, 17–21, in: ders., Die Sprache der Befreiung. Predigten und Besinnungen, München 1972, S. 32–40.
–, Theologie der Hoffnung. Untersuchungen zur Begründung und zu den Konsequenzen einer christlichen Eschatologie [1964], München [9]1973.
Morgenstern, Christian, Wer vom Ziel nicht weiß, kann den Weg nicht haben. Für jeden Tag des Jahres ein Geleitwort, zusammengestellt von Margareta Morgenstern, München 1939.

Nicol, Martin / Alexander Deeg, Im Wechselschritt zur Kanzel. Praxisbuch zur Dramaturgischen Homiletik [2005], Göttingen [2]2013.
– / Alexander Deeg, Auf der Schwelle zur Predigt. Was eine Göttinger Predigtmeditation leisten kann, in: GPM 62 (2007/08), S. 3–17.
– / Alexander Deeg, Texträume öffnen, in: Arbeitsstelle Gottesdienst 23 (2009), H. 2, S. 34–40.
–, Dramaturgische Homiletik. Predigtarbeit zwischen Künsten, Kulten und Konfessionen, in: Garhammer u. a. (Hg.), Kontrapunkte, S. 274–287.
–, Einander ins Bild setzen. Dramaturgische Homiletik [2002], Göttingen [2]2005.
–, Ereignis und Kritik. Praktische Theologie als hohe Schule der Gotteskunst, in: ZThK 99 (2002), S. 226–238.
–, Fanfaren der Freude und Ankunft im Pianissimo, Predigthilfe zu Lk 1, 26–38, in: GPM 71 (2016/17), S. 36–42.
–, Gottesklang und Fingersatz. Beethovens Klaviersonaten als religiöses Erlebnis, Bonn 2015.
–, Im Ereignis den Text entdecken. Überlegungen zur Homiletischen Schriftauslegung, in: Einfach von Gott reden, FS Friedrich Mildenberger, hg. v. Jürgen Roloff u. Hans G. Ulrich, Stuttgart u. a. 1994, S. 268–281.
–, Kult um die Bibel und Kultur des Lesens, in: Kultbücher, hg. v. Rudolf Freiburg, Markus May u. Roland Spiller, Würzburg 2004, S. 1–13.

–, Living with the Hidden God. The Individual's Suffering in Modern Poetry, in: But Vindicate the Ways of God to Man. Literature and Theodicy, hg. v. Rudolf Freiburg u. Susanne Gruss, Tübingen 2004, S. 441–454.
–, Meditation bei Luther [1984], Göttingen [2]1991.
–, Mehr Gott wagen. Zur Sprachgestalt der Predigt, in: PTh 94 (2005), S. 262–272.
–, Mit Musik predigen. Kantatenpredigt als Kunst unter Künsten, in: Klage – Lob – Verkündigung. Gottesdienstliche Musik in einer pluralen Kultur, hg. v. Irene Mildenberger u. Wolfgang Ratzmann, Beiträge zu Liturgie und Spiritualität 11, Leipzig 2004, S. 141–157.
–, Preaching as Performing Art. Ästhetische Homiletik in den USA, in: PTh 89 (2000), S. 435–453.
–, Preaching from Within. Homiletische Positionslichter aus Nordamerika, in: PTh 86 (1997), S. 295–309.
–, Predigt als Rede. Zur Homiletik von Gert Otto, in: PrTh 42 (2007), S. 39–48.
–, Predigtkunst vs. Lehre von Gott? Zur Rolle von Dogmatik in der homiletischen Arbeit, in: Beim Wort nehmen. Die Schrift als Zentrum für kirchliches Reden und Gestalten, FS Friedrich Mildenberger, hg. v. Michael Krug, Ruth Lödel u. Johannes Rehm, Stuttgart 2004, S. 330–340.
–, Rez. zu: Reymond, De vive voix, in: ThLZ 125 (2000), S. 117 ff.
–, Weg im Geheimnis. Plädoyer für den Evangelischen Gottesdienst [2009], Göttingen [3]2011.
Niebergall, Friedrich, Wie predigen wir dem modernen Menschen? Dritter Teil: Predigten, Andachten, Reden, Vorträge, Tübingen 1921.
Noltze, Holger, Die Leichtigkeitslüge. Über Musik, Medien und Komplexität, Hamburg 2010.

Otto, Gert, Predigt als Rede. Über die Wechselwirkungen von Homiletik und Rhetorik, Stuttgart 1976.

Percze, Sándor, Kunst, Kino und Kanzel. Die Ästhetik des Films und die Gestalt der Predigt, Studien zur Christlichen Publizistik 22, Erlangen 2013.
Pessoa, Fernando, Das Buch der Unruhe des Hilfsbuchhalters Bernardo Soares [Lissabon 1982], übers. v. Georg Rudolf Lind, Zürich 1985.
Pohl-Patalong, Uta, Bibliolog. Gemeinsam die Bibel entdecken im Gottesdienst – in der Gemeinde – in der Schule, Stuttgart 2005.
Pyka, Holger, Vom Sittlichkeitskampf zur Büttenpredigt. Protestantische Karnevalsrezeption und Transformationen konfessioneller Mentalität, Stuttgart 2018.

Raschzok, Klaus, Christian Geyer und Friedrich Rittelmeyer: Porträt einer homiletischen Freundschaft, in: GPM 59 (2004/05), S. 132-148.
Reijnen, Anne Marie, Barth und die Moderne. Überlegungen aus der bildenden Kunst, in: Leiner / Trowitzsch (Hg.), Karl Barths Theologie als europäisches Ereignis, S. 387–396.
Reymond, Bernard, De vive voix. Oraliture et prédication, Genève 1998.
Richter, Johann Paul Friedrich: s. Jean Paul.
Riess, Richard, Der Engel des Herrn, in: ders., Das leise Rauschen der Zeit. Religiöse Texte, Oberhausen 2012, S. 23–26.
Rittelmeyer, Friedrich, Aus meinem Leben, Stuttgart 1934.
Rosa, Hartmut, Resonanz. Eine Soziologie der Weltbeziehung, Berlin 2016.

Roth, Ursula, Die Predigt als Performance. Ein homiletischer Trend auf dem Prüfstand, in: Meyer-Blanck u.a. (Hg.), Homiletische Präsenz, S. 101–112.

Sahner, Paul, Merci, Udo!, Freiburg u.a. 2015.

Sayers, Dorothy L., Das größte Drama aller Zeiten [engl. 1938], in: dies., Das größte Drama aller Zeiten. Drei Essays und ein Briefwechsel zwischen Karl Barth und der Verfasserin, hg. v. Hinrich Stoevesandt, Zürich 1982, S. 27–33.

Scharfenberg, Joachim, Einführung in die Pastoralpsychologie, Göttingen 1985.

Schleiermacher, Friedrich, Der christliche Glaube nach den Grundsätzen der evangelischen Kirche im Zusammenhange dargestellt, nach der 2. Aufl. 1830, hg. v. Martin Redeker, 2 Bde., Berlin 1960.

–, Über die Religion. Reden an die Gebildeten unter ihren Verächtern [1799], hg. v. Rudolf Otto, Göttingen [6]1967.

–, Vorrede zur 1. Sammlung seiner Predigten [1801], in: Wintzer (Hg.), Predigt, S. 49.

Schüssler Fiorenza, Elisabeth, „Zu ihrem Gedächtnis …“ Eine feministisch-theologische Rekonstruktion der christlichen Ursprünge [engl. 1983], München / Mainz 1988.

Stählin, Wilhelm, Gleichnisrede und Gleichnisdenken [1939], in: ders., Symbolon. Vom gleichnishaften Denken, hg. v. Adolf Köberle, Stuttgart 1958, S. 31–39.

–, Vom Sinn des Leibes [1930], Stuttgart [3]1951.

Steffensky, Fulbert, Die katholische und die evangelische Predigt. Eine biographische Skizze, in: Garhammer u.a. (Hg.), Kontrapunkte, S. 26–36.

Stoellger, Philipp, Barth und die Postmoderne. Perspektiven auf eine prekäre Konstellation, in: Leiner / Trowitzsch (Hg.), Karl Barths Theologie als europäisches Ereignis, S. 397–432.

Suhr, Ulrike, Gottesdienst und Diakonie, in: Handbuch der Liturgik, hg. v. Hans-Christoph Schmidt-Lauber u.a., Göttingen [3]2003, S. 673–684.

Thurneysen, Eduard, Die Aufgabe der Predigt [1921], in: Die Aufgabe der Predigt, hg. v. Gert Hummel, Darmstadt 1971, S. 105–118.

Tillich, Paul, Systematische Theologie, 3 Bde., 1956–1966, hier Bd. I, Stuttgart [4]1973.

Watzlawick, Paul / Janet H. Beavin / Don D. Jackson, Menschliche Kommunikation [am. 1967], Bern u.a. [7]1985.

Weber, Friedrich Wilhelm, Dreizehnlinden [1878], Paderborn 1978.

Weder, Hans, Sprache und Wirklichkeit. Theologische Überlegungen [1990], in: ders., Einblicke ins Evangelium. Exegetische Beiträge zur neutestamentlichen Hermeneutik, Göttingen 1992, S. 167–181.

Willimon, William H. / Richard Lischer (Hg.), Concise Encyclopedia of Preaching, Louisville (KY) 1995.

–, Art. Humor, in: Willimon / Lischer (Hg.), Concise Encyclopedia of Preaching, S. 262–264.

Wintzer, Friedrich (Hg.), Predigt. Texte zum Verständnis und zur Praxis der Predigt in der Neuzeit, München 1989.

Namen

Kursive Schreibweise bedeutet, dass der Name nur in den Fußnoten der genannten Seite vorkommt.